TEUTOSCHLEIFEN
TEUTOSCHLEIFCHEN

PREMIUMWANDERN IM TECKLENBURGER LAND

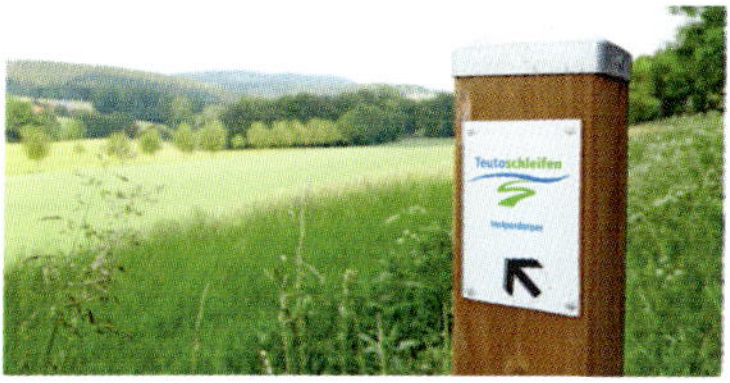

Die Römer und Hermann der Cherusker haben die Region des Tecklenburger Landes seit dem Jahre 9 bekannt gemacht. Doch es ist weniger die Geschichte rund um die berühmte Varusschlacht, die es heute so lohnenswert macht, das nördlichste deutsche Mittelgebirge zu Fuß zu erkunden. Was man in der Premiumwanderregion Tecklenburger Land auf acht Teutoschleifen, acht Teutoschleifchen und einer Teutostadtschleife erleben kann, ist ausgesprochen vielfältig: skandinavische Atmosphäre, rauschende Wälder, märchenhafte Felsen und entspannte Wasserpassagen prägen viele der abwechslungsreichen Premiumwanderwege und Premiumspazierwanderwege. Auf dem Modersohn-Schleifchen und dem ersten Premium-Stadtwanderweg im Norden erkundet man die Fachwerkstadt Tecklenburg.

ideemedia

INHALT

INHALT

Download der .gpx-Daten unter www.wander-touren.com

Anfahrt einfach gemacht

scan to go®

Code scannen, Startpunkt laden

TEUTOSCHLEIFCHEN

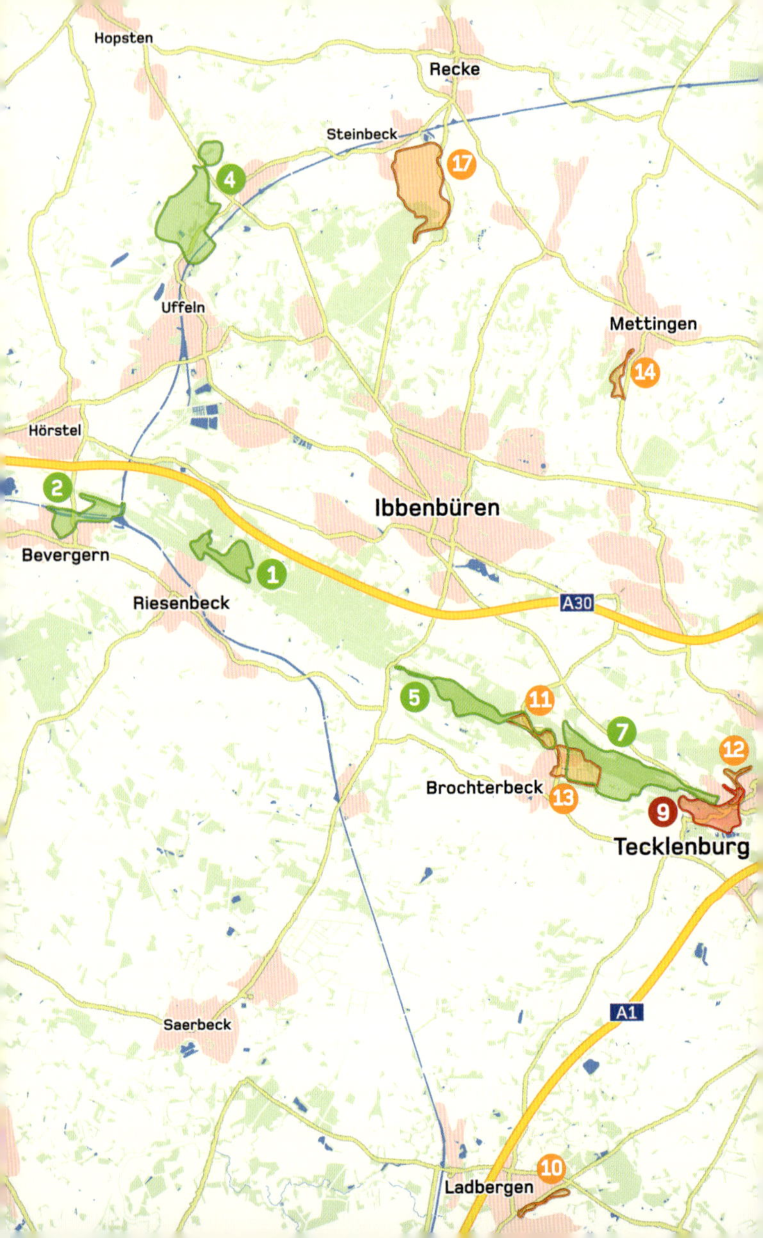
Hopsten
Recke
Steinbeck
17
4
Uffeln
Mettingen
14
Hörstel
2
Ibbenbüren
Bevergern
1
Riesenbeck
A30
5
11
7
12
Brochterbeck
13
9
Tecklenburg
A1
Saerbeck
10
Ladbergen

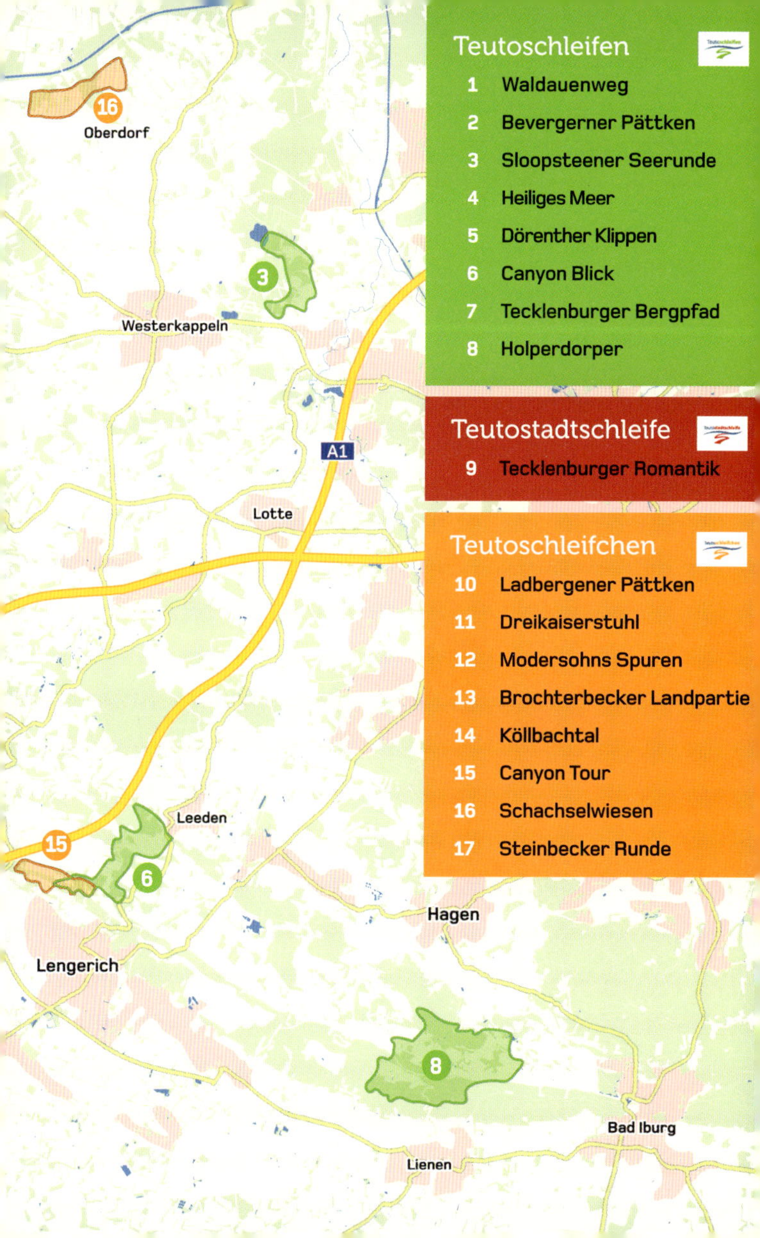
Teutoschleifen
1 Waldauenweg
2 Bevergerner Pättken
3 Sloopsteener Seerunde
4 Heiliges Meer
5 Dörenther Klippen
6 Canyon Blick
7 Tecklenburger Bergpfad
8 Holperdorper
Teutostadtschleife
9 Tecklenburger Romantik
Teutoschleifchen
10 Ladbergener Pättken
11 Dreikaiserstuhl
12 Modersohns Spuren
13 Brochterbecker Landpartie
14 Köllbachtal
15 Canyon Tour
16 Schachselwiesen
17 Steinbecker Runde
Oberdorf
Westerkappeln
A1
Lotte
Leeden
Hagen
Lengerich
Bad Iburg
Lienen

ZEICHEN IM BUCH

- Wanderweg
- Einfach
- Mittel
- Schwer
- Sehr schwer

Erläuterung zur Schwierigkeit unter: http://www.schoeneres-wandern.de/html/schwierigkeits-rechner.html

- Download GPX
- Gehzeit
- Steigung/Gefälle
- Höchster Punkt
- Kalorienverbrauch
- Anfahrt
- Hundetipp
- Telefonnummer
- Internet-Adresse
- Öffnungszeiten/Termine*
- Start/Ziel
- (1) Streckenpunkt
- Parkplatz
- Bahn
- Bus
- Taxi
- Tourist-Info
- Einkehren
- Übernachten
- Tipp/Hinweis
- Burgen

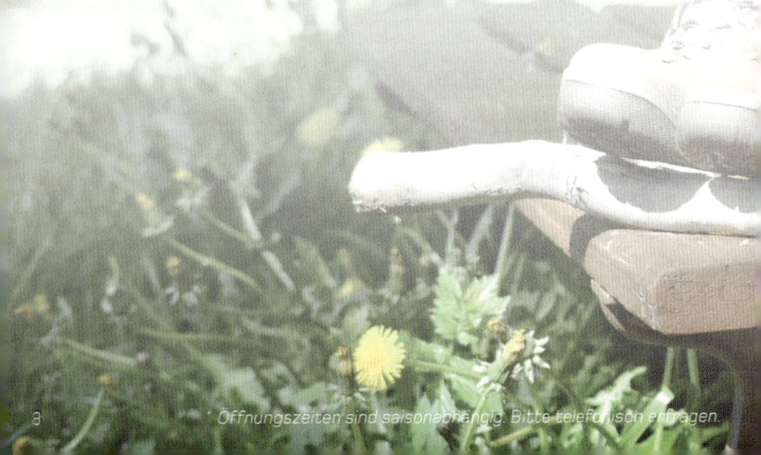

** Öffnungszeiten sind saisonabhängig. Bitte telefonisch erfragen.*

- **Wegformat:**
  Fester Belag | Harter Belag | Natur-Belag
- **Höhenangaben:** Bezogen auf NN
- **Entfernungsangaben:** Beschriebene Hauptstrecke inkl. empfohlener Abstecher (ca.)
- **GPS-Daten:** Kürzeste Strecke
- **Zeitangaben:** Mittleres Wandertempo (reine Gehzeit, ohne Pausen)
- **Koordinatenangaben der POIs:** Wir geben UTM-Koordinaten der Zone 32 U WGS 84 an. Dieses System nutzen u.a. alle offiziellen Karten der Landesvermessungsämter. Für die Pkw-Navigationsgeräte geben wir für die Park-/Startplätze die geografischen Koordinaten in Breite/Länge (hddd°mm'ss.s") an. Diese können von den meisten gängigen AutoNavis verwendet werden. In den Outdoor GPS-Geräten sowie auf PCs und mobilen Geräten können die Koordinatensysteme entsprechend eingestellt werden.
- **Kalorienberechnung:** Für jede Etappe wird der Kalorienverbrauch angegeben. Dieser wird unter Berücksichtigung von Entfernung, Aufstieg, Zeit, Geschlecht, Alter, Gewicht und Körpergröße für zwei Beispielpersonen berechnet (Mann: 50 Jahre, 175 cm, 70 kg; Frau: 50 Jahre, 165 cm, 60 kg). Ihre persönliche Berechnung können Sie unter www.schoeneres-wandern.de durchführen. Die Kalorienberechnung ist für Mittelgebirgstouren optimiert.

- **Allgemeine Infos:**
  Tecklenburger Land Tourismus e.V.
  Markt 7, 49545 Tecklenburg
  ✆ 05482/929182
  www.teutoschleifen.de

Premium Spazierwanderweg

Deutsches Wandersiegel Premiumweg

scan to go®

QR-Code scannen,
Startpunkt laden ▶ S. 155

(in Verbindung mit Google Maps: Navigation zum Startpunkt)

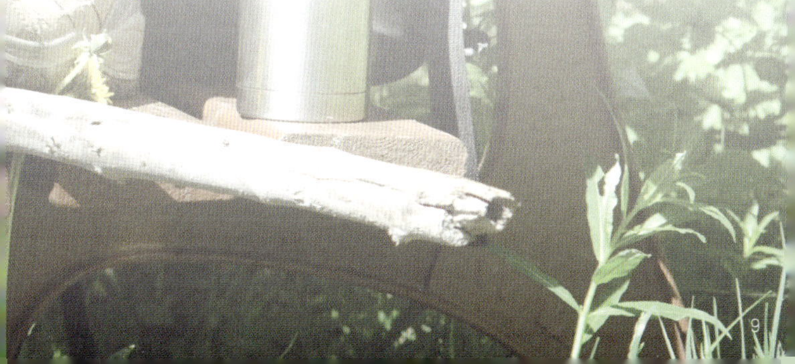

Teutoschleifen

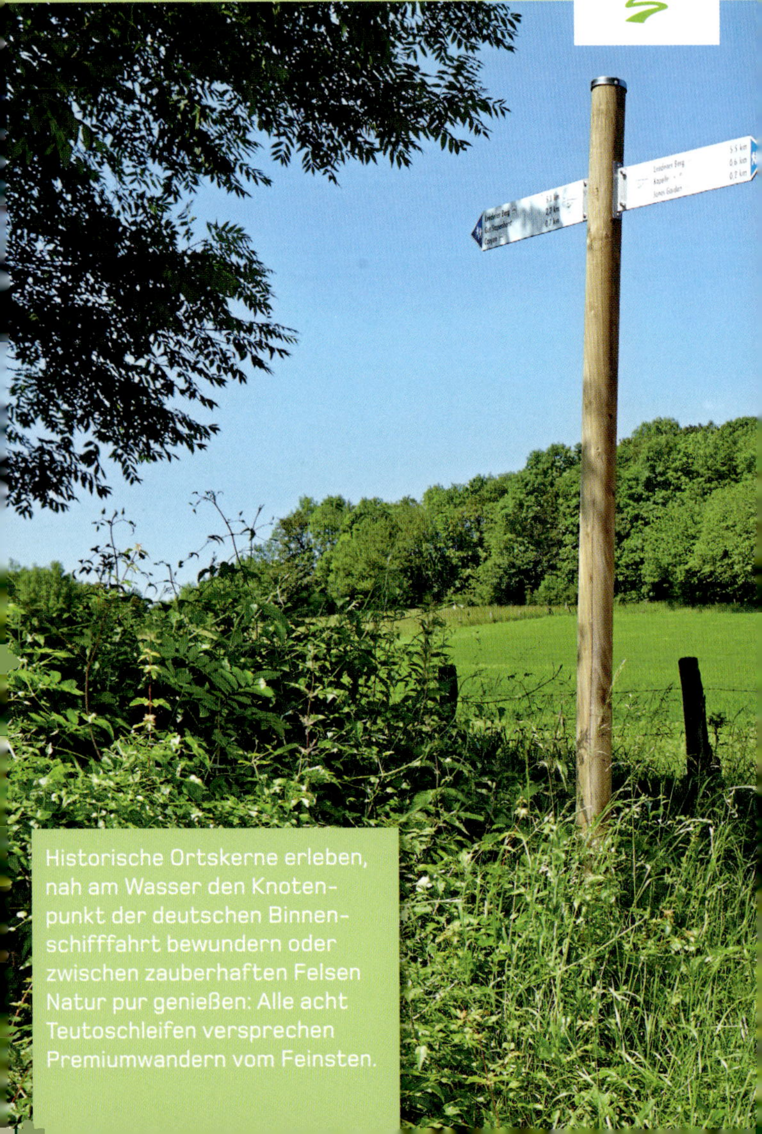

Historische Ortskerne erleben, nah am Wasser den Knotenpunkt der deutschen Binnenschifffahrt bewundern oder zwischen zauberhaften Felsen Natur pur genießen: Alle acht Teutoschleifen versprechen Premiumwandern vom Feinsten.

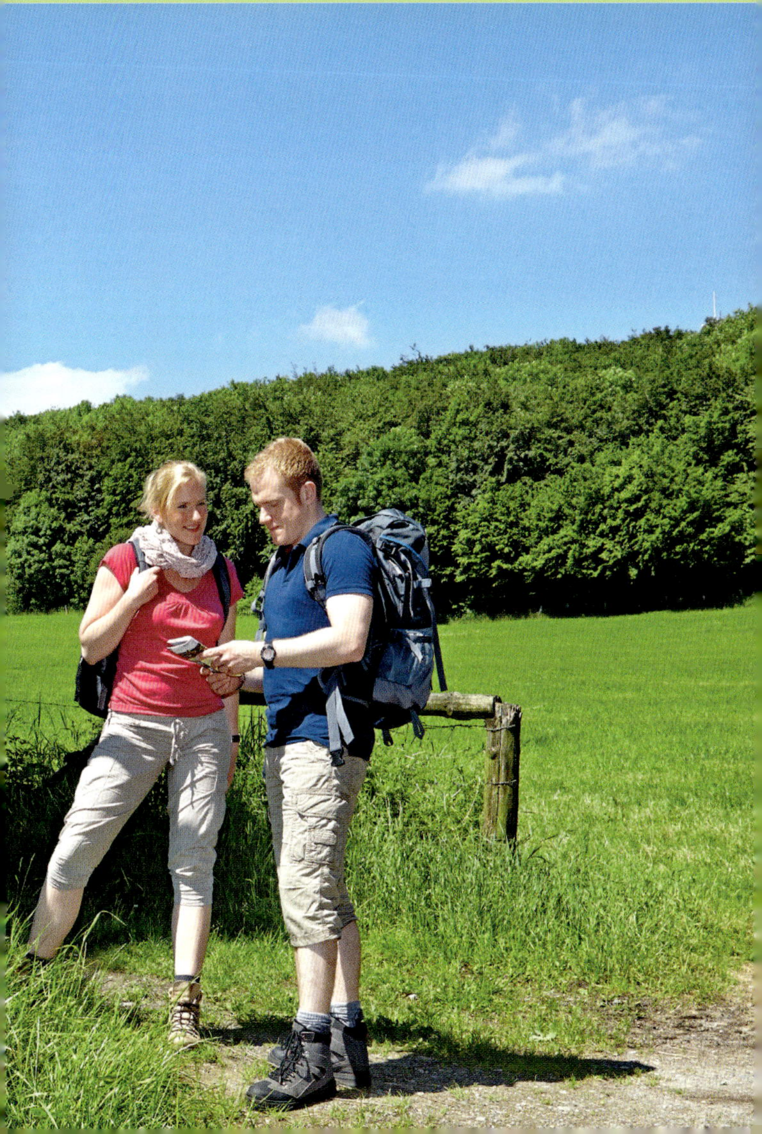

01 Waldauenweg

Teutoschleifen

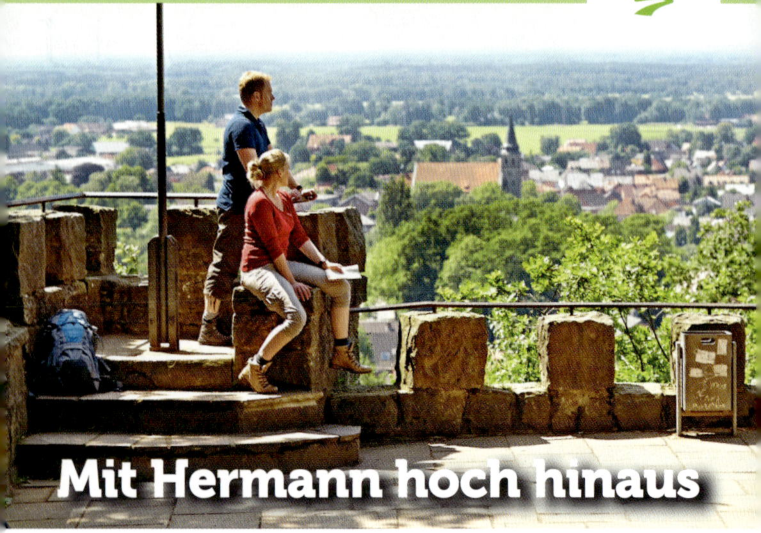

Mit Hermann hoch hinaus

Start/Ziel: Wanderparkplatz Am Teutohang

Anfahrt: A 30 bis zur Anschlussstelle „Hörstel". Dort folgt man der K 38 (Bergeshöveder Straße) Richtung Riesenbeck. Vor Querung des Dortmund-Ems-Kanals links auf „Am Teutohang" abbiegen.

Parken: Am Teutohang
N52° 16' 05.7'' • E7° 37' 52.5''

scan to go®

Wegpunkte:
P1: Parkplatz Am Teutohang
32 U 406599 5791757
P2: Schöne Aussicht
32 U 406589 5791897
P3: Rastplatz
32 U 406913 5791775
P4: Schutzhütte Schinkenstein
32 U 407504 5791580
P5: Kreuzwegstation
32 U 406435 5792235
P6: Ausblick & Teutoschleifenliege
32 U 406409 5791967

7 % | 31 % | 62%

6.2 km	2h	177 ↑ ↓	118	451 ♀ 529 ♂	TEU17X01

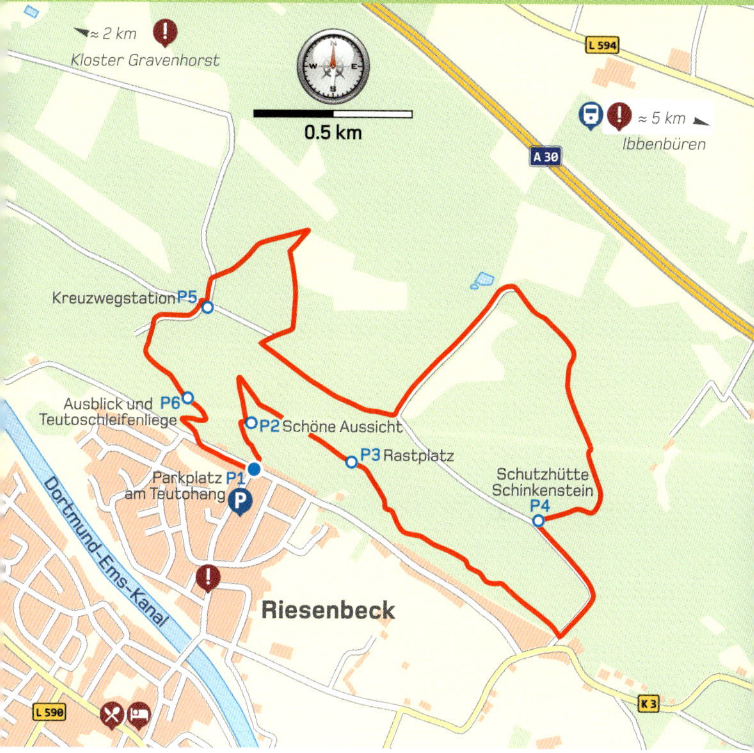

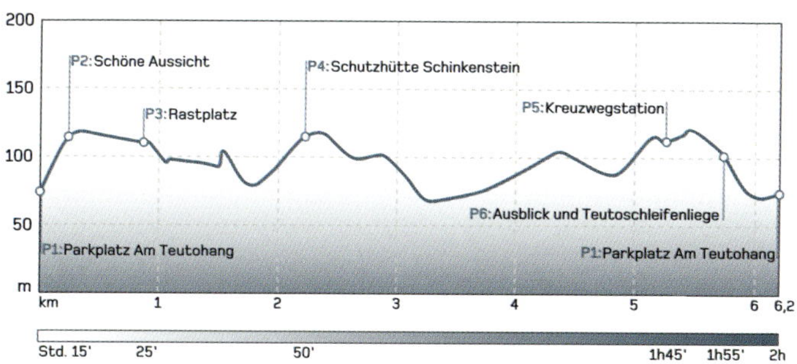

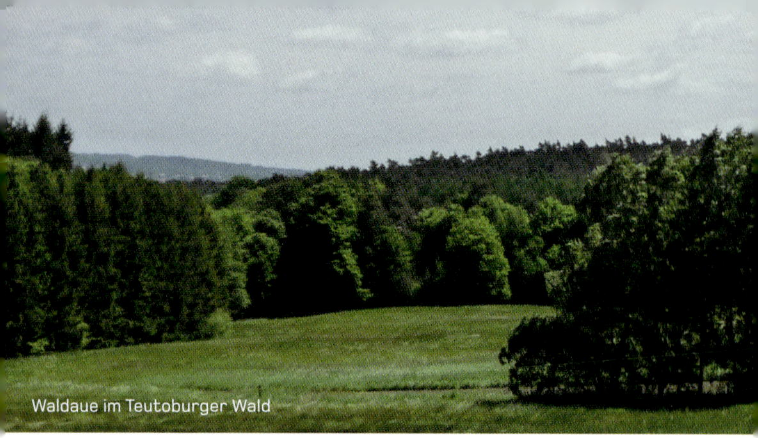

Waldaue im Teutoburger Wald

Der Waldauenweg präsentiert eine zauberhafte Mischung aus nordischer Waldatmosphäre, beeindruckenden Felsen und ruhigen Waldpassagen. Mit munterem Auf und Ab erlebt man eine abwechslungsreiche Runde, die auch bei wenig Trainierten den Spaß am Wandern weckt.

! Zuweg: Wer in Riesenbeck Ortsmitte startet, folgt der Sünde-Rendel-Straße zum Dortmund-Ems-Kanal und quert die Wasserstraße. Danach läuft man geradeaus durch die Teutostraße bis zum Waldrand, wo man am Startpunkt eintrifft.

Am Rand von Riesenbeck beginnen wir am Parkplatz (1) in der Straße „Am Teutohang" die Wanderung auf der Teutoschleife Waldauenweg. Die Tour startet mit einem Konditionstest, der uns über 256 Stufen bergan führt, was aber schlimmer klingt, als es ist. Denn die Stufen sind niedrig, und so erobern wir, ohne uns zu überanstrengen, den Hang.

Wir passieren eine Kreuzwegstation, und nach nur 230 m werden wir für den Anstieg gebührend belohnt, denn die gemauerte Bastion der „Schönen Aussicht" (2) lädt zum Verweilen und Ausschauhalten ein. Tatsächlich bietet sich ein für diese Gegend sehr weitreichendes und beeindruckendes Panorama über die Ebene des Münsterlandes.

Wir laufen weiter zum nahen Wegweiser, der uns links sanft bergan schickt. Wenig später treffen wir erstmals auf den Hermannsweg, der uns heute immer wieder ein Stück begleiten wird. Wir wenden uns scharf rechts und dürfen nun fast eben durch den abwechslungsreichen Wald laufen. Eichen und Kiefern bieten eine

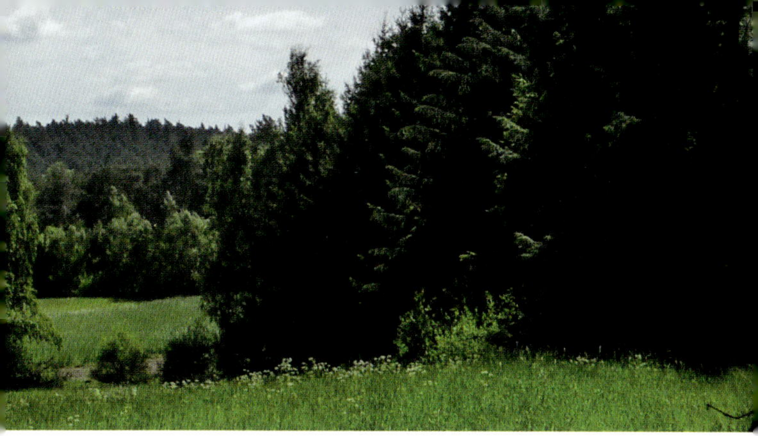

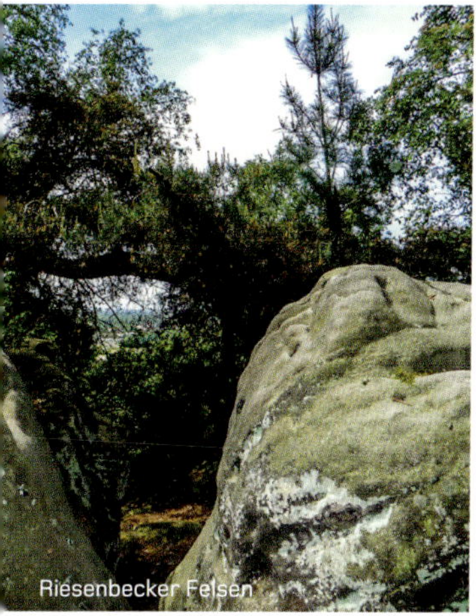
Riesenbecker Felsen

bunte Mischung und begleiten uns zum schönen Rastplatz an der Wilhelmsruh (3). Nur wenige Meter später verlassen wir nach 0.9 km den Hermannsweg und biegen rechts auf einen Naturpfad ab, der uns spürbar abwärtsführt. Dabei rücken für kurze Zeit die Wegränder fast hohlwegartig an uns heran.

An einer Weggabelung wenden wir uns nach links, doch nur 30 m später setzt sich die Teutoschleife rechts auf einem hangparallelen Pfad fort.

Nach 1.4 km erheben sich vor uns unerwartet die Sandsteinfelsen der Riesenbecker Felsgruppe. Nach dieser kurzweiligen Unterbrechung senkt sich der Pfad ab, macht jedoch die verlorene Höhe sogleich wieder gut. Am Ende dieses Rückanstiegs biegen wir an einer Gabelung rechts ab.

Nun wandern wir gemütlich abwärts, bis wir fast den Ortsrand Riesenbecks erreichen. Unweit der Häuser treffen wir im Tal auf einen Forstweg und wandern links sanft bergan in den Wald.

In weitem Bogen gewinnen wir an Höhe und erreichen nach 2.2 km die Schutzhütte und den Rastplatz am Schinkenstein (4). Hier lässt es sich mitten im Grünen gemütlich rasten.

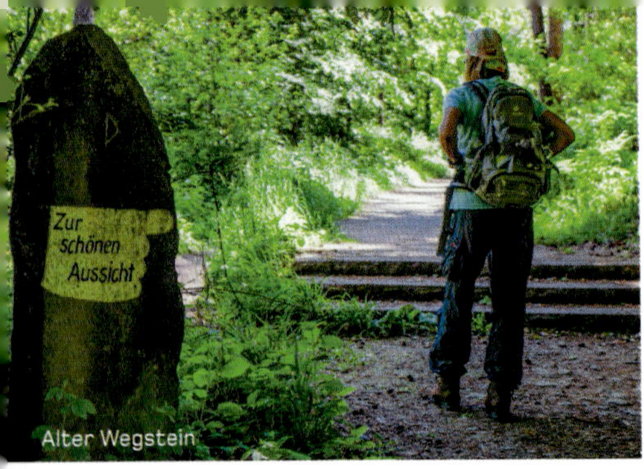

Alter Wegstein

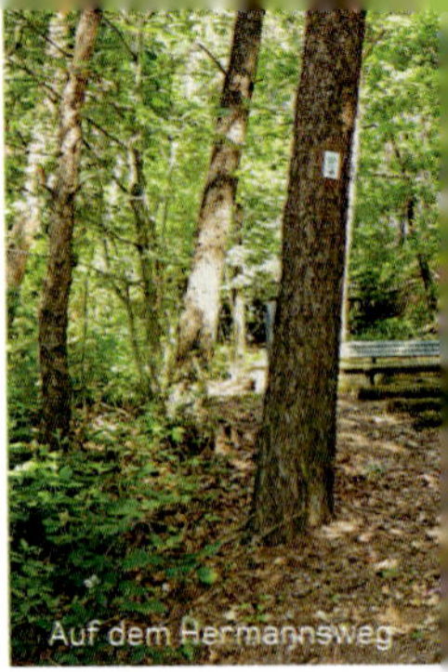
Auf dem Hermannsweg

Nach der Pause biegen wir rechts ab und werden mal wieder vom Hermannsweg begleitet. Nach sanftem Anstieg wenden wir uns an einer Wegkurve nach rechts. Wenige Schritte später endet das kurze Intermezzo auf dem Fernweg, denn der Waldauenweg biegt scharf links ab. Ein Waldweg führt uns mit sanftem Gefälle durch den dichten, abwechslungsreichen Wald, in dem Jungbäume und Hecken von den ausladenden Kronen der Kiefern und Eichen beschattet werden. An einer Kreuzung halten wir uns halb links und setzen den Abstieg fort.

Allmählich wird das Rauschen der nahen Autobahn deutlicher. Wir lassen uns dadurch nicht aus der Ruhe bringen, wandern weiter und treffen nach **3.3 km** am Waldrand ein. Vor uns breitet sich eine weite Wiese aus.

Wir wenden uns nach links, und bald umschließt uns wieder Wald. Rechts von uns verbirgt sich im Grün ein umzäunter Privatteich, während sich links eine große Feuchtwiese an den Wald anschließt. Immer wieder erhaschen wir Blicke auf die dortigen Binsen, und auch direkt am Wegesrand dominiert nun feuchteliebende Vegetation.

Am nächsten Wegweiser wechselt das Naturszenario erneut, denn nun biegen wir rechts in von Nadelbäumen dominierten Hochwald ab. Bis zur nächsten Gabelung gewinnen wir einige Höhenmeter und biegen dann mit scharfem Knick nach rechts ab. Auch weiterhin geht es gemächlich aufwärts, während uns der Wald mit nordischem Flair begeistert. An der nächsten Kreuzung wenden wir uns nach links und laufen durch den lichten Kiefern-Birken-Eichenwald, bis sich rechts eine Wiese öffnet. Kurz genießen wir den Blick über die Offenfläche, doch bald umgibt uns wieder dichtes Grün. Nach **4.8 km** biegen wir scharf links ab und laufen gemütlich aufwärts. An einer Kreuzung passieren wir ein Waldgrab und wandern geradeaus weiter.

Der idyllische Pfad durch Birkenjungwald endet an einem Querweg,

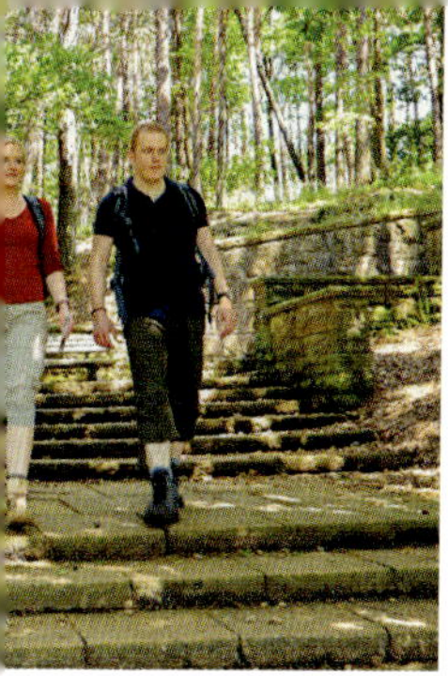

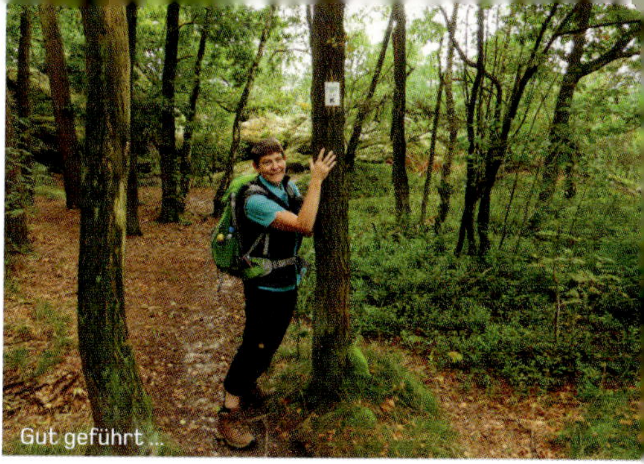

Gut geführt ...

der uns links zu einer Waldkreuzung bringt. Voraus sehen wir Bänke, doch der Waldauenweg biegt erst rechts und sogleich wieder links ab. Erst einige Meter später treffen wir nach 5.3 km an der Rückseite der Kreuzwegkapelle (5) auf den Hermannsweg und laufen mit ihm nach rechts. Schon 200 m später trennen wir uns endgültig vom Fernweg und biegen links ab.

! Wer den Waldauenweg und die Teutoschleife Bevergerner Pättken in einer großen Gesamtrunde (ca. 17 km) absolvieren möchte, kann hier dem Hermannsweg ca. 2 km folgen, bis die Teutoschleife erreicht wird. Nach der Runde auf dem 7 km langen Bevergerner Pättken gelangt man über den Hermannsweg wieder hierher zurück.

Wir bleiben auf dem Waldauenweg und folgen links einem schönen Waldpfad über eine Kuppe, bevor der Abstieg nach Riesenbeck beginnt. An einer Bank wenden wir uns nach links und stehen nach 5.7 km an einer schönen Aussicht (6) ins Münsterland. Von der geschwungenen Teutoschleifenliege können wir die Aussicht in Ruhe genießen.

Anschließend wandern wir auf zunehmend steilem Pfad mit einigen Schlenkern talwärts und genießen dabei noch einmal die tolle Mischung aus Felsen, Kiefern und Eichen. Dann ist es so weit: Wir verlassen den Wald am Ortsrand von Riesenbeck. Wir folgen der Straße auf dem Gehweg nach links und treffen nach 6.2 km wieder am Startpunkt (1) ein.

FAZIT

Der Waldauenweg beginnt zwar mit einem strammen Anstieg, fordert aber ansonsten mit stetem Auf und Ab keine besondere Kondition oder Fähigkeiten. Festes Schuhwerk ist aber aufgrund der zahlreichen, teils etwas holprigen Naturwege wichtig.

01 INFO

Tecklenburger Land Tourismus e.V. Markt 7, 49545 Tecklenburg,
www.tecklenburger-land-tourismus.de
05482/929182

Landgasthaus Birkenhof, Saerbecker Damm 261, 48477 Hörstel-Riesenbeck, 05454/7630, Di. Ruhetag,
www.landgasthausbirkenhof.de

Parkhotel Surenberg, Surenburg 13, 48477 Hörstel, 05454/93380,
www.parkhotel-surenburg.com
- Gästehaus Am Hermann, Beethovenstr. 5, 48477 Hörstel-Riesenbeck, 05454/7477,
www.gaestehaus-am-hermann.de
- Akzent Hotel Saltenhof, Kreimershoek 71, 48477 Hörstel, 05459/805000
www.saltenhof.de

Mit dem Zug kann man bis Ibbenbüren reisen. Von dort nutzt man die Buslinie 63 bis Riesenbeck-Mitte.
www.rvm-online.de

Taxi Kus, Heinrich-Niemeyer-Str. 6, 48477 Hörstel-Riesenbeck,
05454/1306

Im Landmaschinenmuseum in Riesenbeck kann man zahlreiche technische Helfer für die Landwirtschaft aus nächster Nähe betrachten. An diversen Aktionstagen kommt Bewegung in die Sammlung, denn zum Museum gehört ein 2.5 Morgen großer Acker, auf dem die betagten Traktoren und Maschinen zum Einsatz kommen.

April-Oktober: 1. So. im Monat 14-18 Uhr und nach Vereinbarung.
www.landmaschinenmuseum-riesenbeck.de

Der Weg ist für Hunde problemlos zu bewältigen. Unterwegs gibt es keinen Zugang zu offenem Wasser.

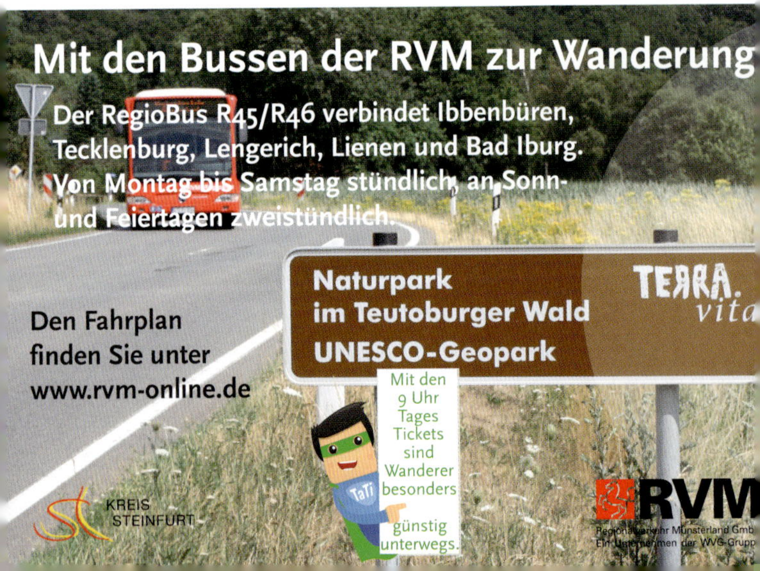

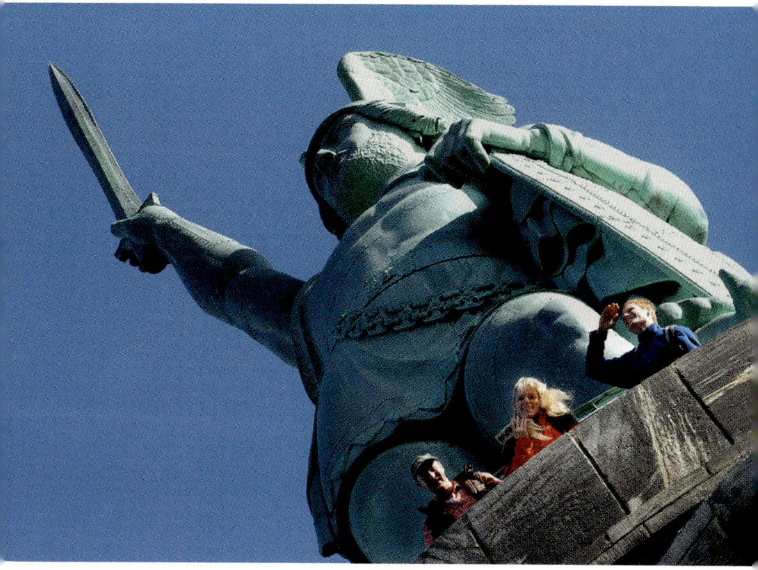

Im Lande der Cherusker

Die Römer werden das Tecklenburger Land mit dem prägenden Teutoburger Wald wohl spätestens nach der Varusschlacht in unguter Erinnerung behalten haben. Dabei ist gerade heute in der Hektik des 21. Jahrhunderts der „Teuto" ein gerne besuchter Erholungsraum zwischen Münsterland und Norddeutscher Tiefebene.

Wer auf den Spuren des Cheruskers Hermann wandern möchte, kann auf dem 156 km langen Qualitätsweg „Hermannsweg" zwischen Rheine und Bad Meinberg in 8 Etappen die ganze Bandbreite der Region erleben: Der Weg verbindet so gegensätzliche Landschaften wie Wiesen und Auen, bizarre Felsklippen und ausgedehnte, erhabene Laubmischwälder miteinander. Wer es kürzer möchte, bewegt sich auf den Teutoschleifen. Diese Premiumrundwanderwege sind zwischen 6 und 13 km lang.

@ www.hermannshoehen.de und @ www.tecklenburger-land-tourismus.de

02 Bevergerner Pättken

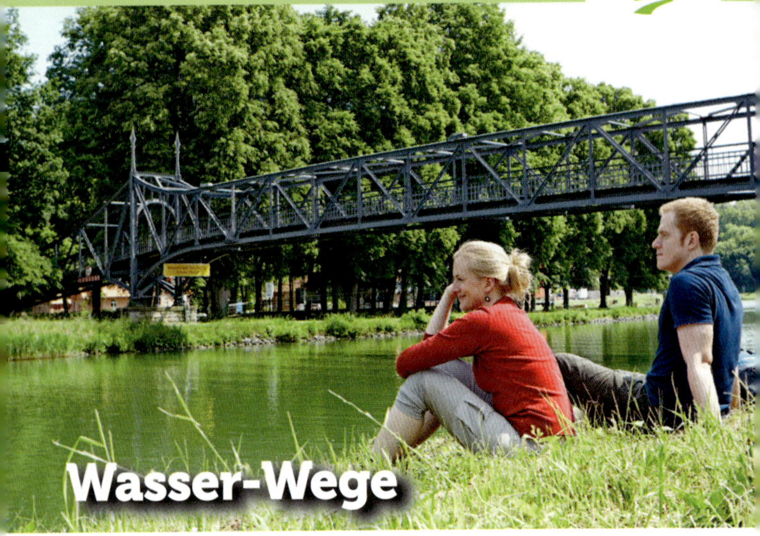

Start/Ziel: Schleuse Bevergern an der Westfalenstraße

Anfahrt: Die A 30 an der Abfahrt Hörstel verlassen und der K 38 nach Süden zum Abzweig der K 17 (Huckbergstraße) Richtung Bevergern folgen. Dort kann man an der Schleuse oder alternativ im Ort parken.

Parken: Bevergern Huckbergstraße/Westfalenstraße
N52° 16' 41.3'' • E7° 35' 20.3''

Außerhalb Bevergern: Westfalenstraße
N52° 16' 56.3''
E7° 35' 19.3''

scan to go®

Wegpunkte:

P1: Große Schleuse Bevergern
32 U 403735 5792911

P2: Levedags Mühle
32 U 403105 5792543

P3: Große Schleuse Bevergern
32 U 403697 5792850

P4: Bergeshöveder Steg
32 U 404501 5792806

P5: Nasses Dreieck
32 U 404732 5792885

P6: Schutzhütte Huckberg
32 U 404524 5793137

P7: Hexenhöhle
32 U 404131 5793253

15 %	56 %	29 %

6.2 km	2h	84 ↑↓	87	397 ♀ 466 ♂	TEU16X02

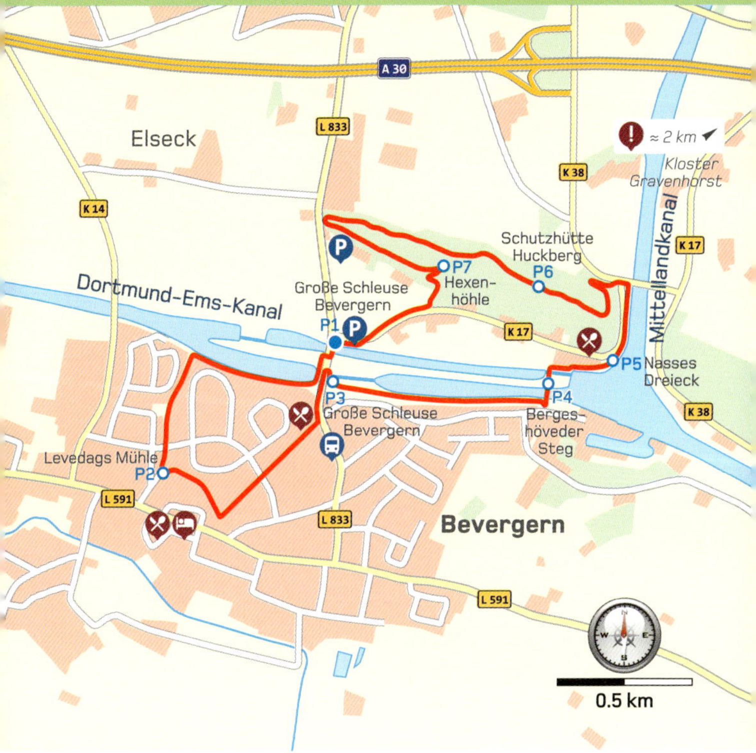

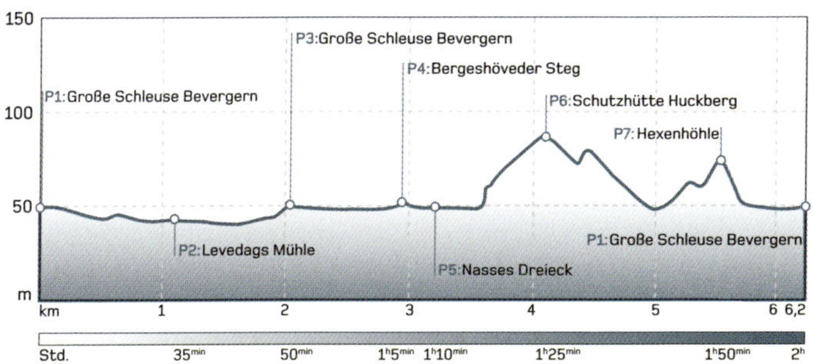

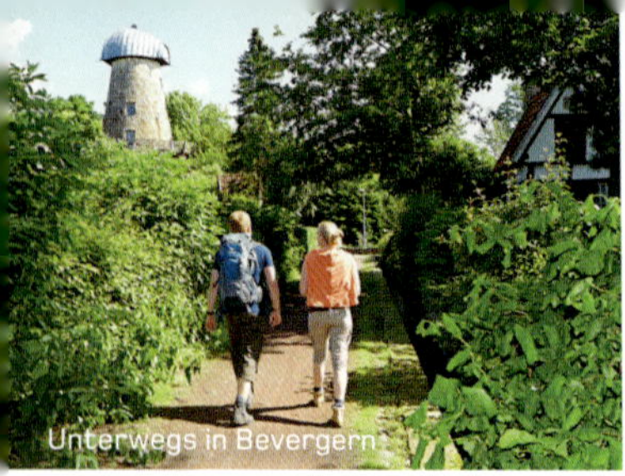
Unterwegs in Bevergern

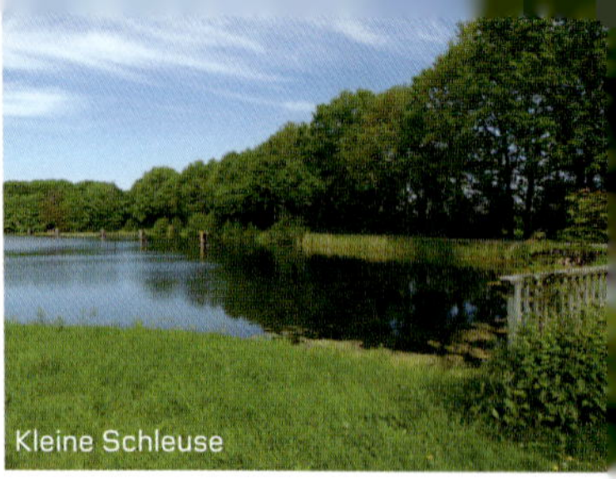
Kleine Schleuse

Heute ist Wasserwandern angesagt, aber nicht etwa per Boot, sondern zu Fuß! Das Bevergerner Pättken führt nämlich oft direkt am Wasser entlang: mal am breiten Kanal, mal am Nassen Dreieck oder neben einem verträumten Mühlenkanal in idyllischer Ortslage. Doch auch Waldliebhaber kommen auf ihre Kosten: Am Huckberg geht es durch einen herrlichen Buchenwald zur Hexenhöhle.

> **!** **Derzeit ist im Bereich der Schleuse Bevergern eine Großbaustelle eingerichtet. Daher muss die Teutoschleife Bevergerner Pättken verkürzt und teilweise verlegt werden. Im Folgenden beschreiben wir die verkürzte Route über die Umleitung, während der Baustellenphase.**

Los geht es direkt an der großen Bevergerner Schleuse (1), wo es an der Portaltafel unserer Teutoschleife einen kleinen Besucherparkplatz gibt (alternativ kann man etwas außerhalb des Ortes einen Wanderparkplatz, welcher neben dem Weg liegt, nutzen und dann bei **Kilometer 5.0** in die Tour einsteigen).

Wir wollen die Runde gegen den Uhrzeigersinn laufen und wenden uns daher vom Parkplatz an der Schleuse links und nutzen die Brücke über den Kanal. Gleich am Ende der Brücke dürfen wir rechts auf dem Radweg zum Wasser hinab laufen. Nun beginnt eine entspannte Passage! Gemütlich folgen wir dem Uferweg am Kanal und bekommen dabei ausgiebig Gelegenheit den oft recht regen Verkehr auf der wichtigen Wasserstraße zu beobachten. Tuckernd ziehen die Schiffe an uns vorüber und auch so mancher Wasservogel zieht unsere Aufmerksamkeit auf sich. Immer wieder bieten Bänke am Ufer die Möglichkeit dem Treiben auf dem Wasser in Ruhe zuzusehen.

Nach **0.6 km** nehmen wir vorerst Abschied vom Dortmund-Ems-Kanal und biegen neben einer Bank links auf einen Fußweg ab, der uns ins Zentrum von Bevergern führt. Herrlich eingerahmt von Hecken und Büschen, aber im Schatten der

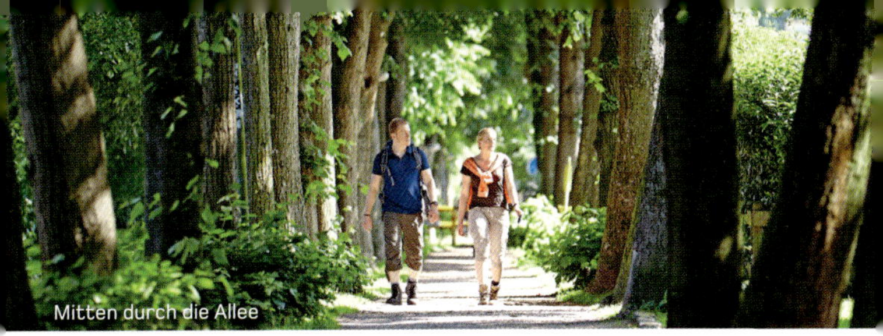
Mitten durch die Allee

Spalier stehenden Linden wandern wir zwischen den Häusern und ihren üppig grünen Gärten entlang.

An der Straße „Holtkamp" macht unser Wanderweg einen leichten Linksschwenk und führt uns an einer Wiese vorbei. Nur wenige Schritte später geht es am pittoresken Fachwerkhaus der „Alten Wacht" vorbei und per Steg über einen kleinen Kanal. Nun stehen wir direkt an der alten Levedags Mühle (2), die früher zur Ölgewinnung und zum Walken genutzt wurde.

Wir biegen hier links ab und freuen uns über die tolle Wegführung entlang des idyllischen Merschgrabens. Wir passieren eine alte Waschbrettstelle, denn früher wurde der Merschgraben rege zum Spülen der Wäsche genutzt und war damit natürlich auch Dreh- und Angelpunkt des neuesten Dorftratsches.

Wir dagegen genießen einfach die tolle Atmosphäre entlang des Wasserlaufs, der uns mitten durch den Ort führt. Nach 1.4 km biegen wir an einem Wegweiser links ab und laufen nun durch die Allee an einem Teich vorbei. Dabei wandern wir auf historischer Trasse, denn einst diente dieser Wegabschnitt den Nonnen des Klosters Gravenhorst als Fluchtweg ins damals noch von einer Burg beschützte Bevergern. Wir können uns ganz entspannt dem Wandern widmen und folgen dem bequemen Fußweg immer geradeaus bis zur Westfalenstraße. Auf Höhe einer Gaststätte queren wir die Straße und wenden uns nach links. Voraus sehen wir bereits wieder die große Schleuse (3), an der wir uns diesmal vor Querung des Kanals nach rechts wenden.

Ein paar Stufen, dann stehen wir nach 2.1 km direkt neben dem Schleusenbecken und können die Passage der Schiffe aus nächster Nähe beobachten. Immerhin überwinden die Schiffe hier einen Höhenunterschied von knapp 10 Metern.

Wir folgen der Markierung um das Schleusenareal herum und befinden uns wenig später wieder auf dem Uferweg. Flankiert von üppigen Gehölzen wandern wir bei bester Sicht auf den Kanal ostwärts und erspähen bald schon den Fußgängersteg über den Kanal. Dahinter weitet sich die Wasserfläche: Kein Zweifel, das muss bereits das „Nasse Dreieck" sein, wo sich Dortmund-Ems-Kanal und Mittellandkanal treffen.

Zügig geht's voran, und schon ragt der historische Bergeshöveder Steg vor uns auf. Eigentlich biegt die Teutoschleife vor dem Steg rechts ab, wir aber statten noch der geschwungenen Teutoschleifenliege am Ufer einen Besuch ab und laufen erst danach hoch zum Steg (4).

Der führt uns nach **2.9 km** trockenen Fußes über den Dortmund-Ems-Kanal. Bevor wir das andere Ufer erreichen, gibt es auf der Insel zwischen dem alten und dem neuen Schleusenkanal Gelegenheit für einen kleinen Abstecher: Direkt am Nassen Dreieck bietet ein roter Kubus („Red Box") nicht nur einen Logenblick auf die Wasserkreuzung, sondern auch noch spannende Informationen.

Danach laufen wir dann tatsächlich ans nördliche Ufer und schwenken nach rechts. Am Zusammenfluss der beiden Kanäle lädt dann nicht nur eine weitere Teutoschleifenliege, sondern auch ein Café zur genussvollen Pause am Nassen Dreieck (5) ein.

Nachdem wir uns ausgiebig dem Treiben auf dem Wasser gewidmet haben, setzen wir die Tour am Mittellandkanal-Ufer fort. An der Straßenbrücke nehmen wir nach **3.6 km** Abschied vom Wasser. Denn die Logos schicken uns die Treppe

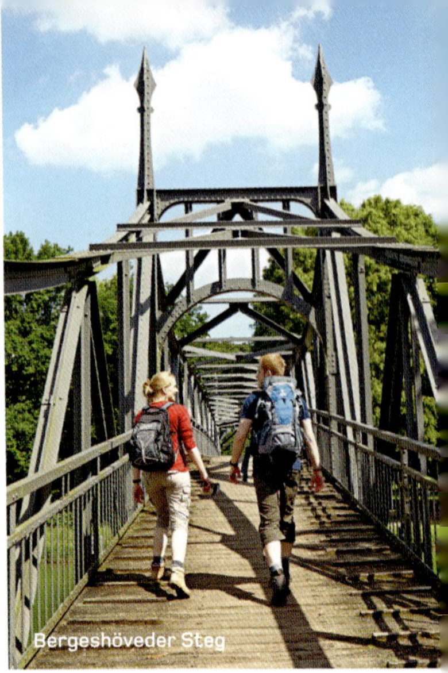
Bergeshöveder Steg

hinauf zur Straße. Vorsichtig queren wir die Huckbergstraße und laufen geradeaus weiter.

Bald mausert sich der Weg zum schmalen Pfad, der uns nun ansteigend in den Wald führt. Dort bewältigen wir nach dem ersten Höhengewinn eine Spitzkehre nach links und freuen uns über den federnden Waldboden unter den Sohlen und den herrlich schattigen Buchenmischwald über den Köpfen.

Gemächlich, aber stetig steigt unser Weg an und erklimmt mit einer Rechtskurve den Huckberg. Bald flacht der Wegverlauf ab, und nach **4.1 km** stehen wir mitten im Wald bereits oben und können an der Schutzhütte (6) auf dem Huckberg Rast machen.

Es folgt eine herrliche Waldpassage, die unsere Wanderherzen höherschlagen lässt, denn nicht nur der gewundene Weg selbst, der mit stetem Auf und Ab dem Kamm des Huckberges folgt, sondern auch die sehr attraktive und artenreiche Waldvegetation sorgen für Hochstimmung.

Ab und an erhaschen wir durchs dichte Blattwerk sogar Ausblicke ins südliche Umland. Gut gelingt das an einer kleinen Aussicht, an der sogar zwei Bänke bereitstehen. Anschließend kennt das Bevergerner Pättken zunächst nur noch eine Richtung: abwärts. Wir verlieren rasch und deutlich an Höhe, bis wir nach **5.0 km** kurz den Wald verlassen und an einem Wegweiser an der Straße links auf einen Wirtschaftsweg abbiegen. Nur 20 m später dürfen wir bereits wieder links per Pfad in den Wald zurückkehren.

> **!** **Wer den alternativen Parkplatz nutzt, der sich nur 100 m weiter den Wirtschaftsweg entlang am Waldrand befindet, der steigt an dieser Stelle in die Tour ein.**

Der Pfad führt uns gemütlich ansteigend zurück in den herrlichen Mischwald. An einer Weggabelung halten wir uns rechts und erobern weiter Höhe. Bald wandern wir auf einem Rücken, neben dem sich linker Hand ein tiefes Tal eingeschnitten hat. Und dann ist es noch einmal Zeit für einen letzten Abstecher. An einem Wegweiser schickt uns ein Zuweg 100 m nach links zur Hexenhöhle (7). Diesen kurzen Exkurs lassen wir uns natürlich nicht entgehen und statten der Höhle im weichen Sandstein einen Besuch ab.

Zurück am Wegweiser laufen wir nun wieder talwärts, und nach einigen Schlenkern und deutlichem Höhenverlust mündet unser Pfad auf einen Feldweg, der uns zur nahen Straße bringt. Dort biegen wir rechts ab und laufen vorsichtig auf dem Bankett, bis wir die Straße nach einigen Häusern queren dürfen. Nun stehen wir wieder am Ufer des „kleinen" Schleusenkanals und laufen rechts zum nahen Damm, auf dem die Straße verläuft. Per Treppe steigen wir zum kleinen Parkplatz an der Großen Schleuse (1), wo diese wasserreiche Tour nach **6.2 km** zu Ende geht.

FAZIT

Die Tour verlangt keine besonderen Fähigkeiten und ist daher auch besonders gut für Einsteiger und Familien geeignet. Unterwegs gibt es am Nassen Dreieck direkt am Weg Einkehrmöglichkeit. Bei feuchter Witterung sind feste Wanderschuhe auf der Passage am Huckberg sinnvoll.

02 INFO

Tecklenburger Land Tourismus e.V., Markt 7, 49545 Tecklenburg, ✆ 05482/929182, ⓘ www.tecklenburger-land-tourismus.de

Gasthof Am Nassen Dreieck, Am Hafen 15, 48477 Hörstel, ✆ 05459/1571, ⓘ www.am-nassen-dreieck.de
▪ *Klosterhof Bevergern, Am Markt 2, 48477 Hörstel (Bevergern), ✆ 05459/9727047, ⓘ www.cafe-klosterhof-bevergern.de*

Akzent Hotel Saltenhof, Kreimershoek 71, 48477 Hörstel-Bevergern, ✆ 05459/805000 ⓘ www.saltenhof.de
▪ *Parkhotel Surenburg, Surenburg 13, 48477 Hörstel, ✆ 05454/93380, ⓘ www.parkhotel-surenburg.com*
▪ *Gästehaus Am Hermann, Beethovenstr. 5, 48477 Hörstel-Riesenbeck, ✆ 05454/7477, ⓘ www.gaestehaus-am-hermann.de*

Ab Ibbenbüren gelangt man mit der Regio-Buslinie R63 über Riesenbeck nach Bevergern (Bushaltestelle Abzweig Westfalenstraße). ⓘ www.rvm-online.de

Hunde können diesen Weg problemlos absolvieren. Trotz der häufigen Passagen am Wasser gibt es für Hunde eigentlich keinen Zugang zu den Kanälen oder Gräben.

Taxi Kus, Westfalenstr. 127, 48477 Hörstel, ✆ 05459/1340, ⓘ www.taxikus.de

Die Wurzeln von Kloster Gravenhorst reichen bis ins 13. Jahrhundert zurück, als es als Zisterzienserinnenkloster gegründet wurde. Heute handelt es sich um die einzige unzerstörte Klosteranlage in Norddeutschland und beherbergt u.a. das DA, Kunsthaus Kloster Gravenhorst. Das bietet ein umfangreiches Programm mit Ausstellungen, Veranstaltungen und Workshops. ⓘ www.da-kunsthaus.de

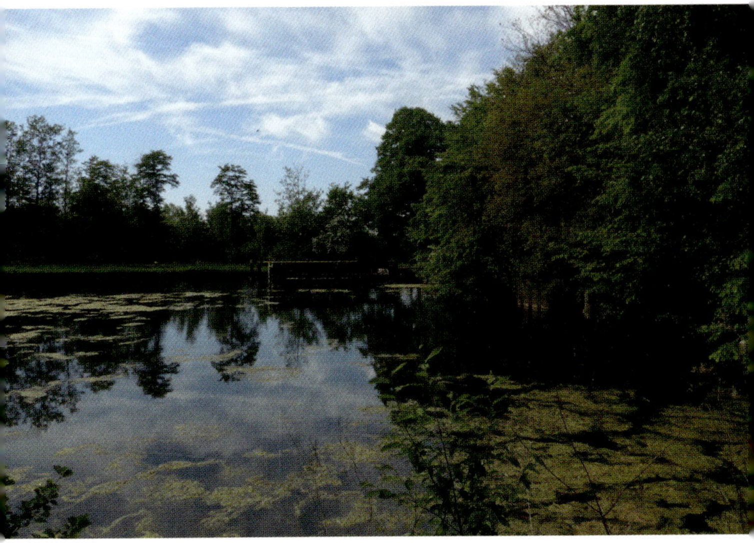

Naturidyll mit Sandstrand

Manchmal entsteht beim Bau einer Autobahn auch ein Naturidyll. Genau das ist in den 1970ern bei Bevergern geschehen, denn in der Gemarkung „Torfmoor" gab es ausreichend gut geeignetes Baumaterial für die A 30.

So entstand bis 1985 das heutige „Erholungsgebiet Torfmoorsee", dessen Herzstück in puncto Naherholung der 24 Hektar große und bis 20 m tiefe Torfmoorsee ist. Besonders beliebt ist die gut 1 Hektar große Badebucht mit Sandstrand, Sonnenwiese und Wasserspielplatz. Am See befinden sich auch eine DLRG Rettungsstation und ein Café.

Doch auch für den Naturschutz wurde gesorgt, denn neben dem beliebten Badesee entstand auch ein unzugängliches Feuchtbiotop, das von artenreichen Wiesen und Gehölzen umgeben ist. Ein Waldlehrpfad und ein geologischer Lehrpfad bieten jede Menge Information zu Wald und Geologie. Zudem gibt es noch einen 2.5 km langen Rundwanderweg, einen Waldsportplatz und eine Schutzhütte mit Grillplatz.

Weitere Informationen: ⓘ www.hoerstel.de

03 Sloopsteener Seerunde

Teutoschleifen

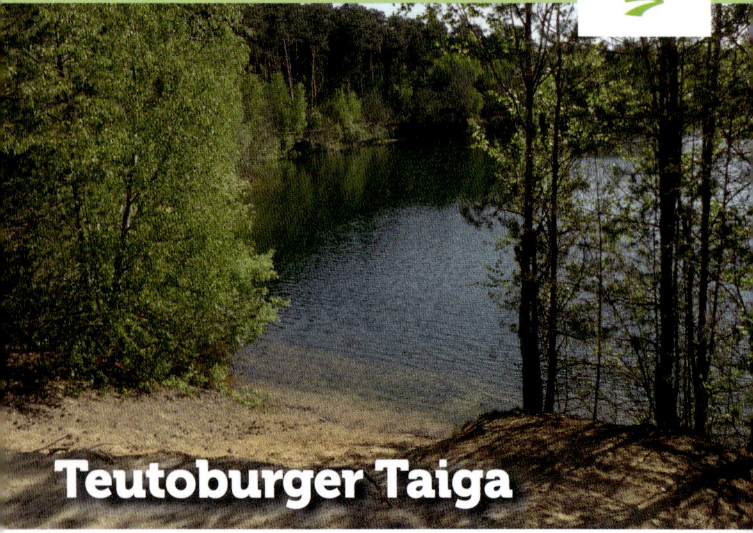

Teutoburger Taiga

Start/Ziel: Parkplatz am Sloopsteinweg bei Westerkappeln

Anfahrt: Der A 1 bis zur Ausfahrt Osnabrück-Hafen folgen und dort auf die L 595 Richtung Westerkappeln. Kurz vor dem Präriesee biegt man rechts auf den Sloopsteinweg ab. Am Portal im Wald kann man parken.

Parken: Parkplatz Sloopsteinweg
N52° 19' 16.2'' • E7° 54' 36.1''

scan to go®

Wegpunkte:

P1: Parkplatz am Sloopsteinweg
32 U 425706 5797328

P2: Sloopsteene & Tripelpunkt
32 U 425776 5797309

P3: Niedringhaussee Südufer
32 U 426003 5798377

P4: Niedringhaussee Nordufer
32 U 425804 5798845

P5: Doppelheuerhaus
32 U 426871 5798186

13 % | 8 % | 79%

6.7	2h	44	73	393 462	
km					TEU15X03

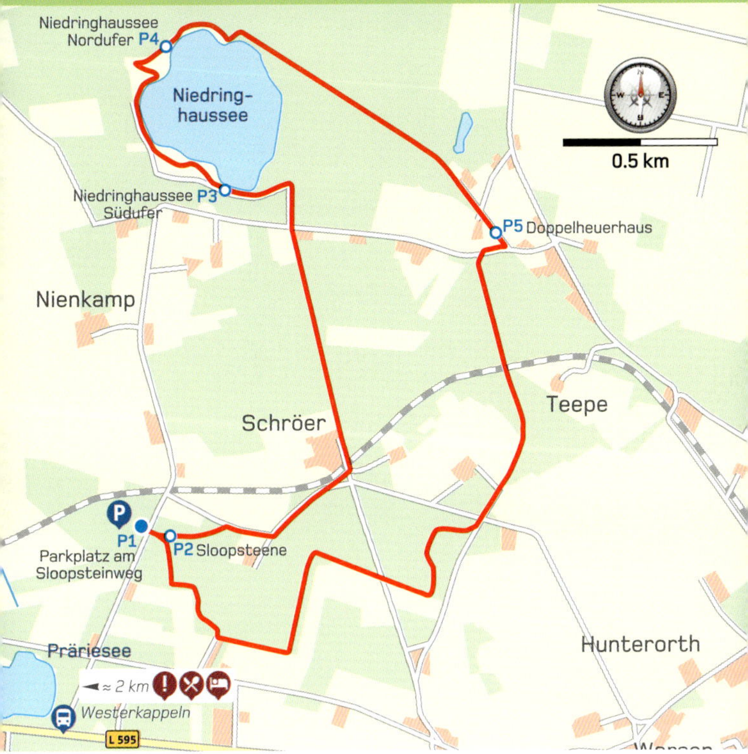

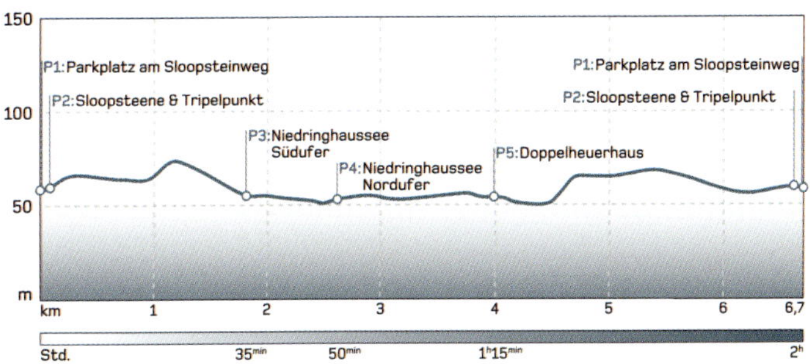

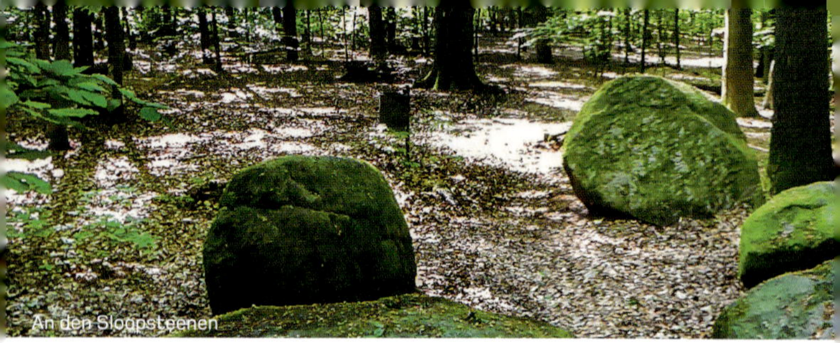
An den Sloopsteenen

Zum Auftakt gibt es mit den Sloopsteenen gleich einen kulturellen Leckerbissen. Es folgen prachtvolle Hallenwaldpassagen und herrliche Ruhe. Doch am Niedringhaussee wandelt sich die Szene, und spätestens am Nordufer fühlt man sich wie am Taigastrand. Anschließend ist beim Wandern durch herrlichen Wald und offene Flur Zeit zum Träumen.

Mitten im Wald, direkt an der Straße, beginnen wir an der Parkbucht im Sloopsteinweg (1) die Sloopsteener Seerunde. Gleich an der Straße erläutert eine Infotafel die Bedeutung der Sloopsteene, bei denen es sich immerhin um das größte Megalithgrab in Westfalen handelt.

Vorbei an einer Schutzhütte und einem Quiz zu Tierspuren sowie einem zu Baumarten erreichen wir nach nur **70 m** nicht nur den Tripelpunkt der heutigen Tour, sondern zugleich auch die Sloopsteene (2). Obwohl mitten im Wald gelegen, sind die riesigen Granitfindlinge, welche unsere Vorfahren vor etwa 4000 Jahren zu dem immerhin 23 m langen Ganggrab aufgeschichtet haben, sehr eindrucksvoll. Ausgiebig nehmen wir also dieses bedeutende Kulturdenkmal in Augenschein, bevor wir die Route im Uhrzeigersinn fortsetzen. Das Grab bleibt hinter uns zurück, während wir auf federndem Waldweg durch den lichten Buchenmischwald wandern.

Bald erreichen wir den Waldrand, wo unser Pfad auf den Hunterorther Eschweg trifft. Wir wenden uns nach rechts, kommen auf dem asphaltierten Grund zügig voran und lassen den Blick über die Wiesen schweifen, bevor sich der Wald wieder um uns schließt.

Nach **0.6 km** verlassen wir das Sträßchen und laufen geradeaus zum nahen Bahnübergang. Auf der anderen Seite der Gleise führt uns ein breiter Weg an einem großen Gehöft vorbei und unmerklich bergan in den Wald. Immer wieder staunen wir über riesige Baumveteranen, deren mächtige Stämme

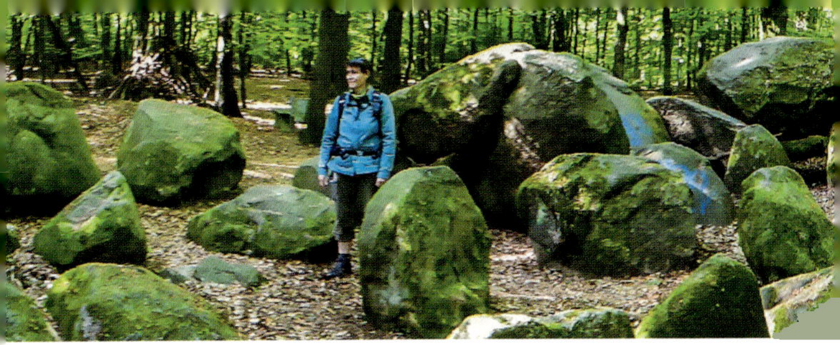

kerzengerade in den Himmel streben. Eichen und Buchen bekommen hier tatsächlich viel Zeit zum Wachsen ...

Wir überschreiten eine Kuppe, und langsam senkt sich der Weg ab und bringt uns zu einem Haus an einer Straße. Wir laufen geradeaus weiter und lassen uns auch von der Schranke und dem Hinweis auf einen Privatweg nicht abschrecken: Wanderern ist der Durchgang gestattet.

Die Natur um uns herum hat sich mittlerweile deutlich verändert. Statt Buchen und Eichen sind es nun gedrungen gewachsene Weiden und Erlen, die das grüne Rahmenprogramm bestreiten. Stellenweise umfängt uns nun richtige Auwaldvegetation, was kein Wunder ist, denn wir sind nun schon ganz nah dran am Niedringhaussee. An einer Wegkreuzung biegen wir nach links und folgen dem breiten Uferweg noch etwas abwärts. Und dann ist es so weit. Nach **1.8 km** öffnet sich rechts ein erster Logenplatz **(3)** direkt am Seeufer. Eingerahmt von Ästen und Zweigen der Uferbäume eröffnet sich uns ein großartiger Blick über den See, dessen ruhiges Wasser in der Sonne blinkt. Auf der anderen Seite erkennen wir ein Steilufer, und weiter westlich säumen weite Schilfareale den Uferbereich.

Über der gesamten Szenerie liegt eine majestätische Ruhe, und die Hektik des Alltags scheint in unendliche Ferne zu rücken. Begeistert setzen wir die Wanderung fort und freuen uns im weiteren Verlauf noch mehrfach über solche Blickfenster, die uns den See aus immer wieder veränderter Perspektive zeigen.

Bald dürfen wir dann sogar den breiten Weg verlassen und auf einem ufernahen Pfad dem Wasser nahe sein. Nach **2.1 km** endet diese erste Pfadpassage am See, und wir laufen wieder auf dem breiten Naturweg weiter, vom See durch Gehölze abgeschirmt. Doch es wird noch besser. Als wir an einer offenbar auch als Grillstelle genutzten Uferlichtung eintreffen, dürfen wir auf schmalem Uferpfad weiterwandern. Eng rücken die Büsche an den Pfad, während nur wenige Meter neben uns leise die

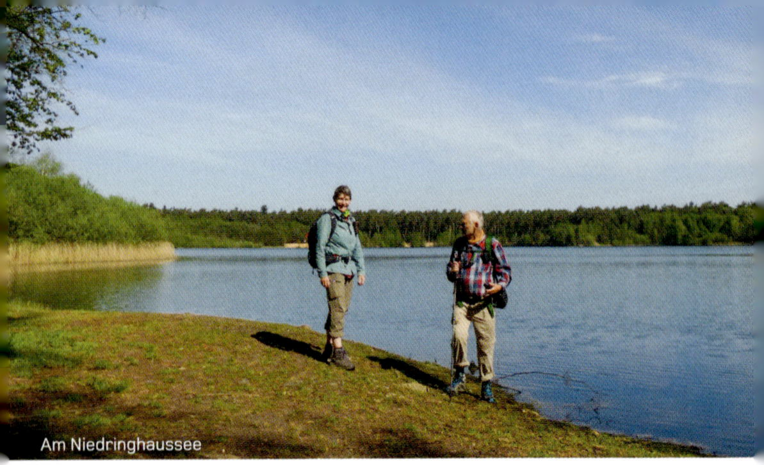
Am Niedringhaussee

Wellen des Sees am Ufer stranden. Birken und Weiden dominieren die Vegetation, die uns an nordische Länder erinnert. Nach einem kurzen Schwenk nach links treffen wir auf einen kieferngesäumten Sandweg, dem wir rechts zurück zum See folgen. Unvermittelt weichen die Bäume zurück, und wir stehen am Strand (4).

Weicher Sand lädt zum Barfußlaufen ein, rasch ist nach **2.6 km** ein Plätzchen am Ufer gefunden, um diese Idylle bei einer kleinen Rast in vollen Zügen zu genießen!

Nur sehr langsam rappeln wir uns wieder auf, schnüren die Schuhe und setzen die Runde fort. Doch wir werden reich belohnt, denn was nun folgt, ist Natur vom Feinsten. Angesichts des ungemein reizvollen Birken-Kiefern Niederwaldes fühlen wir uns wie in der sibirischen Taiga und geben uns glücklich Träumereien hin. An warmen Sommertagen atmen wir zudem den würzigen Duft der Kiefern ein und geraten vollends in Hochstimmung – so herrlich kann Wandern mitten im Tecklenburger Land sein.

Viel zu schnell führt unser Sandpfad über einen Wall und mündet auf einen Sandweg, dem wir uns nach rechts zuwenden. Vom See haben wir nun Abschied genommen, doch zu unserem Glück führt Mutter Natur hier eine sanfte Regie, und so gelingt ein schleichender Übergang von der nordischen Taiga zurück in den heimischen Laubmischwald. Allmählich weichen die Kiefern zurück und Eichen und Buchen bestimmen wieder das Bild.

Unter den Sohlen knirscht noch lange der sandige Boden, und erst als wir ein einsames Haus im Wald passieren, betreten wir für kurze Zeit wieder Asphalt. Bald mündet von links ein Asphaltweg, wir laufen unbeirrt geradeaus weiter, und kommen nach 4 km ans Doppelheuerhaus (5), wo eine Bank zur Pause bereitsteht. Anschließend biegen wir rechts in die Straße „Wersener Holz" ab, dürfen aber schon nach 70 m wieder links zurück in den Wald.

Auch 20 m später halten wir uns noch einmal links und frönen auf schönem Waldweg bald wieder voll und ganz der Waldeinsamkeit. Ungezählte Grünschattierungen versetzen uns in gelassene Stimmung, und wir genießen den wohltuenden Schatten, den hochgewachsene Buchen durch ihre ausladenden Äste spenden.

Mitten im grünen Waldidyll queren wir die Gleise einer kaum genutzten Bahnstrecke und setzen sogleich unsere Waldträumereien fort. Nach sanftem Kurzanstieg wechseln wir nach 4.7 km an den Waldrand.

Bald mündet unser Feldweg auf eine asphaltierte Hofzufahrt. Kurz nach der Kreuzung mit dem Hunterorther Eschweg schicken uns die Logos rechts auf einen Waldpfad. Mitten durchs Grün des Mischwaldes windet sich unsere Route und bringt uns schließlich nah am Waldrand auf einen sandigen Feldweg. Hier sind wir nun Grenzgänger: Rechts rauscht der Wald, links begleiten uns wogende Felder. Kurzweilig unterhalten, folgen wir dem Waldrand bis zum Ende des Feldes.

Hier treten wir nach 5.6 km erneut in den Wald ein. Bei erster Gelegenheit nutzen wir einen links abzweigenden Weg, um noch einmal an den Waldrand zurückzukehren.

Dort angelangt, wandern wir rechts talwärts, über uns breiten mächtige, uralte Eichen ihre knorrigen Äste aus. An einem einzelnen Haus knickt unser Wanderweg zunächst rechts ab, um nur wenige Meter später links pfadig weiterzuführen. Noch einmal bekommen wir nun Gelegenheit, die Erhabenheit des Buchenhallenwaldes auszukosten und dabei Energie zu tanken. Nach 6.6 km ragen vor uns wieder die Findlinge der Sloopsteene (2) auf, und der Kreis unserer Wanderung schließt sich am Tripelpunkt der Tour. Wir biegen links ab und stehen nur 70 m später wieder am Parkplatz (1), wo diese traumhafte Wanderung viel zu schnell ihr Ende findet.

FAZIT

Die Sloopsteener Seerunde eignet sich bestens für Wandereinsteiger, da sie keine besonderen Fähigkeiten und nur normale Kondition verlangt. Aufgrund des sehr hohen Naturweganteils sollte man dennoch feste Wanderschuhe tragen.

03 INFO

Tecklenburger Land Tourismus e.V., Markt 7, 49545 Tecklenburg, 05482/929182, www.tecklenburger-land-tourismus.de

Bauerncafé Kuckucks-Nest, Mettinger Str. 60, 49492 Westerkappeln, 05404/919497, www.kuckucks-nest-online.de
Ristorante Pizzeria Don Camillo, Vidumstraße 1, 49492 Westerkappeln, Mo. Ruhetag, Di.-So. ab 17.30 geöffnet 05404/9585885,

Altes Gasthaus Schröer, Große Straße 10, 49492 Westerkappeln, 05404/2492, www.hotel-gasthaus-schroer.de

Ab Bahnhof Osnabrück fährt man mit der Regio-Buslinie R11 über Wersen bis zur Haltestelle „zu den Sloopsteenen" Richtung Westerkappeln. www.rvm-online.de

Taxi ten Brink, 05404/97970 oder 0541/913030, www.taxi-ten-brink.de

Zwischen 1. April und Ende Oktober kann man in Westerkappeln im Traktorenmuseum, das auf dem Gelände eines typischen westfälischen Bauernhofs untergebracht ist, immer freitags bis sonntags in die Welt der landwirtschaftlichen Geräte eintauchen. Neben Traktoren gibt es noch jede Menge Arbeitsgerät zu bestaunen, das in der Landwirtschaft eingesetzt wird. Aktionstage oder das Oldtimertreffen sind besondere Höhepunkte im Museum. Wer hungrig geworden ist, findet im Bauerncafé neben dem Museum Speis und Trank, u.a. aus dem Alten Backhaus ...

Traktorenmuseum, Lotter Str, 20, 49492 Westerkappeln, 05404/1785 www.westerkappeln.de/Trakor

Hunde können die Runde problemlos absolvieren. Am See gibt es Zugang zum Wasser.

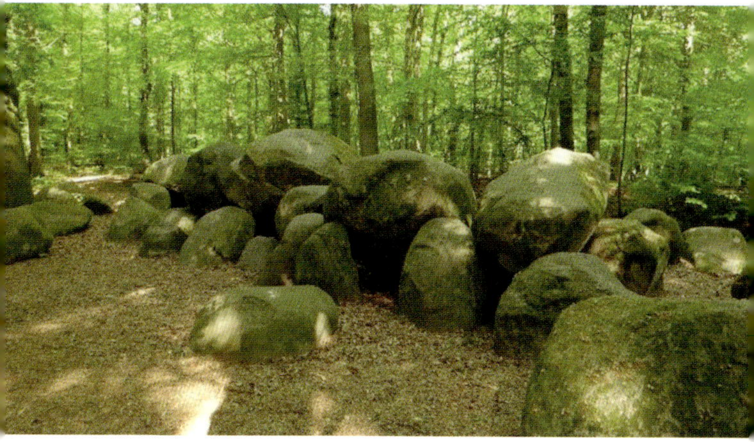

Historische Stätte

Die Sloopsteene sind das am besten erhaltene Großstein (Megalith)-Grab in Westfalen. Es stammt aus der Jungsteinzeit (3500 bis 1700 v. Chr.) und ist damit mindestens 3700 Jahre alt. Zum Bau wurden eiszeitliche Findlingssteine verwendet. Das eigentliche Grab, das gut 18 Meter lang und knapp 2 m breit war, wurde aus 11 Steinpaaren errichtet, die insgesamt 5 Decksteine trugen. Der größte dieser Decksteine hat mit 2.5 auf 1.9 m ein stolzes Ausmaß. So entstand der Raum für die Grabkammer, die ursprünglich innerhalb des entstandenen Raums aus Trockensteinmauern errichtet und mit einem gepflasterten Boden versehen war. Nach der Fertigstellung wurde das Grab mit einem Erdhügel bedeckt und von einem äußeren Steinkreis aus kleineren Findlingen umgeben.

Leider hatten bis zu den systematischen Ausgrabungen im 19. Jahrhundert bereits Grabräuber ganze Arbeit geleistet, und somit wurden nur wenige Grabbeigaben von den Archäologen gefunden. Daher ist es auch unklar, ob die Sloopsteene ein Einzelgrab waren oder aber einer ganzen Familie als letzte Ruhestätte dienten. Heute sind zwar nicht mehr alle Findlingssteine an Ort und Stelle, dennoch ist das Kulturdenkmal der Sloopsteene noch immer sehr beeindruckend.

04 Heiliges Meer

Teutoschleifen

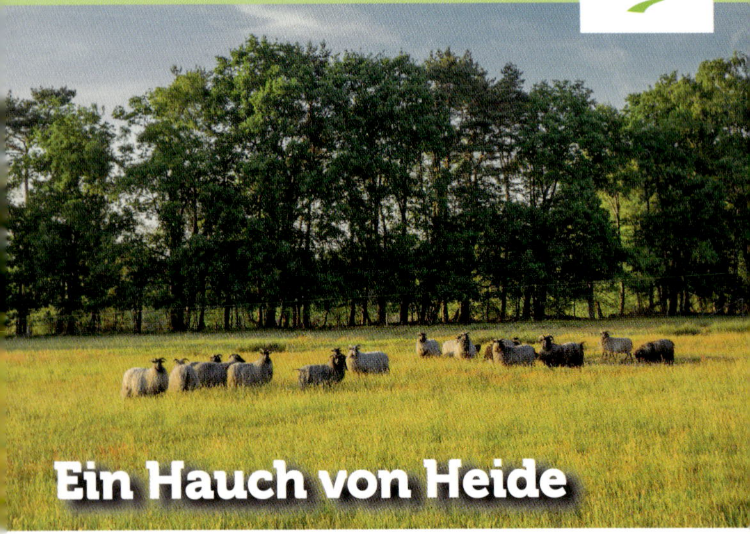

Ein Hauch von Heide

Start/Ziel: Parkplatz beim Hotel Mutter Bahr an L 504

Anfahrt: Man verlässt die A 30 bei Hörstel und fährt über die L 501 und die L 598 nach Ibbenbüren-Uffeln.

Parken: Parkplatz bei „Mutter Bahr", Uffeln
N52° 19' 49.9'' • E7° 37' 36.3''
Parkplatz Forsthaus Heiliges Meer
N52° 20' 51.6'' • E7° 38' 01.6''

scan to go®

Wegpunkte:

P1: Parkplatz Mutter Bahr
32 U 406424 5798673

P2: Mittellandkanal
32 U 406550 5798533

P3: LWL-Museum
32 U 406831 5800771

P4: Heide am Heiligen Meer
32 U 406700 5801132

P5: Erdfallsee
32 U 406505 5800839

P6: Schutzhütte Dreiländereck
32 U 406037 5800193

12 % | 18% | 70 %

9.1 km | 2h45min | 22 | 49 | 514 604 | TEU14X04

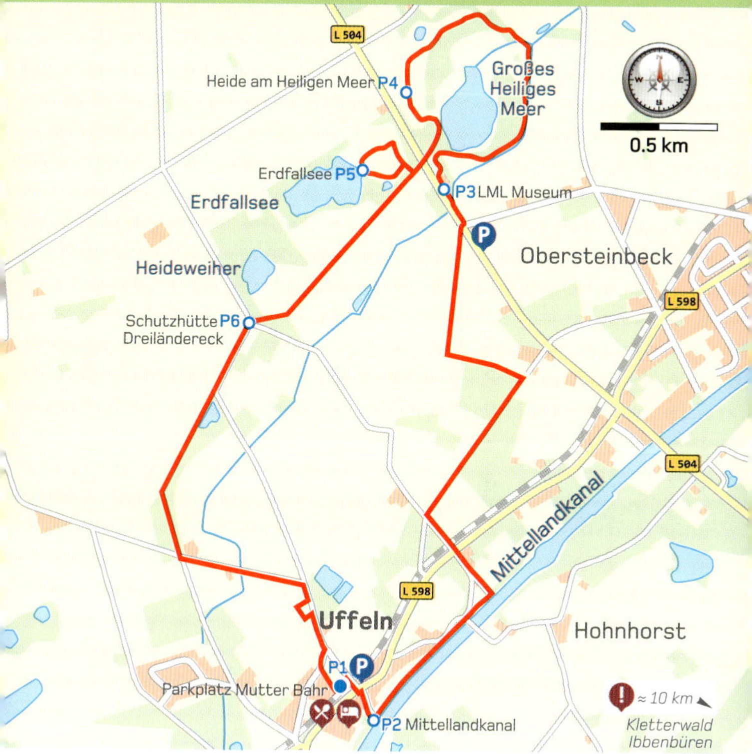

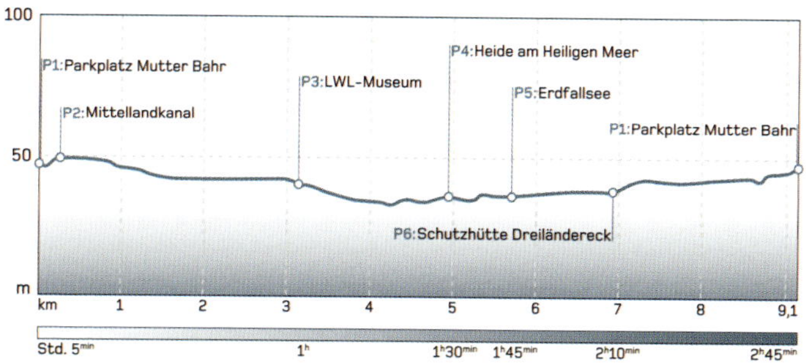

Mit der gemütlichen Rundtour „Heiliges Meer" kommen wir einem spannenden Naturphänomen auf die Spur: den Erdfallseen. Dazu gibt es herrliche Natur zu entdecken, deren Spektrum vom Feuchtbiotop bis zur idyllischen Heidelandschaft reicht. Und am Mittellandkanal ist Schiffe gucken angesagt.

Direkt neben dem Hotel Mutter Bahr starten wir am Parkplatz (1) zur entspannten Tour auf der Teutoschleife „Heiliges Meer".

Wir queren die Gleise und die L 598 und laufen durch eine ruhige Anliegerstraße geradeaus zum nahen Mittellandkanal (2). Dort biegen wir links ab und folgen der Wasserstraße, auf der meist reges Treiben herrscht. Wir unterqueren eine Brücke und kehren nach **1 km** dem Kanal den Rücken. Vorbei an einigen Häusern wandern wir durch eine ruhige Straße und queren erneut die L 598. Auf der anderen Seite geht es geradeaus weiter, bis wir eine Kreuzung erreichen. Hier biegen wir rechts ab und wandern nun zwischen Wald und Feld weiter.

Die mächtigen Eichen sorgen mit breiter Krone für angenehmen Schatten, doch schon bald tauchen wir mit unserem federnden Weg ganz in den Wald ein. Als wir an ein Haus kommen, wenden wir uns scharf nach links. Das Genusswandern fällt auf dem herrlichen Grasweg entlang einer Gehölzzone leicht. Schade nur, dass die nahe L 504 unüberhörbar ist. Noch einmal ändern wir an der folgenden Kreuzung die Richtung und biegen rechts ab. Nun steuern wir die L 504 an und queren sie auf Höhe des Parkplatzes des Forsthauses, das mittlerweile nicht mehr bewirtschaftet ist. Gleich nach der Querung halten wir uns links und folgen einem schmalen Fußpfad in dichtes Gehölz.

Nach **3.1 km** erreichen wir die Außenstelle des LWL Museums für Naturkunde (3) mit der Ausstellung zum Heiligen Meer. Wir laufen am Haus vorbei und können uns wenig später an einer Schutzhütte mit spannendem Infomaterial zum Naturschutz und zum Heiligen Meer eindecken. Dann folgen wir dem Pfad bis zum Beginn des Rundweges ums Heilige Meer. Wir biegen rechts ab und folgen dem teilweise etwas feuchten Pfad durch den üppigen Bruchwald. Rechts begleitet uns bald ein Kanal, und angesichts von so viel offenem Wasser fühlen sich nicht nur Libellen, sondern leider auch stechende Plagegeister sehr wohl.

Wir passieren eine Feuchtwiese mit kleinem Schilfgürtel und durchqueren einen Erlenbruchwald. Nach **4.4 km** steht dann ein weiterer deutlicher Wechsel in

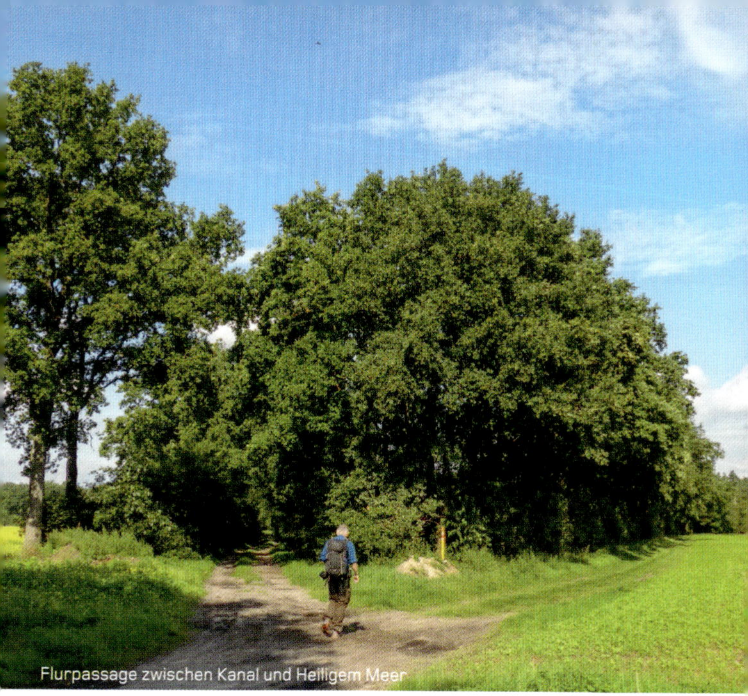

Flurpassage zwischen Kanal und Heiligem Meer

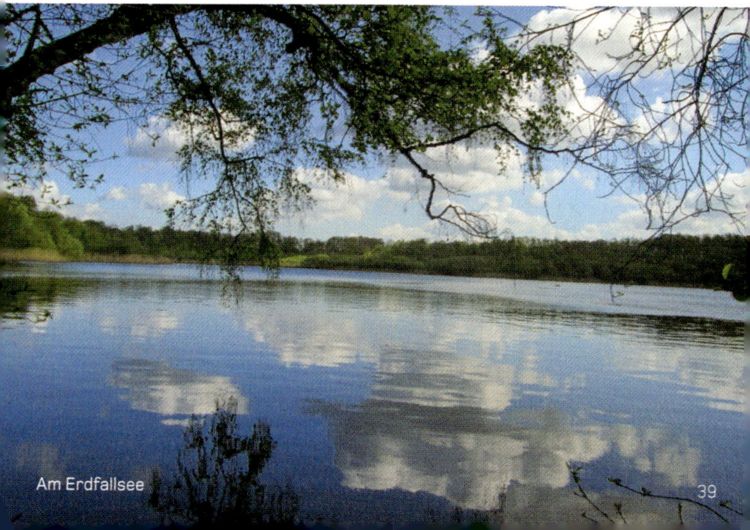

Am Erdfallsee

der Vegetation an, denn durch ein Gatter betreten wir eine grandiose Heidelandschaft. Wir wähnen uns in der Lüneburger Heide, denn knorrige Kiefern, dichtes Heidekraut und sandiger Boden sorgen für nordisches Flair. Wer den Weg im Spätsommer wandert, wird mitten durch ein lilafarbenes Blütenmeer wandern können, dann steht die Heide in voller Blüte.

Auf der rechten Seite erregt ein kleiner See unsere Aufmerksamkeit, bevor wir voraus einen erhabenen Baumriegel ausmachen. Dort grast friedlich Rotwild und lässt sich auch durch uns Wanderer nicht aus der Ruhe bringen. Unser Weg knickt nach links ab und führt an solitären Hutebäumen (4) vorbei. Die riesigen Eichen sind sehr beeindruckend. Auch ein weiterer kleiner See liegt am Weg, bevor wir durch ein weiteres Gatter die Heidefläche hinter uns lassen.

Kurz darauf erreichen wir nach **5.1 km** das Ufer des Großen Heiligen Meeres, dem größten durch Salzauslaugung und Erdfall entstandenen See der Region. Kurz tauchen wir danach noch einmal in dichten Wald ein, dann biegen wir rechts ab und queren erneut die L 504. Auf der anderen Seite wandern wir mit einem baumgesäumten Weg zum nahen Abzweig zur Erdfallseerunde. Wir wollen auch diesem See einen Besuch abstatten, biegen daher rechts ab und gelangen durch ein weiteres Gatter wieder in eine heideartige Umgebung. In weitem Bogen laufen wir auf federndem Grund durch die offene Heide und treffen schließlich am Ufer des erst 1913 entstandenen Erdfallsees (5) ein. Rasch schließt sich danach der Kreis und wir kehren zum Gatter zurück. Nun folgen wir weiter dem breiten Weg nach rechts, und allmählich verklingen die Geräusche der Landstraße.

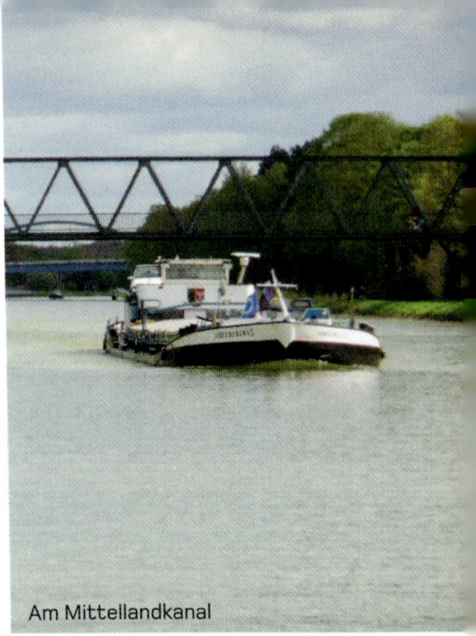
Am Mittellandkanal

Rechts begleitet uns weiterhin umzäunte Heide, auf der immer wieder zottelige Schafe die Verbuschung im Zaum halten. Als wir den Waldrand erreichen, verbreitert sich der Weg, und der Untergrund wird fester. Mit einem kleinen Knick geht es weiter, bis wir nach **6.9 km** an einem asphaltierten Weg ankommen. Wir wenden uns nach links und können an der einladenden Schutzhütte am Dreiländereck

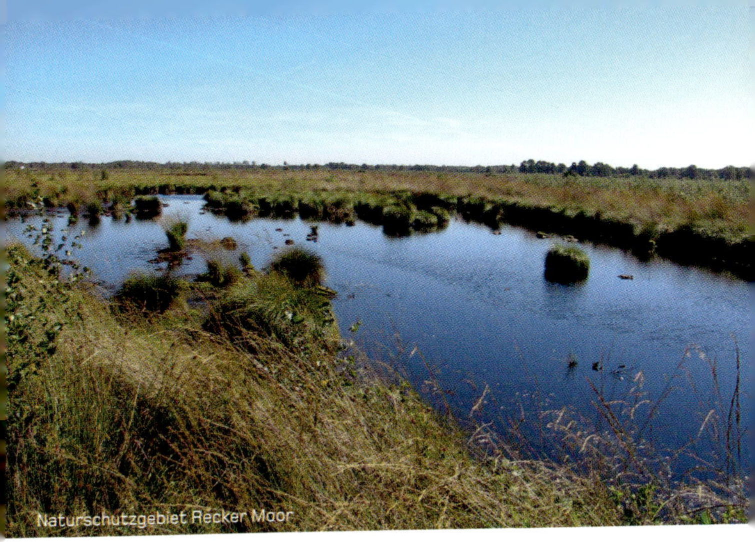
Naturschutzgebiet Recker Moor

(6) eine gemütliche Rast einlegen. Hier stoßen übrigens nicht drei Länder, sondern die Gemarkungen von Recke, Hopsten und Ibbenbüren aufeinander.

Wir folgen dem Asphaltweg bis zum Waldrand, wo wir geradeaus auf einem Grasweg weiterlaufen dürfen. Zwischen Wald und Feld kommen wir gut voran. An einer Bank gabelt sich der Weg, und wir biegen links in den Wald ab.
Nach 8 km erreichen wir an einem großen Stall die nächste Kreuzung und lassen den Wald hinter uns. Wir wenden uns nach links und laufen zwischen Feldern und einem Gehölzriegel, bis wir erneut zu einem Asphaltweg gelangen. Hier biegen wir vor den Bäumen nach rechts ab und folgen nun dem Gehölzrand nach rechts. Wir umrunden das umzäunte Areal des Ballonstartplatzes und folgen danach dem Wiesenrand zum nahen Ort. Dort biegen wir links ab und gelangen zum Hotel Mutter Bahr. Noch ein Schwenk nach links und wir stehen nach 9.1 km wieder am Ausgangspunkt (1) dieser spannenden Wanderung.

FAZIT

Die Rundtour stellt keine besonderen Ansprüche. Besonders bei feuchter Witterung ist aber festes Schuhwerk aufgrund des hohen Naturweganteils empfehlenswert.

04 INFO

Tecklenburger Land Tourismus e.V., Markt 7, 49545 Tecklenburg, ✆ 05482/929182, ⓘ www.tecklenburger-land-tourismus.de

Hotel & Restaurant Gasthof Gronheid, Recker Str. 23, 49509 Recke, ✆ 05453/8282 ⓘ www.hotel-gronheid.de, Do. Ruhetag

Hotel Mutter Bahr, Nordbahnstraße 78, 49477 Ibbenbüren, ✆ 05459/80360, ⓘ www.mutter-bahr.de Altes Gasthaus Greve, Markt 1, 49509 Recke, ✆ 05453/9188960, ⓘ www.hotel-greve.de

Bis Ibbenbüren gelangt man mit der Bahn. Von dort kann man Mo.-Sa. mit der Taxi-Buslinie T28 bis Uffeln-Wieter fahren. ⓘ www.rvm-online.de

Taxi Kus, Bergstr. 12, 49477 Ibbenbüren, ✆ 05451/2001, ⓘ www.taxikus.de

Am Rand Ibbenbürens kann man im Klettergarten hoch hinaus. Zehn unterschiedliche Parcours fordern die Abenteuerlust der Besucher ab sechs Jahre je nach Körpergröße heraus. Unter den hohen Wipfeln uralter Laubbäume kann man so einen tollen Tag im Wald verbringen. Infos: ⓘ www.kletterwald-ibbenbueren.de

Hunde können die Strecke ohne Probleme absolvieren. Im NSG besteht Leinenpflicht. Unterwegs gibt es nur selten direkten Zugang zum Wasser.

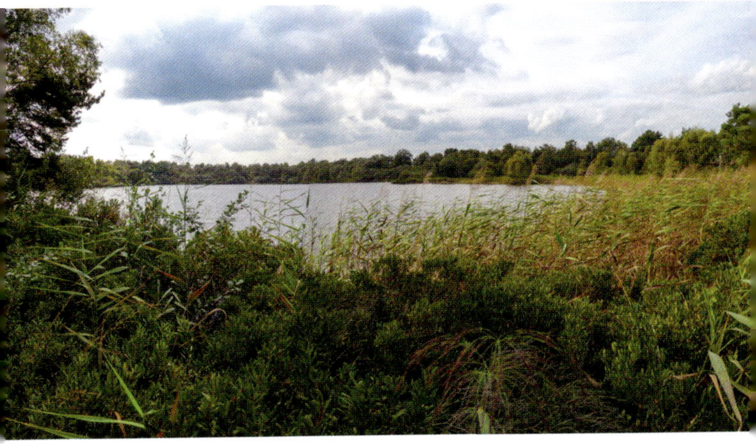

Naturschutz zum Anfassen

Wer dem Naturschutzgebiet rund um das Heilige Meer näherkommen möchte, der sollte unbedingt die Ausstellungsräume der LWL-Museums Außenstelle am Heiligen Meer besuchen. Die Ausstellung ist von Ende März bis Ende Oktober geöffnet und kann kostenlos besichtigt werden.

Hier wird nicht nur erläutert, wie ein Erdfallsee (wie das Heilige Meer) entsteht, sondern man bekommt auch detaillierte Informationen zu den Tier- und Pflanzenarten, die in diesem Naturschutzgebiet ein sicheres Refugium gefunden haben.

Das LWL-Museum bietet am Heiligen Meer auch offene zwei- bis viertägige Kurse für jedermann an, die, übers Jahr verteilt, zu verschiedenen Themen rund um Flora und Fauna dieser einzigartigen Naturlandschaft stattfinden. Weiterführende Informationen gibt es auf der Internetseite der Außenstelle.

Infos: Bergstraße 1, 49509 Recke, ✆ 05453/9966-0,
Ⓘ www.lwl-heiliges-meer.de

05 Dörenther Klippen

Teutoschleifen

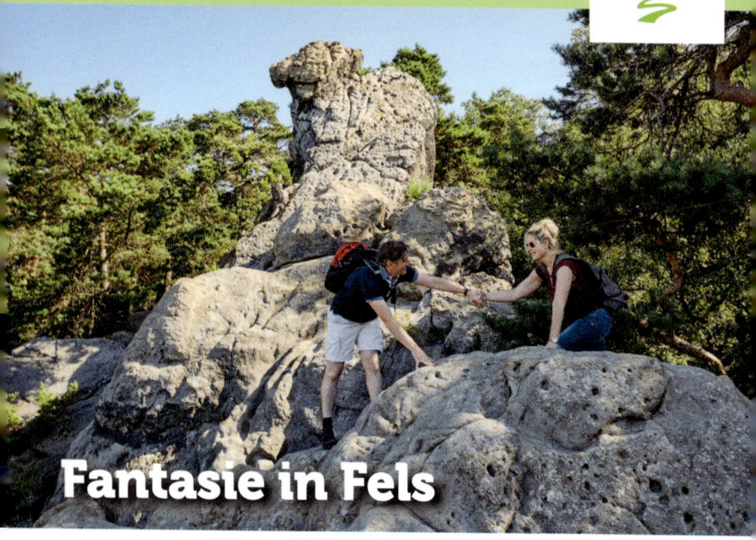

Fantasie in Fels

Start/Ziel: Wanderparkplatz an B 219 „Dörenther Klippen"

Anfahrt: Man verlässt die A 30 an der Anschlussstelle 11b „Ibbenbüren". Von dort folgt man der B 219 nach Süden bis zum Parkplatz an den Dörenther Klippen.

Parken: Parkplatz an B 219
N52° 14' 47.2'' • E7° 41' 42.3''
Parkplatz Bocketal
N52° 14' 10.8'' • E7° 44' 43.7''

scan to go®

Wegpunkte:

P1: Parkplatz an der B219
32 U 410930 5789264

P2: Knotenpunkt „Pilz"
32 U 413338 5788060

P3: Abzweig Parkplatz Bocketal
32 U 414333 5787713

P4: Abzweig Brochterbeck
32 U 414544 5787318

P5: Aussicht Königstein
32 U 413892 5787824

P6: Dreikaiserstuhl
32 U 413608 5787944

P7: Almhütte
32 U 411699 5788957

P8: Dörenther Klippen
32 U 411583 5788951

3 % | 28% | 69%

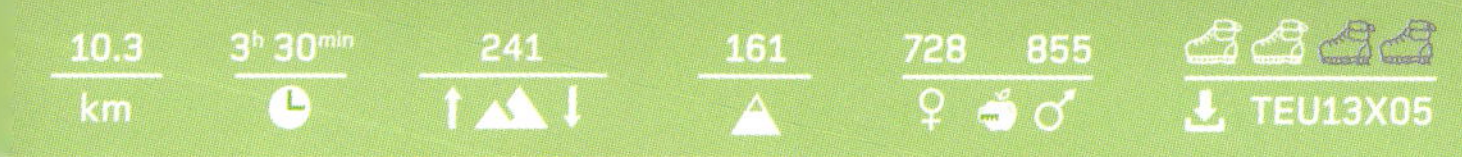
10.3
km
3h 30min
241
161
728
855
TEU13X05

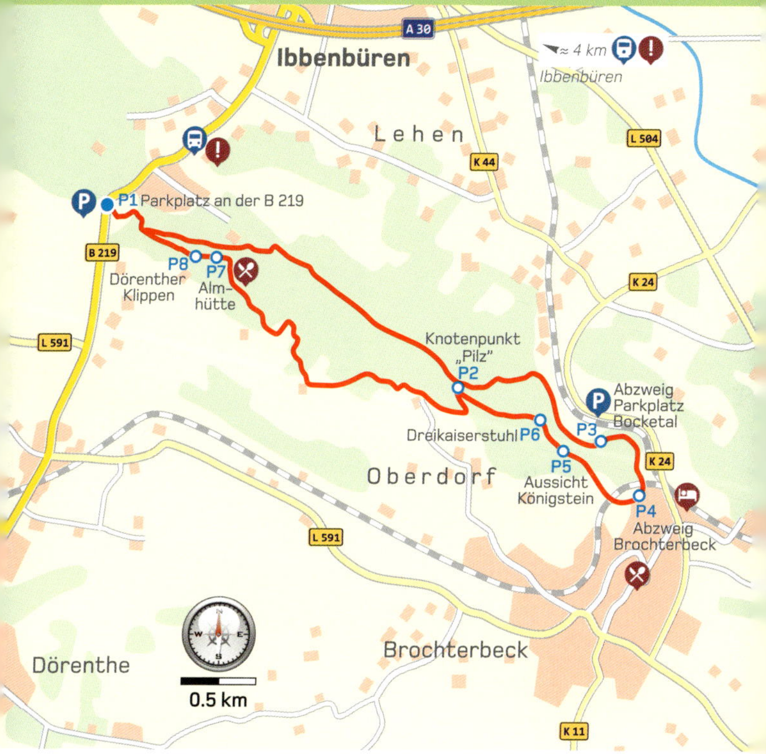
A 30
Ibbenbüren
≈ 4 km
Ibbenbüren
Lehen
K 44
L 504
P1 Parkplatz an der B 219
B 219
P8
P7
Dörenther Klippen
Alm-hütte
K 24
L 591
Knotenpunkt „Pilz“
P2
Abzweig Parkplatz Bocketal
P3
Dreikaiserstuhl P6
K 24
P5
Aussicht Königstein
Oberdorf
P4
Abzweig Brochterbeck
L 591
0.5 km
Brochterbeck
Dörenthe
K 11

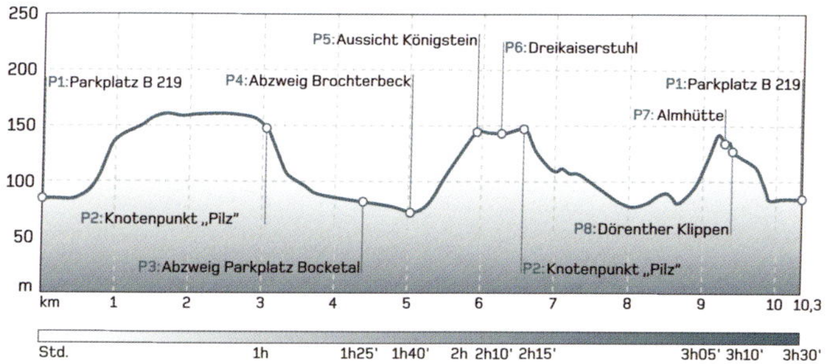
250
200
150
100
50
m
P1:Parkplatz B 219
P4:Abzweig Brochterbeck
P5:Aussicht Königstein
P6:Dreikaiserstuhl
P1:Parkplatz B 219
P7: Almhütte
P2:Knotenpunkt „Pilz“
P3:Abzweig Parkplatz Bocketal
P8:Dörenther Klippen
P2:Knotenpunkt „Pilz“
km 1 2 3 4 5 6 7 8 9 10 10,3
Std. 1h 1h25' 1h40' 2h 2h10' 2h15' 3h05' 3h10' 3h30'

Die Teutoschleife Dörenther Klippen begeistert mit grandioser Natur in ungeahnter Vielfalt. Gerade noch im skandinavisch angehauchten Birken-Kiefernwald unterwegs, spannen wenig später mächtige Buchen ihr Kronendach über uns, bevor der Weg an den Waldrand wechselt und weite Ausblicke erlaubt. Immer wieder geben zudem beeindruckende Felsen Einblicke in die Erdgeschichte.

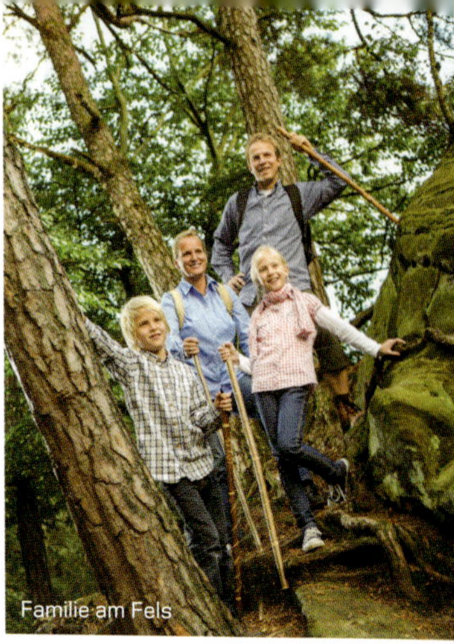
Familie am Fels

Am Wanderparkplatz „Dörenther Klippen" (1) an der B 219 beginnen wir die Tour auf dieser Teutoschleife. Vom Parkplatz aus folgen wir dem Waldweg in den lichten Buchenhochwald. Wir wandern am Campingplatzareal entlang und biegen an einem asphaltierten Querweg rechts ab. Auf Höhe des Gasthauses wenden wir uns nach links und wandern gemeinsam mit dem Hermannsweg tiefer in den Wald.

Nach **0.4 km** erreichen wir eine Weggabelung: Hier biegt rechts der Kletterpfad zu den Klippen ab. Diesen werden wir am Ende für den Abstieg nutzen. Wir wollen die Tour aber im Uhrzeigersinn begehen und uns die Klippen bis zum Schluss aufheben. Daher wenden wir uns mit dem Hermannsweg nach links. Doch auch den Fernweg verlassen wir wenig später und biegen mit der Teutoschleife links auf einen bald deutlich ansteigenden Waldweg ab.

Nach **1.4 km** haben wir den Höhenkamm erobert und treffen an einer Wiese auf einen Querweg, dem wir nach rechts folgen. Bald schließt sich der Wald um uns, und es ist entspanntes Wandern angesagt, denn der bequeme Weg führt uns fast ohne Höhendifferenz durch attraktiven Heidewald. Birken und Kiefern dominieren das Waldbild, während auf dem Boden Heidelbeeren, Heidekraut und Farne für üppiges Grün sorgen und skandinavisches Flair aufkommen lassen.

Nach **1.9 km** treffen wir am Ehrenmal, das an den Angriff der Alliierten im April 1945 erinnert, wieder auf den Hermannsweg. Gemeinsam wandern wir geradeaus und ignorieren im Folgenden diverse abzweigende Wege, während es sanft abwärtsgeht. Erst als wir nach **3 km** bei einem pilzförmigen Unterstand am Knotenpunkt der Tour **(2)** eintreffen, verlassen wir den Fernweg und biegen scharf links auf einen steil absteigenden Naturweg ab.

Nun ist Trittsicherheit notwendig, denn auf den ersten 200 m laufen zahlreiche Wurzeln quer, und Steine machen den Pfad ziemlich holprig. Schließlich helfen uns noch einige Stufen talwärts. Als der Wald sich zum Nadelhochwald wandelt, wird der Weg deutlich einfacher, und wir laufen entspannt an denTrimm-dich-Pfad Stationen vorbei, die bald erneuert werden sollen. Wieder ignorieren wir abzweigende Wege, die zu den rechts hoch aufragenden Felsen führen.

Als wir fast den Talgrund erreicht haben, halten wir uns an einer Weggabelung rechts und nähern uns weiter dem Waldrand an. Nun ist die K 44 bereits deutlich zu vernehmen. Wir folgen dem Talweg weiter und lassen auch hier alle Nebenpfade unbeachtet. Nach **4.4 km** passieren

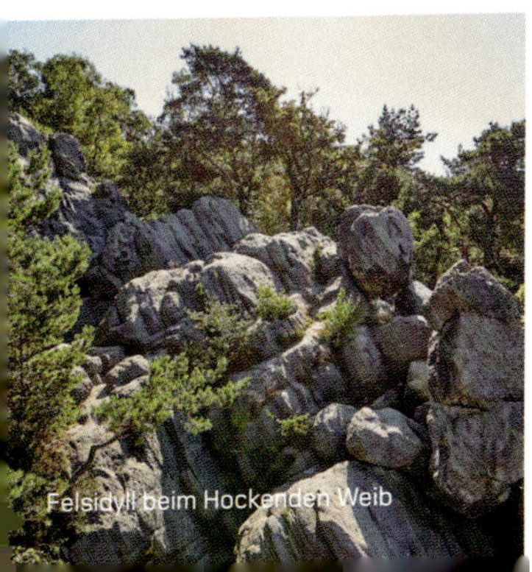

Felsidyll beim Hockenden Weib

wir den Abzweig zum Parkplatz „Bocketal" **(3)**, der als alternativer Startpunkt genutzt werden kann. Unbeirrt behalten wir die Richtung bei und freuen uns am hohen Buchenwald. Als unser Pfad über einen kleinen Steg führt, erregt rot gefärbtes Wasser eines kleinen Baches unsere Aufmerksamkeit. Direkt unter dem Steg befindet sich die Quelle dieses Säuerlings, dessen Eisengehalt für die rote Farbe verantwortlich ist.

Wir wandern weiter, wechseln kurz an den Waldrand und queren ein erstes Mal die Gleise der Bahnstrecke. Nun sehen wir links bereits die Häuser von Brochterbeck, und nach einer weiteren Pfadpassage gelangen wir nach **5 km** an den Abzweig in den nahen Ort **(4)**. Wir wenden uns an dieser Stelle aber rechts und befinden uns damit mal wieder auch auf dem Hermannsweg. Unser Feldweg quert erneut die Gleise, steigt gemächlich an und führt uns am spannenden Obstlehrgarten vorbei, in dem zahlreiche längst in Vergessenheit geratene Streuobstsorten gedeihen. Infotafeln steuern zudem Wissenswertes rund um den Apfel bei.

Wir setzen den nun deutlich strammeren Anstieg fort und tauchen dabei wieder in den abwechslungsreichen Wald ein. Bald flacht der Weg ab, und wir können durchatmen. Nach **5.9 km** lockt uns eine Bank an die nahe Hangkante und bietet einen Blick ins bewaldete Tal. Nur 100 m später präsentiert sich am Königstein (5) eine weitaus bessere Aussicht, ab und an kann man hier auch Kletterer beim Erklimmen der Felsen beobachten.

Wir folgen weiter dem nur noch unmerklich ansteigenden Weg und freuen uns an dem zunehmend nordischen Waldbild, in dem Kiefern die Regie übernommen haben. Nach **6.2 km** verlassen wir den bisher begleitenden Hermannsweg und biegen rechts auf einen urigen Pfad ab, der uns zum nahen Dreikaiserstuhl (6), dem höchsten Felsen der Dörenther Klippen führt. Und diesem Status machen die Felsen alle Ehre, denn mächtig und beeindruckend erheben sie sich direkt neben dem Pfad und sorgen für Hochstimmung. Beschwingt folgen wir dem tollen Waldpfad an weiteren Felsen vorbei und treffen viel zu schnell wieder auf den breiten Hermannsweg, dem wir nach rechts folgen.

Nach **6.6 km** treffen wir wieder am bereits bekannten „Pilzunterstand" am Knotenpunkt (2) unserer Teutoschleife ein. Diesmal wenden wir uns scharf nach links, verlieren deutlich an Höhe und biegen erst nahe des Waldrandes rechts ab. Nun dürfen wir durch lichten, aber erhabenen Buchenhallenwald wandern und erhaschen dabei immer wieder Blicke Richtung Münsterland. Kurz bevor wir den Hof Drees erreichen, wenden wir uns nach rechts und laufen über eine Kuppe einen Bogen in den Wald. Doch schon bald kehren wir an den

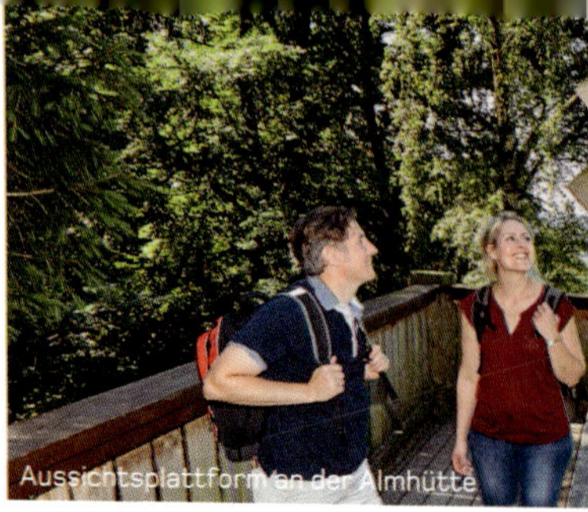

Aussichtsplattform an der Almhütte

Waldrand zurück und passieren eine kleine Wiese. An deren Rand biegen wir erst links, dann aber doch rechts zurück in den Wald ab. Mit einigen Schlenkern durch den Hochwald gelangen wir nach **8 km** an den Rand des nächsten Anwesens und halten uns rechts.

Wieder laufen wir durch ein Stück Hochwald, verlassen diesen aber an einem einsamen Haus noch einmal. Hier biegen wir rechts ab und wandern am Waldrand bergan. Bald schließt sich wieder schummriger Hochwald um uns, und wir laufen um den Einschnitt eines unscheinbaren, oft trockenen Baches. Im Kurvenscheitel wenden wir uns nach links, erspähen dabei rechts oberhalb einen mächtigen Felsturm. Doch wir kehren noch einmal kurz an den Waldrand zurück, bevor wir nahe dem Hof Krüer endgültig in den Wald abtauchen und den Anstieg zu den Dörenther Klippen in Angriff nehmen.

Zunächst windet sich der Pfad noch sehr sanft bergan. Als wir aber nach **8.9 km** auf einen Querweg stoßen und rechts abbiegen,

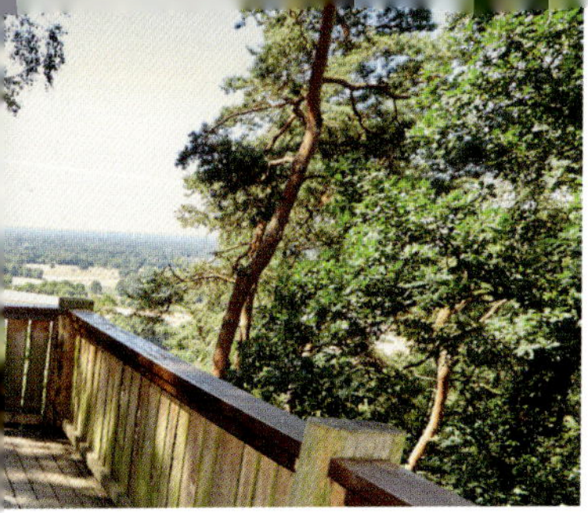

wird es deutlich steiler. Allerdings sorgen Farne und urige Vegetation für ausreichend Ablenkung. Als wir dann um eine Kurve biegen, empfangen uns bereits die ersten beeindruckenden Felsen, und die Mühe des Anstiegs ist fast vergessen. Wenig später haben wir dann den Kamm erreicht und treffen mal wieder auf den Hermannsweg. Wir biegen links ab und stehen nach kurzem Abstieg nach **9.3 km** an der Almhütte (7). Diese bietet Getränke und an Wochenenden auch kleine Speisen wie leckeren Kuchen oder Wurst.

Wir statten dem Aussichtspodest an der Hütte einen Besuch ab, denn dieses bietet einen tollen Blick ins Münsterland und auf einige der markanten Felsen. Danach kehren wir auf den Weg zurück, der sich nur 100 m unterhalb der Hütte gabelt. Hier biegen wir links ab und kommen nun den Felsen der Dörenther Klippen hautnah. Der berühmte Fels des „Hockenden Weibs" (8) beeindruckt sehr. Doch auch im weiteren Verlauf begeistert uns die Reise in die Unterkreide, denn an manchen Felsen sind die Schichtung oder auch die Rippelmarken des Wellenschlages am Strand des Kreidemeeres selbst für Laien gut nachvollziehbar.

Bei aller Begeisterung für die Geologie sollte man jedoch nicht vergessen, auf den Weg zu achten, denn Wurzeln und Steine erfordern gute Trittsicherheit beim Abstieg. Nach **9.9 km** ist es geschafft, und wir treffen im Tal wieder auf den Hermannsweg.

Nun kennen wir den weiteren Verlauf bereits vom Anfang der Tour. Wir wandern zum nahen Gasthaus am Campingplatz und wenden uns rechts dem Asphaltweg zu. Am Ende des Zaunes biegen wir dann links auf den Waldweg ab, der uns zurück zum Parkplatz führt. Dort (1) endet nach **10.3 km** diese sehr spannende und abwechslungsreiche Wanderung.

FAZIT

Die Teutoschleife Dörenther Klippen nutzt zahlreiche Naturpfade und beinhaltet einige stramme An- und Abstiege. Daher sollte man unbedingt festes, knöchelhohes Schuhwerk tragen. Etwas Kondition und gute Trittsicherheit sind ebenfalls wichtig, um die Tour genießen zu können.

05 INFO

Tecklenburger Land Tourismus e.V., Markt 7, 49545 Tecklenburg, 05482/929182, www.tecklenburger-land-tourismus.de

Almhütte, Dörenther Berg 60, 49479 Ibbenbüren, 0541/16203
- *Historische Gaststätte Franz, Dorfstraße 22, 49545 Tecklenburg-Brochterbeck, 05455/5569386, www.gaststaette-franz.de*

Hotel Teutoburger Wald, Im Bocketal 2, 49545 Tecklenburg-Brochterbeck, 05455/93000, www.ringhotel-teutoburger-wald.de

Von Ibbenbüren kann man mit der Schnellbuslinie S50 oder mit der Regionalbuslinie R20 bis zur Haltestelle an der Sommerrodelbahn (etwas ndl. des Startpunktes) fahren. www.rvm-online.de

Taxi Herkenhoff, Ignatz-Wiemeler Str. 3, 49477 Ibbenbüren, 05451/2142, www.taxi-herkenhoff.de

Rasant geht es talwärts auf der Sommerrodelbahn Ibbenbüren am Rand der Dörenther Klippen. Die etwa 100 m lange Bahn stammt aus dem Jahr 1926 und ist damit Deutschlands älteste Sommerrodelbahn. Man fährt noch auf echten Holzschlitten bergab, und so kurz das Vergnügen der Talfahrt auch sein mag, es hat Suchtpotenzial. www.sommerrodelbahn.de

Hunde können die Tour ohne Schwierigkeit laufen. Unterwegs gibt es allerdings in der Natur keinen Zugang zu Wasser (an der Almhütte steht aber ein Wassernapf). Im Naturschutzgebiet besteht Leinenpflicht für Hunde.

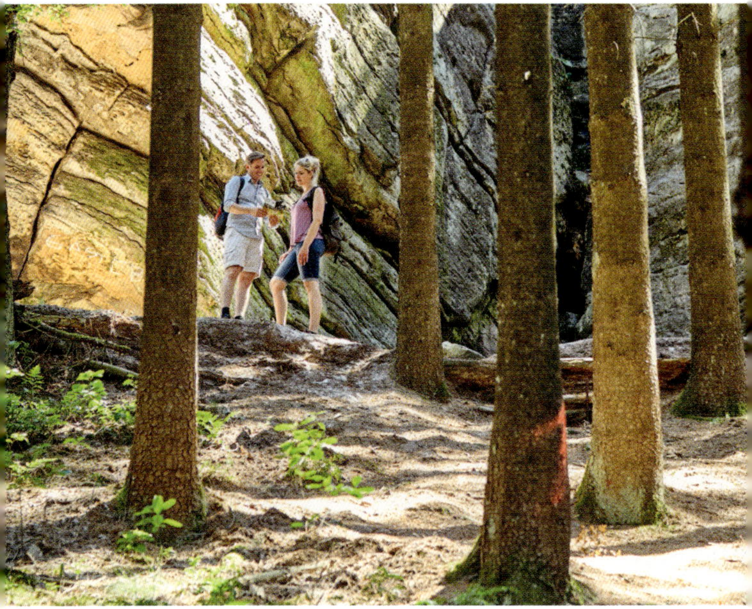

Bizzare Felslandschaft

Am Südrand des Teutoburger Waldes erheben sich unweit von Ibbenbüren eigentümliche Felsen über die Krone des dichten Waldes. Dabei handelt es sich um die Dörenther Klippen. Diese Sandsteinfelsen trotzen seit etwa 140 Millionen Jahren der Erosion und bieten heute nicht nur eine besondere Tier- und Pflanzenwelt, sondern auch ein lohnendes Ausflugsziel.

Die bis zu 30 m hohen Felstürme der Dörenther Klippen erstrecken sich auf einer Länge von 4 km und haben teilweise bizarre Formen ausgebildet. Um einige der Felsen, wie z.B. um das „Hockende Weib", ranken sich märchenhafte Mythen. Das Felsmassiv bietet zahlreichen seltenen Tieren, unter anderem dem Uhu, ein geschütztes Refugium.

Daher ist das Klettern auf den Felsen nicht gestattet. Das gesamte Waldgebiet um die Dörenther Klippen steht mittlerweile unter Naturschutz. Unsere Bitte an Sie: Bleiben Sie auf den Wegen!

06 Canyon Blick

Teutoschleifen

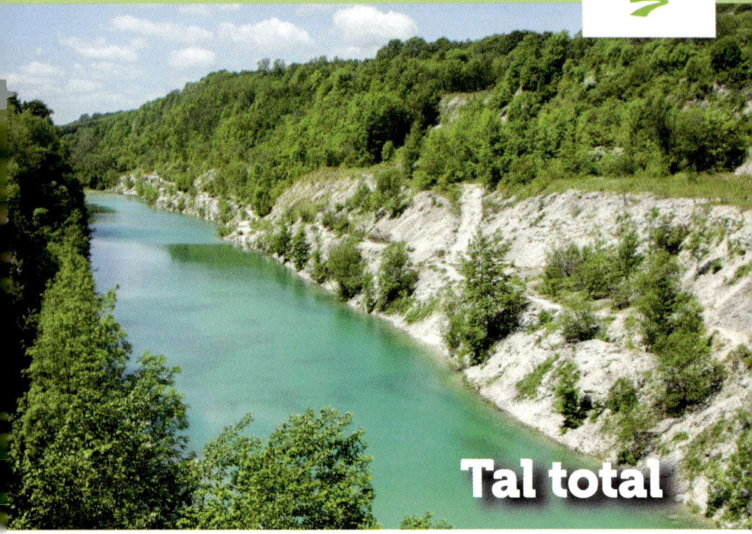

Start/Ziel: Hortensia Garden, Am Kleeberg 4, Lengerich

Anfahrt: Die A 1 Ausfahrt Lengerich/Tecklenburg verlassen, auf die L 591 Richtung Lengerich. An der Kreuzung L 504 links Richtung Tecklenburg. Am Kreisel die 1. Ausfahrt, Tecklenburger Straße nach Lengerich nehmen. Alternativ: die Tour auch in Leeden beginnen (Zuweg).

Parken: Hortensia Garden, Am Kleeberg 4, Lengerich
N52° 11' 55.7''
E7° 51' 00.3''
Feuerwehrhaus „Schulstraße" Lengerich
N52° 11' 27.7''
E7° 51' 05.9''

scan to go®

Ortsmitte Leeden Stiftshof
N52° 12' 52.1'' • E7° 53' 03.8''

Wegpunkte:
P1: Parkplatz Hortensia Garden
32 U 421433 5783767
P2: Trennung vom Teutoschleifchen
32 U 421745 5783952
P3: Brauteichen
32 U 422565 5784611
P4: Abzweig Leeden
32 U 423468 5785126
P5: Lusthäuschen
32 U 422919 5785638
P6: Teutoschleifen-Liege
32 U 421681 5784193
P7: Canyonblick
32 U 420890 5784144
P8: Jones Garden
32 U 421211 5783768

15 % | 21% | 64%

10.8	3h 30min	293	202	777 912	TEU12X06
km					

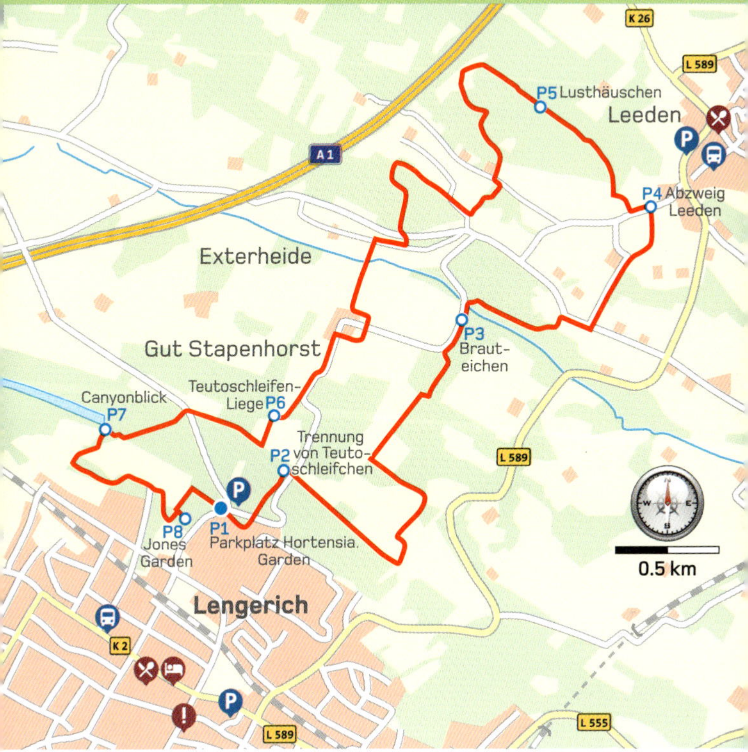

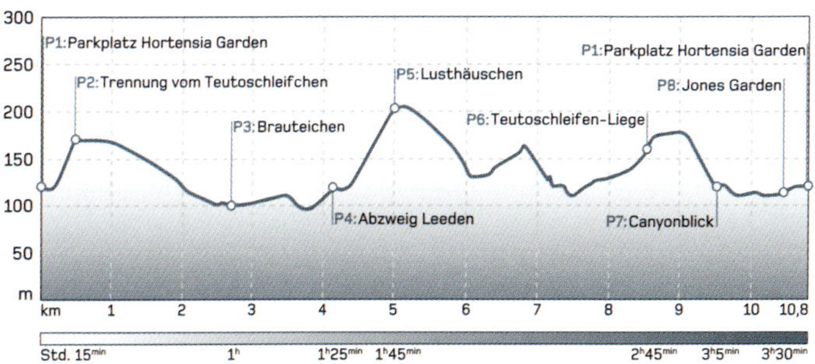

Der Canyon Blick begeistert uns mit unglaublichem Abwechslungsreichtum: eben noch im lauschigen Laubmischwald unterwegs, öffnen sich unvermittelt weite Blicke über wogende Wiesen. Kurz darauf erwecken duftende Nadelwaldpassagen nordisches Flair. Und am Ende sorgt der Blick in den Canyon für einen echten Paukenschlag.

Los geht es am kleinen Parkplatz bei der Kapelle beim Hortensia Garden (1). Da wir die Canyon Blick-Tour gegen den Uhrzeigersinn laufen wollen, kehren wir der Kapelle den Rücken zu und folgen den Logos über die Zufahrt zu den nahen Klinikgebäuden. Dort biegen wir scharf links ab und beginnen den ersten Aufstieg des Tages.

Vielstufiger Laubmischwald spendet wohltuenden Schatten, während wir in Begleitung des Teutoschleifchens Lengericher Canyon Schritt für Schritt Höhe gutmachen. Nach nur **0.5 km** ist es dann zunächst geschafft, und wir haben das Plateau des Lengericher Berges erklommen. An einem Wegweiser trennen wir uns vom Teutoschleifchen (2), das hier links abbiegt. Erst das letzte Drittel der Tour werden wir dann wieder gemeinsam laufen.

Wir queren die Stapenhorster Straße und wandern danach auf einem schönen Waldweg knapp innerhalb des Waldes nach Südosten. Ab und an erhaschen wir einen Blick über die angrenzenden Wiesen, doch noch dominiert der Wald die Szene. Besonders markant sind die vielstämmigen Buchen. Schließlich führt uns der Weg aus dem Wald, und voraus sehen wir bereits eine Schutzhütte: Der kurze Abstecher dorthin lohnt dank Rastmöglichkeit und Aussicht gleich doppelt. Der Canyon Blick erreicht die Hütte nicht, denn er biegt zuvor nach **1.2 km** an einem Wegweiser links in die offene Flur ab.

Üppige Hecken, aus denen während der Blütezeit emsiges Summen zu vernehmen ist, säumen den Weg, der sich mit einigen Schlenkern langsam absenkt. Wir folgen dabei dem Saum saftiger Wiesen, die sich im Mai in ein sattgelbes Meer aus Löwenzahnblüten verwandeln und deren Farbenpracht Glücksgefühle weckt. Kurz unterbricht ein kleines Wäldchen diese Wiesenidylle, dann sind wir wieder unterwegs zwischen Feld und Flur und freuen uns am Kontrast zwischen Weite und Wald.

Nach ausgiebiger Waldrandpassage tauchen wir schließlich erneut in den Wald ein, der hier von meist sehr unscheinbaren Bächen durchflossen wird. Kaum haben wir einen wasserreichen Arm gequert, treffen wir am Waldrand auf einen

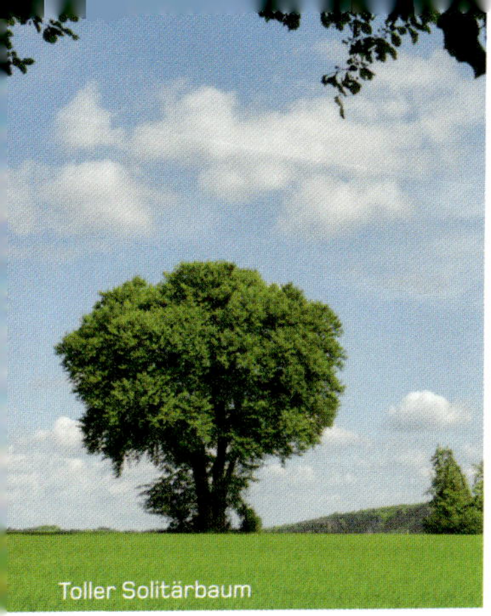

Toller Solitärbaum

asphaltierten Weg und biegen rechts ab. Voraus ragen bereits die markanten Brauteichen (3) auf. Unter den vier mächtigen, uralten Eichen laden uns nach 2.7 km zwei Bänke zur wohlverdienten Pause ein.

Mit frischen Kräften setzen wir die Tour fort, bald schließt sich der Wald wieder um uns. Nach Querung des Leedener Mühlenbachs halten wir uns rechts und genießen einmal mehr das herrliche Waldwandern im Buchenmischwald. Doch bald schon wandelt er sich, und immer mehr Nadelbäume mischen sich dazu. Dann führt uns die Teutoschleife auch durch ein Windwurfareal, in dem wir angesichts zahlreicher Baumrelikte einen Eindruck von der Kraft der Naturgewalt Wind bekommen. Rasch liegt das kleine Sturmfeld hinter uns, und wir biegen am Waldrand links ab. Als wir auf einen Asphaltweg stoßen, wenden wir uns nach rechts und wandern an einem Ferienhof vorbei. Bei nächster Gelegenheit schwenken wir nach links und laufen noch immer auf Asphalt in die vor uns liegende Talsenke. Dort flankieren zwei kleine Teiche den Weg, der nun wieder leicht ansteigt. Wir passieren einen weiteren Hof, auf dessen Weiden sich exotische Vierbeiner tummeln: Alpakas haben hier eine Heimat gefunden.

Als der Asphaltweg eine Linkskurve macht, dürfen wir halb rechts auf federndem Grasweg über eine Kuppe laufen. Nun schweift unser Blick hinab nach Leeden, wo der markante Turm der Stiftskirche keck in den Himmel ragt. Als wir nach 4.2 km die Straße erreichen, biegt rechts ein Zuweg nach Leeden (4) ab, das auch als alternativer Startpunkt genutzt werden kann. Wir wenden uns nach links und dürfen der Straße schon nach 100 m wieder den Rücken kehren. Nun beginnt der Anstieg zum Leedener Berg. Zunächst gestaltet der sich sanft und aussichtsreich. Doch als wir an einer Weggabelung rechts auf einen Pfad abbiegen, wird es deutlich anstrengender. Aber die Natur hält ein tolles Rahmenprogramm für uns bereit, welches von den Mühen des Anstiegs ablenkt: Hat bisher Buchenmischwald dominiert, ist es nun eine eher nordische Mischung aus Birken und Nadelbäumen, die den Aufstieg flankieren.

Waldlichtungen mit filigran im Wind schwingenden Adlerfarnen, umrahmt von aufstrebenden Jungbirken sorgen für Hochstimmung, und solchermaßen unterhalten, haben wir schnell den Aufstieg gemeistert. Auf dem Gipfel bietet hoher Nadelwald kühlen Schatten, und durch die Blickfenster der hohen Stämme können wir weit ins Umland blicken.

Auch eine Rastgelegenheit steht bereit. Zwar sind vom einstigen Lusthäuschen (5) nur die Fundamente erhalten, doch eine einladende Bank bietet nach **5 km** auf dem Gipfel des höchsten Berges von Lengerich Gelegenheit zum Ausruhen.

Als wir die Tour fortsetzen, ist es, als hätten wir eine unsichtbare Grenze überschritten. Prägten beim Aufstieg Birken und Nadelgehölze den Wegesrand, so ist es nun wieder uriger und zugleich lichter Buchenmischwald, der unsere Herzen höherschlagen lässt. Einziger Wermutstropfen ist der Lärm der nahen A 1, zu der sich unser Weg nun stetig absenkt.

Kurz bevor wir an der Hermannsbrücke über die A 1 eintreffen, weicht der Wald niedrigen Gehölzen. Dann stehen wir am Wegweiser neben der Brücke und biegen links ab, rasch gewinnen wir Abstand zur lärmigen Verkehrsstraße. Nach einem Privatareal biegt unser Weg links ab, und nur wenige Schritte später sind wir wieder mitten in der Natur. Nach **5.8 km** weist im lichten Nadelhochwald ein Wegweiser auf ein

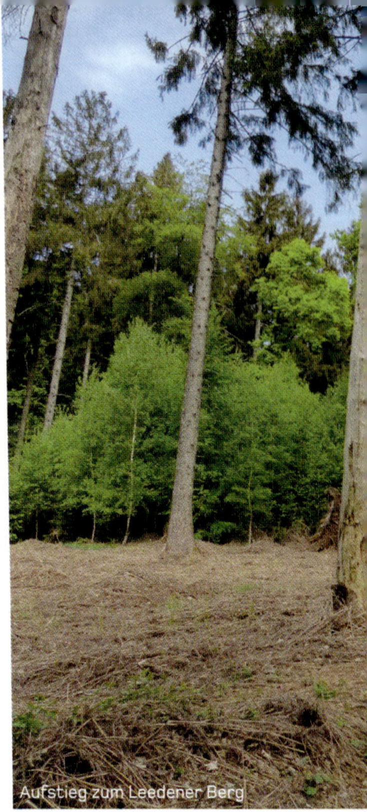
Aufstieg zum Leedener Berg

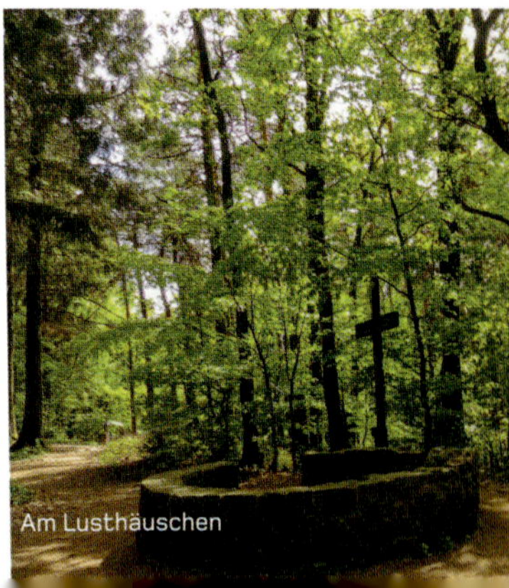
Am Lusthäuschen

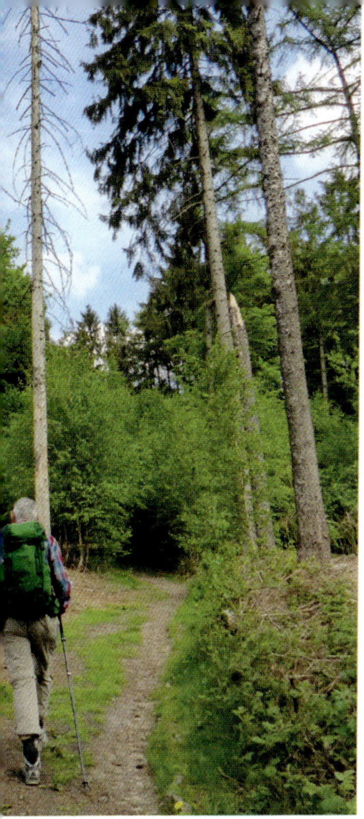

nur 100 m entferntes Ehrenmal hin. Die Route führt geradeaus weiter und verengt sich bald zum Pfad. Der führt uns nun durch ein wahres Idyll. Eng drängen Lärchen und Birken an den Weg heran, und so dürfen wir durch einen wahren Waldtunnel wandern.

Viel zu schnell öffnet sich die Waldkulisse wieder, und unmittelbar vor einem Haus biegen wir scharf rechts ab. Nach kleinem Abstieg bietet sich links ein weiter Ausblick über Felder und Wiesen, während wir rechts ein weiteres Privatgelände passieren. Wir treffen auf die Zufahrt und laufen 30 m links auf Asphalt, bevor es rechts erneut in den Wald hineingeht. Nach Querung eines Rinnsals gewinnen wir etwas Höhe und erreichen bald den nächsten asphaltierten Weg. Dem vertrauen wir uns nach rechts an und können vom Waldrand aus den Blick über das Tal und zur nun wieder nahen A 1 schweifen lassen. Auch als der Asphalt endet, behalten wir die Richtung bei und treffen schließlich nach 6.7 km an einer geschwungenen Teutoschleifenliege ein. Kurz nutzen wir die Möglichkeit zum Verschnaufen, dann meistern wir den folgenden Anstieg mit frischen Kräften. Auf der Höhe angelangt, wenden wir uns wenig später nach links und frönen dem tollen Birken-Buchenwald, der unseren nächsten Abstieg begleitet.

Dieser endet erneut an einem Sträßchen. Wieder folgen wir kurz der Straße nach links, dann geht

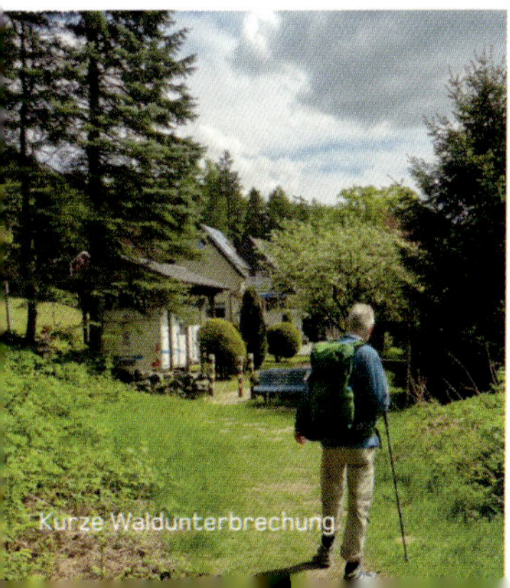

Kurze Waldunterbrechung

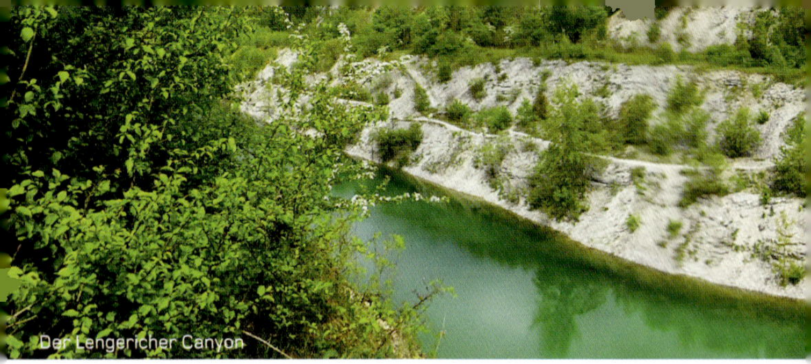
Der Lengericher Canyon

es über einen Wiesenweg und eine Treppe hinab zum nächsten Asphaltweg. Der führt uns nun nach Westen auf ein Gehöft zu. Doch noch bevor wir dieses erreichen, schickt uns ein Wegweiser links zur Talsenke und anschließend bergan zum Gut Stapenhorst. Entlang einer idyllischen Apfelbaumallee und mitten durch saftige Weiden, von denen aus uns das Vieh beäugt, meistern wir den Anstieg zum Hof.

Nach **7.7 km** biegen wir unmittelbar davor links ab und umrunden das Areal, bevor wir nach einigen Richtungswechseln bei zwei Wohnhäusern schließlich auf die Zufahrt zum Gut treffen. Wir schwenken links bergan und erobern erneut das Plateau des Lengericher Berges. Unterwegs bieten eine Bank und später sogar eine geschwungene Teutoschleifenliege Rastmöglichkeit (6), was wir uns angesichts des schönen Talblicks natürlich nicht entgehen lassen.

Dann ist es so weit: Nach **8.7 km** treffen wir am Waldrand bei einem Wegweiser wieder auf das Teutoschleifchen Canyon Tour. Wir wenden uns nach rechts und genießen nahe dem Waldrand das Wandern im abwechslungsreichen Wald, ab und an erhaschen wir einen Blick über die angrenzenden Wiesen. Als wir eine Waldstraße queren, senkt sich der Weg anschließend halb links abwärts. Bei der nächsten Weggabelung verabschiedet sich das Teutoschleifchen nach rechts, während wir dem teils etwas holprigen Waldweg weiter abwärts folgen. Nach deutlichem Höhenverlust treffen wir nach **9.4 km** am Waldrand bei einer Teutoschleifenbank wieder auf das Teutoschleifchen.

Geführt von beiden Logos, biegen wir rechts per Pfad in den dichten Niederwald ab, und nur 100 m später stehen wir am Namensgeber der Tour, dem eindrucksvollen Canyonblick (7).

Geheimnisvoll schimmert blaugrün das Wasser in der tiefen Schlucht, bei der es sich eigentlich um einen alten, gefluteten Steinbruch handelt. Wir sind fasziniert von dieser Verwandlung und lassen das Szenario lange auf uns wirken. Dann raffen wir uns auf und setzen

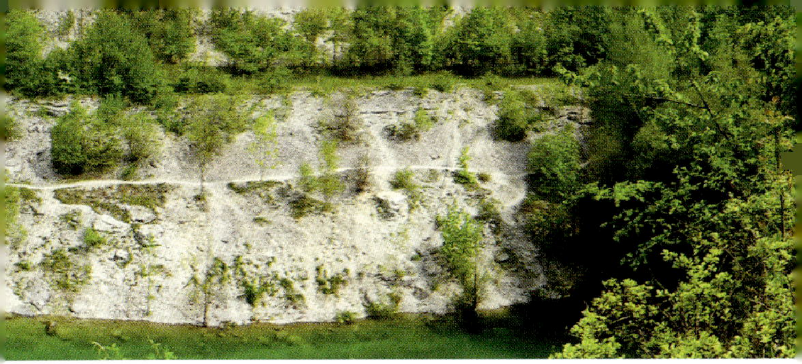

die Tour fort. Der Stichpfad bringt uns im Bogen auf einen steinigen Waldrandweg, den wir nutzen, um rechts abwärts zu wandern. An einer Waldkreuzung verabschieden wir uns vom Teutoschleifchen und wenden uns links einem zunächst fast eben verlaufenden Weg zu. Mit einem leichten Schlenker erreichen wir den Waldrand und freuen uns, nun links den Blick über wogende Wiesen gleiten lassen zu können.

Noch einmal verlieren wir etwas an Höhe und passieren in der Senke den Zugang zum benachbarten Klinikparkplatz. Dann schwingt sich die Route erst am Waldrand, bald aber im Wald wieder leicht bergan und führt uns an einigen Stationen des Lengericher Skulpturenparks vorbei. Als wir den Wald hinter uns lassen, biegen wir an einer Kreuzung links ab, und nach 10.5 km erwartet uns mit Jones Garden (8) noch ein unerwarteter Höhepunkt unserer Wanderung. Gepflegte Beete sorgen für eine entspannte Atmosphäre, und der kleine, von einer Glyzinie eng umschlungene Aussichtsturm gibt uns Gelegenheit, diese kleine Ruheoase und die Umgebung von oben zu betrachten.

Wir verlassen den Garten und folgen dem befestigten Fußweg mitten durch die Wiesen zum Wald. Dort treffen wir ein letztes Mal auf den Premiumspazierwanderweg. Wir laufen durch den alten Friedhof und den Hortensia Garden, in dem etwa 300 unterschiedliche Hortensien ihre Pracht entfalten, zurück zur Kapelle und zum Parkplatz (1), wo nach 10.8 km diese sehr kurzweilige Rundtour endet.

FAZIT

Die Tour auf dem Canyon Blick sollte mit festen Wanderstiefeln in Angriff genommen werden, da die zahlreichen Naturwege bei Nässe etwas rutschig sein können. Einige An- und Abstiege fordern immer wieder etwas Kondition. Wanderstöcke sind hilfreich.

06 INFO

Tecklenburger Land Tourismus e.V., Markt 7, 49545 Tecklenburg, 05482/929182, www.tecklenburger-land-tourismus.de

Landgasthof Strothmann, Wechter Mark 15, 49525 Lengerich, 05481/21211,, Di. Ruhetag www.landgasthof-strothmann.de

Café Famano, Ledder Werkstätten, Münsterstr. 14, 49525 Lengerich, 05481/305631, Mo. Ruhetag www.ledderwerkstaetten.de

Hotel-Restaurant Zur Mühle, Tecklenburger Str. 29, 49525 Lengerich, 05481/94470, www.lengerich-hotel.de

Hotel-Café Maxx, Bahnhofstr. 27, 49525 Lengerich, 05481/903960 www.hotel-cafe-maxx.de

Ab Ibbenbüren fährt man mit der Regio-Buslinie R45 über Tecklenburg nach Lengerich zur Haltestelle „Feuerwehrhaus". Weitere Linien (R46, R51) sowie die Westfalenbahn ab Münster oder Osnabrück bieten alternative Anfahrtsmöglichkeiten. www.rvm-online.de

Taxi Balaman GmbH & Co KG, Johannemanns Str. 16, 49525 Lengerich, 05481/95095, www.taxi-balaman.de

Taxi Ulrich Birkenkamp, Tecklenburger Str. 23, 49525 Lengerich, 05481/93920

Rund um Lengerich wurde schon sehr früh Bergbau betrieben, noch heute gehört die Kalksteinindustrie zu den großen Arbeitgebern der Region. Um das im Steinbruch gewonnene Rohmaterial zur Weiterverarbeitung ins Werk zu transportieren, setzte man früh auf schmalspurige Feldbahnen. Heute erinnert das westfälische Feldbahnmuseum in Lengerich an diesen Abschnitt der Lengericher Industriegeschichte. Die umfangreiche Sammlung gibt anschauliche Einblicke.

Westfälisches Feldbahnmuseum, Lienener Straße, altes DB Stellwerk LN, 49525 Lengerich, 05481/6330, www.eisenbahnfreunde-lengerich.de

Hunde können den Canyon Blick ohne Schwierigkeiten absolvieren. Unterwegs gibt es einige kleine Bäche, die Zugang zu Wasser bieten. Im Naturschutzgebiet besteht Leinenpflicht.

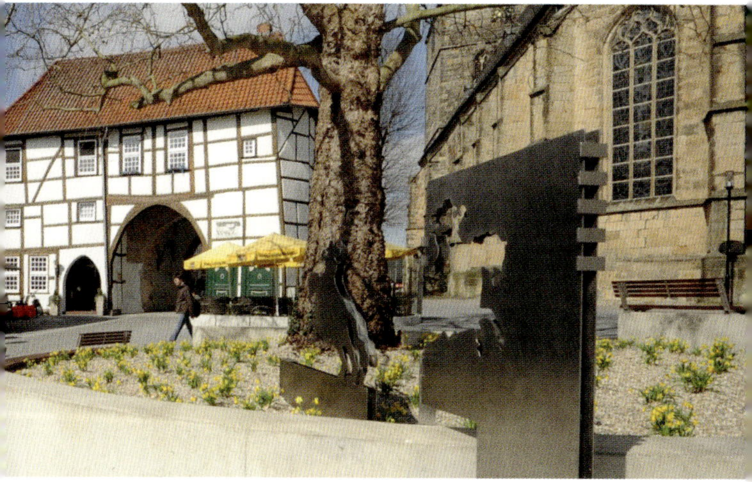

Ein besonderer Stadtrundgang

Lengerichs Wurzeln reichen weit zurück, erste Spuren einer Besiedlung datieren aus der Zeit um 2000 v. Christus. Die heutige Stadt Lengerich wurde in Urkunden erstmals 1147 erwähnt, damals noch als „Liggerike".

Mit der Zunahme des Handels erlebte auch Lengerich einen deutlichen Aufschwung, denn es lag strategisch günstig an wichtigen Handelsrouten. Richtig aufwärts ging es dann ab Mitte des 19. Jahrhunderts, denn damals wurden die Kalkvorkommen und die Weiterverarbeitung zu Zement zunehmend wichtiger. Doch auch andere Industriebereiche sorgten für wirtschaftliches Wohlergehen.

Wer heute den verschiedenen Episoden der Lengericher Geschichte nachspüren möchte, kann das mit einem Stadtrundgang der besonderen Art: Über CultureCall® kann man an elf historisch bedeutenden oder sehenswerten Stationen in Lengerich per Handy Informationen erhalten (Gebühren je nach Handy-Tarifvertrag). Einfach an einer der Tafeln die darauf angegebene Nummer anrufen und schon wird man schlau gemacht. Alternativ wird man via QR-Code auf die entsprechende Internetseite geleitet.

Infos: ⓦ www.lengerich.de/freizeit-tourismus/hoererlebnisse/

07 Tecklenburger Bergpfad

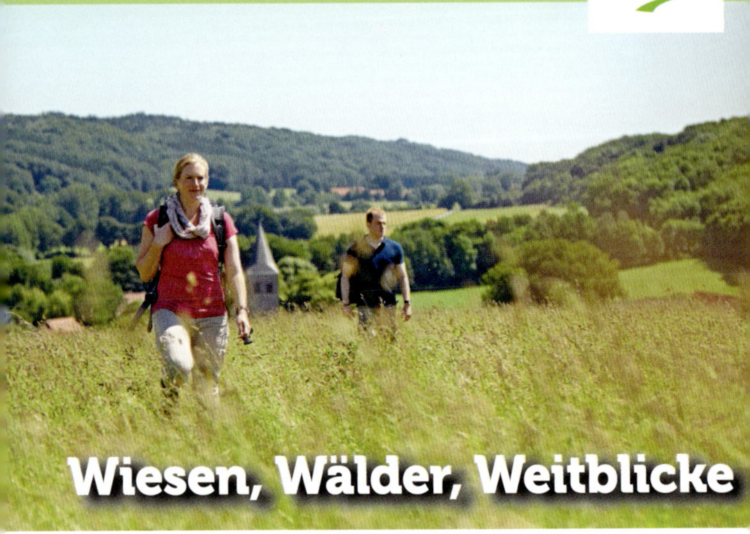

Wiesen, Wälder, Weitblicke

Start/Ziel: Parkplatz Münsterlandblick Tecklenburg

Anfahrt: A 1 bis zur Abfahrt 73 „Lengerich" folgen. Auf der L 591 und der L 597 (Bahnhofstraße) nach Tecklenburg. Dort biegt man auf die L 504 (Am Weingarten) ab. An der Kreuzung mit „Saatkamps Knapp" kann man auf dem Parkplatz „Münsterlandblick" parken.

Parken: Münsterlandblick (Gebühr!)
N52° 13' 08.8''
E7° 48' 18.9''
Parkplatz Alter Bf. Brochterbeck
N52° 13' 47.7''
E7° 45' 10.9''

scan to go®

Wegpunkte:

P1: Parkplatz Münsterlandblick
32 U 418383 5786082

P2: Beginn/Ende Rundweg
32 U 418246 5786167

P3: Blücherfelsen
32 U 414712 5787994

P4: Parkplatz Alter Bhf.
32 U 414835 5787342

P5: Steinbruch: Panoramablick
32 U 415047 5786551

P6: Rolandsgrab
32 U 417732 5786215

14 % | 33% | 53%

10.8 km | 3h 45min | 264 | 185 | 774 909 | TEU11X07

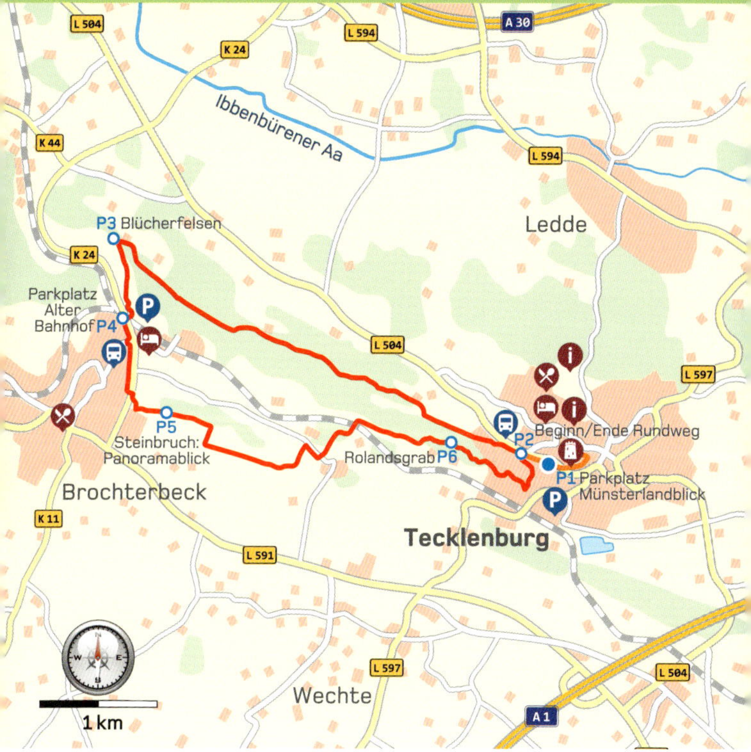

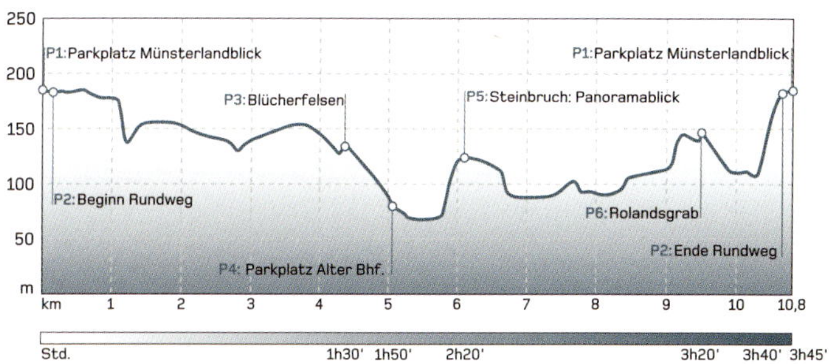

Der Tecklenburger Bergpfad beschert uns eine sehr kurzweilige Tour mit tollen Waldpassagen, ungewöhnlicher Flora und immer wieder neuen Aussichten. Besonders die Passage an den alten Kalksteinbrüchen lässt die Herzen höherschlagen!

> **! Zuweg: Wer aus der Innenstadt Tecklenburg kommt, folgt dem Zuweg (der gemeinsam mit dem Hermannsweg verläuft) vom Markt aus. Nach 500 m erreicht man den Parkplatz Münsterlandblick.**

Wir starten am gebührenpflichtigen Parkplatz Münsterlandblick (1) unsere Tour auf dem Tecklenburger Bergpfad. Ein Wegweiser schickt uns per Zuwegung links entlang der Straße „Am Weingarten" zum eigentlichen Startpunkt (2). Den erreichen wir nach 150 m an der Kreuzung „Saatkamps Knapp/ Brochterbecker Straße". Da uns der steile Endabstieg nichts ausmacht, wollen wir den Weg gegen den Uhrzeigersinn laufen und folgen daher dem Wegweiser geradeaus Richtung Bismarckturm.

Schon wenig später gibt es Anlass zu einem ersten kurzen Abstecher. Links erhebt sich, umrahmt von Bäumen, der Bismarckturm. Bei klarer Sicht lohnt es sich, im Hotel den Schlüssel zu leihen und den Turm zu besteigen, der dann eine schöne Aussicht ins Münsterland bietet.

Zurück auf der Teutoschleife wandern wir zum nächsten Wegweiser, wo wir halb links auf den Tannenweg abbiegen dürfen. Diese ruhige Wohnstraße bringt uns rasch zum Waldrand. Dort empfangen uns tolle, uralte Bäume und niedrige, betagte Steinmäuerchen. Als sich dann rechts durch die Bäume über eine Wiese hinweg noch eine Aussicht auftut, ist die Wanderstimmung perfekt.

An einer besonders knorrigen Buche stößt von links unten kommend der Hexenpfad zu uns. Ein Stückchen wandern wir noch auf dem Hermannsweg, biegen aber nach **1.2 km** rechts auf einen abwärtsführenden Waldweg ab, während der Fernweg auf dem Höhenkamm bleibt. Nach deutlichem Höhenverlust treffen wir auf einen Forstweg, auf den wir links abbiegen. Bald fallen uns erste Tafeln auf, die diverse Baumsorten erläutern. Kein Wunder, wir befinden uns nun auf dem Tecklenburger Waldlehrpfad und lernen auf der folgenden Passage einige ungewöhnliche Baumarten kennen. Während Rotbuche oder Fichte altbekannt sind, lernen wir bei Exoten wie dem Gebirgsmammutbaum, der amerikanischen Gelbbirke oder der Schirlingstanne Interessantes hinzu.

Kurzweilig unterhalten kommen wir ohne großen Höhenverlust gut voran und freuen uns am ständig wechselnden Waldbild. Abzweigende Wege ignorieren wir und behalten die Richtung stets bei, bis wir nach **2.7 km** über einige Treppenstufen am Hof Voß absteigen und auf einen befestigten Querweg treffen.

Wir folgen dem Weg links und gewinnen dabei wieder an Höhe. Nachdem wir eine Kuppe überschritten haben, sehen wir bereits den nächsten Wegweiser vor uns, links lädt ein großer pilzförmiger Unterstand zur Verschnaufpause ein.

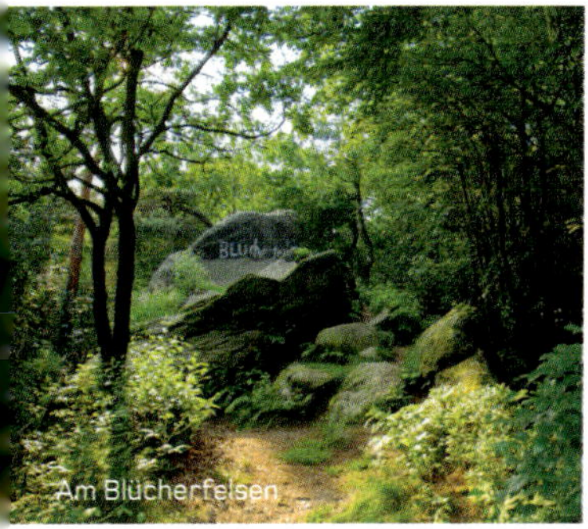

Am Blücherfelsen

Wir aber wandern rechts weiter und werden nun wieder vom Hermannsweg begleitet. Sanft gewinnen wir etwas an Höhe, während artenreicher Wald mit Eichen, Kiefern und Buchen die grüne Kulisse bildet. Nach **3.7 km** öffnet sich rechter Hand eine große Wiese, über die wir den Blick nach Norden schweifen lassen können. Wieder im Wald, senkt sich der Weg zu einer großen Kreuzung hin ab, an der uns ein Wegweiser rechts zum nahen Waldrand schickt. Zuvor statten wir der kleinen Waldkapelle von Holthausen einen Besuch ab. Am Waldrand erwarten uns eine schöne Aussicht sowie eine originelle Klangstation des Natur- und Geoparks TERRA.vita: Per QR-Code erhalten wir den Text dazu.

Mit neuem Wissen folgen wir dem Pfad links am Waldrand entlang und dann unter die Baumwipfel. Unweit eines Bauernhofes laufen wir kurz auf Asphalt, biegen aber rasch wieder links ab und gelangen zum nächsten Wegweiser. Wieder lockt ein Abstecher, diesmal zum nur 50 m entfernten Blücherfelsen (3). Das lassen wir uns nicht entgehen und steigen den markanten Sandsteinen nach **4.4 km** gleich mal aufs Dach ...

Zurück auf dem Hauptweg, wandern wir bis zu einem Querweg, wo wir links abbiegen. Nun verlieren wir kontinuierlich an Höhe. Toller, majestätischer Buchenhallenwald begleitet uns talwärts, und bald erregen auch die ausgewaschenen Wurzelstöcke im rechten Wegwall unsere Aufmerksamkeit, denn von dort grinsen uns doch tatsächlich urige Fratzen an! Diese Waldgeister meinen es aber gut mit uns und lassen uns unbehelligt.

So erreichen wir nach einem kleinen Schlenker nach links den Waldrand. Wir queren die Gleise der Teutoburger Wald Eisenbahn und passieren nach **5 km** den Parkplatz am Alten Bahnhof Brochterbeck

(4), den man auch als alternativen Startpunkt bequem nutzen kann.

Wir wenden uns an der K 24 nach links, passieren ein Hotel und kreuzen die Straße vorsichtig. Sogleich queren wir dann auch noch die Dorfstraße nach Brochterbeck und laufen in Richtung des Ortes. An einer kleinen Wegkapelle biegen wir aber links auf einen bald grasigen Weg ab.

Der führt uns neben der K 24 her, bald schirmen uns aber üppige Gehölze vom Verkehr ab. Zwischen den Häusern und dem Gehölzriegel kommen wir auf dem Gras gut voran und lassen nach **5.6 km** den Zuweg in die Ortsmitte unbeachtet.

Erst 200 m später nutzen wir eine Röhre unter der Straße hindurch, um auf die andere Seite zu gelangen. Dort halten wir uns rechts und steigen zum nächsten Wegweiser auf. Dieser schickt uns links auf einen Treppenpfad Richtung Münsterlandblick. Nach kurzem, aber strammen Anstieg treffen wir dann an der Hangkante beim „Dornenstein" ein, einem kleinen Tisch nebst Bank und toller Aussicht.
Die nun beginnende Passage verzaubert uns schon nach wenigen Schritten. Pfadig dürfen wir oberhalb der ehemaligen Kalksteinbrüche entlang der Magerwiesen wandern. Mal drängen Schlehenhecken und andere Gehölze eng an den Pfad, mal weichen sie zurück und eröffnen tolle Ausblicke.

Besonders nach **6.1 km** bietet dann auch eine kleine Bank eine grandiose Aussicht aufs Münsterland (5) und in den unterhalb gelegenen Steinbruch: Schräg treten die mächtigen Kalkschichten zutage, und türkisfarben blinkt das Wasser in einem alten Tagebau in der Sonne.

Auch nach diesem idyllischen Zwischenstopp dürfen wir das Pfadwandern noch in vollen Zügen genießen, denn erst am Rand des Segelfluggeländes endet der Pfad. Wir biegen nun rechts ab und verlieren auf dem asphaltierten Weg deutlich an Höhe. Im Tal angelangt, wechseln wir links auf einen Grasweg, der uns zwischen Hecken und Feldern nach Südosten führt.

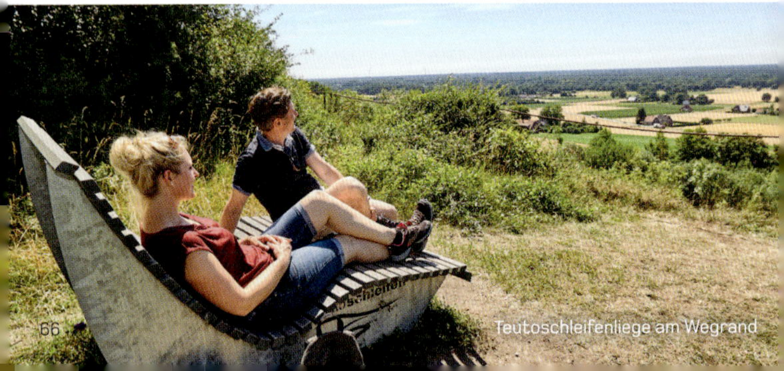

Teutoschleifenliege am Wegrand

Nach **7.3 km** lädt die „Bergpfadrast", eine Bank nebst Tischchen in leicht erhöhter Position an der Böschung, zur Pause ein. Wenig später treffen wir auf einen Schotterweg und wenden uns nach links sanft bergan. Wir überschreiten eine Kuppe und laufen hinab zum Hof Stallfort. Noch bevor wir dort eintreffen, knickt der Weg nach rechts. Nach kurzem Asphaltstück dürfen wir am nächsten Wegweiser links in den Auenwald abbiegen. Wir queren einen kleinen Bach und laufen am Rand eines alten Windbruchs zum Waldrand. Dort geht es bergan und über die längst überwachsenen Bahngleise zu einem Querweg. Wir folgen den Logos nach rechts und dürfen fast eben durch den Buchenhochwald laufen. Rechts gibt es immer wieder Ausblicke auf die angrenzenden Wiesen und Weiden.

Nach **9 km** ignorieren wir den Abzweig zum Heidentempel und behalten die Richtung noch bis zum Haus Hülshoff bei. Erst hier biegen wir links bergan und steigen durch einen hohlwegartigen Waldweg stramm bergauf. Doch schon bald dürfen wir rechts in die Hangflanke abbiegen und nun mit wenig Auf und Ab durch den Hallenwald streifen. Wir halten uns dabei stets hart am Hang und treffen so nach **9.5 km** am Abzweig zum nahen Rolandsgrab (6) ein. Dieser Felskaverne, die nur 50 m oberhalb liegt, statten wir einen kurzen Besuch ab, bevor wir dem Waldpfad weiter folgen. An einer Weggabelung laufen wir rechts bergab und verlassen wenig später den Wald bei einem einsamen Haus. Wir laufen links am Haus vorbei und biegen dann wieder links auf einen Pfad ab.

Dicht rückt indisches Springkraut an den Pfad, der einen Bach quert und in den Wald abtaucht. Und dann kommt er, der bereits angekündigte steile Endanstieg! Wir treffen auf einen Querweg und biegen links ab. Zunächst gewinnen wir über eine Treppe deutlich an Höhe, dann setzt sich der Aufstieg pfadig fort. Wir kommen ordentlich ins Schnaufen, doch als wir den Wald verlassen und die ersten Häuser erreichen, steht eine Bank zum Ausruhen bereit. Dann folgen wir der Straße vollends bergan und treffen nach **10.8 km** wieder am bereits bekannten Wegweiser (2) an der Kreuzung mit der Brochterbecker Straße ein. Wir wechseln wieder auf den Zuweg und laufen die letzten 200 m zum Parkplatz (1).

FAZIT

Der Tecklenburger Bergpfad zeichnet sich durch ein munteres Auf und Ab auf etwas steinigen, teils aber auch federnden Wegen und Pfaden aus. Festes, knöchelhohes Schuhwerk ist daher wichtig. Wer den steilen Endabstieg meiden möchte, sollte den Weg in umgekehrter Richtung laufen.

07 INFO

Tecklenburger Land Tourismus e.V., Markt 7, 49545 Tecklenburg,
www.tecklenburger-land-tourismus.de
05482/929182

Café Rabbel, Markt 1, 49545 Tecklenburg, 05482/219
www.cafe-rabbel.de
- Historische Gaststätte Franz, Dorfstraße 22, 49545 Tecklenburg-Brochterbeck,
www.gaststaette-franz.de
05455/5569386,

Gästehaus Zum alten Brunnen, Brochterbecker Straße 12, 49545 Tecklenburg, 0157/83070707,
www.zum-alten-brunnen.eu
- Bett+Bike Jugendherberge Tecklenburg, Am Herrengarten 5, 49545 Tecklenburg,
05482/360
- Hotel Teutoburger Wald, Im Bocketal 2, 49545 Tecklenburg-Brochterbeck,
www.ringhotel-teutoburger-wald.de
05455/93000,
- Landgasthof Upmeyer, Dorfstraße 49, 49545 Tecklenburg-Brochterbeck,
05455/1491

Bis Ibbenbüren kann man mit der Bahn anreisen. Von dort gelangt man mit der Regio-Buslinie R45 nach Tecklenburg. www.rvm-online.de

Taxi Birkenkamp, Am Hupenberg 2, 49545 Tecklenburg, 05482/301

Tecklenburg ist unbedingt einen Besuch wert. Nicht nur die beeindruckenden Fachwerkhäuser aus dem 16. bis 18. Jahrhundert, auch der gepflegte Kurpark des Kneippkurortes lädt zum Verweilen und Spazieren ein. Besonders empfehlenswert ist eine der thematischen Stadtführungen, wie zum Thema „Leinenweber" oder „Raubritter und Edelleute" oder die auf den Spuren Otto Modersohns, die Stadtgeschichte erlebbar machen.
www.tecklenburg-touristik.de

Der Weg ist für Hunde problemlos zu bewältigen. Unterwegs gibt es an zwei kleinen Bächen Zugang zum Wasser, allerdings führen beide wenig Wasser.

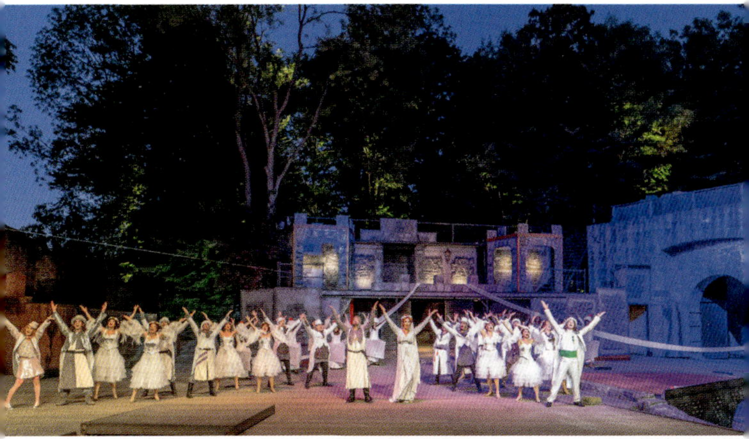

Von der Burg zur Bühne

Die Geschichte der Tecklenburger Burg reicht bis ins 12. Jahrhundert zurück. Sie diente den Grafen von Tecklenburg nicht nur als Stammsitz, sondern war auch perfekt dazu geeignet, die Handelsstraße durch den Teutoburger Wald zu überwachen.

Im 13. und 14. Jahrhundert wechselten die Besitzrechte erst zum Erzbistum Köln, danach dann zum Bistum Osnabrück. Ab dem 16. Jahrhundert wurde die Burg wohnlicher gemacht und zu einer Residenz umgebaut, alte Burgbereiche, wie die Bastion, wurden dabei teilweise verschüttet.

Zu Beginn des 18. Jahrhunderts erwarb der preußische König die damals bereits ziemlich heruntergekommene Tecklenburg. Er ließ die Burg ab 1744 als Steinbruch nutzen. Nach ersten Theateraufführungen im Jahr 1927 wird die Burg seit 1949 als professionelle Freilichtbühne genutzt. Sie ist besonders für ihre aufwendigen Musicalinszenierungen bekannt.

Infos: ⓘ www.freilichtspiele-tecklenburg.de

08 Holperdorper

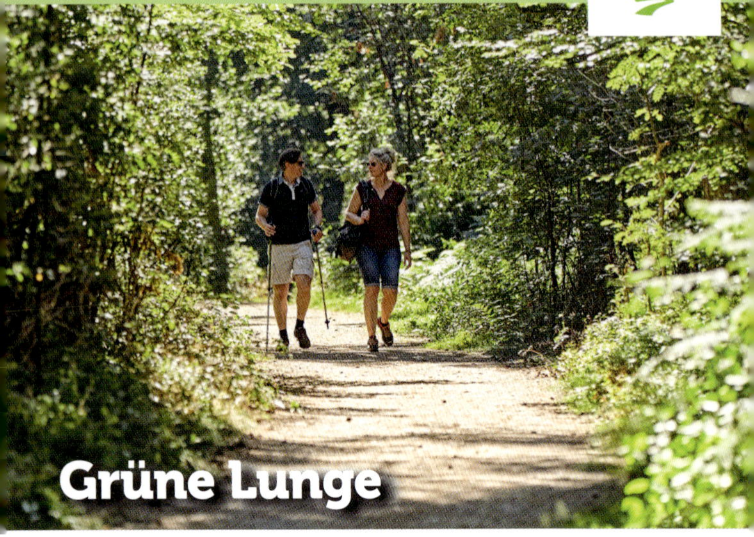

Start/Ziel: Parkplatz am Hallenfreibad, Lienen

Anfahrt: Die A 1 an der Abfahrt 74 „Ladbergen" verlassen und auf B 475 ostwärts fahren. Nach Kattenvenne links auf die L 834 nach Lienen. Über die L 591 zur K 31 und auf dieser bis zum Startpunkt am Hallenfreibad in Lienen (Holperdorper Str. 37).

Parken: Parkplatz Hallenfreibad
N52° 09' 18.2'' • E7° 58' 17.3''

scan to go®

Wegpunkte:

P1: Parkplatz Hallenfreibad
32 U 429635 5778783

P2: Quelle Brüggelieth
32 U 428130 5779536

P3: Aussichtsplattform Steinbruch
32 U 428568 5780149

P4: Rastplatz an Straße
32 U 428663 5780401

P5: Teutoschleifenliege
32 U 429166 5780867

P6: Duvensteine
32 U 429286 5780988

P7: Malepartus
32 U 431020 5780503

10 %	45 %	45 %

13.3 km | 4h | 349 ↑ ↓ | 220 | 933 1095 | TEU10X08

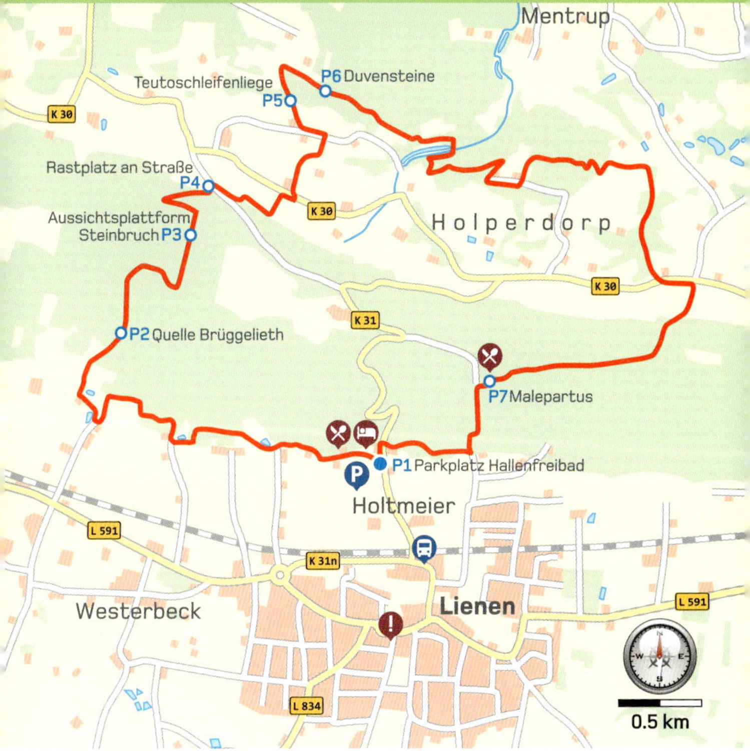

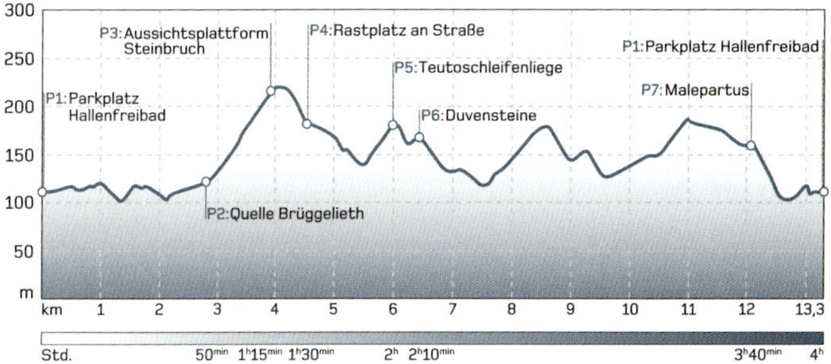

Mit einem steten Wechsel zwischen Flur und Wald sorgt der Holperdorper für viel Abwechslung. Tiefe Einblicke gewährt der Steinbruch am Aldruper Berg, während schöne Ausblicke den Horizont erweitern. Mitten im Wald lockt die urige Waldwirtschaft Malepartus mit bayerischen Leckereien.

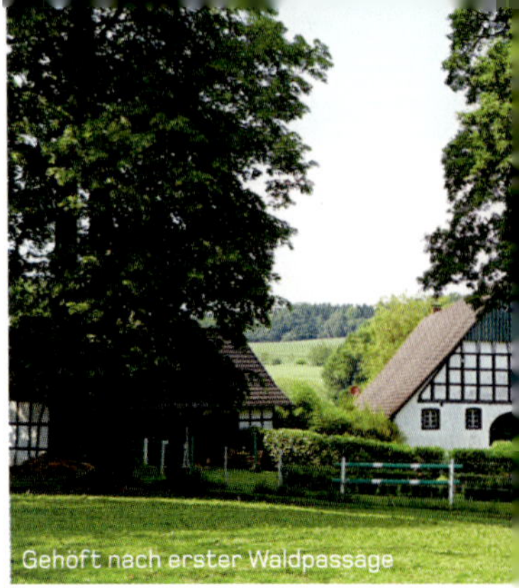

Gehöft nach erster Waldpassage

Am großen Wanderparkplatz beim Hallenfreibad **(1)** beginnen wir die Wanderung auf der Teutoschleife Holperdorper, die wir im Uhrzeigersinn absolvieren, um uns am Ende mit einer Einkehr im Malepartus belohnen zu können.

Wir laufen also an der einladenden Terrasse des Waldschlößchens vorbei und folgen dem Asphaltweg am Waldrand entlang nach Westen. Wir passieren das Schwimmbad und dürfen an einem Querweg erstmals scharf rechts in den Wald wechseln. Lange währt diese erste Passage im Grünen aber nicht, denn schon nach **0.5 km** dürfen wir an einer Kreuzung den Abzweig nach links nicht übersehen. Wir verlassen den Wald und laufen nun wieder auf Asphalt am Waldrand entlang, während links eine Streuobstwiese und Weide an den Weg heranrückt. An deren Ende stoßen wir auf die Zufahrt zum nahen Parkplatz „Zum Wasserfall" und meistern einen kleinen Links-rechts-Versatz problemlos. Doch aufgepasst!

Bevor wir rechts auf einem Wirtschaftsweg weiterwandern, sollten wir kurz innehalten, denn rechts verbergen sich ein Teich und der Ölmühlenbach im Unterholz. Der Bach fließt unter unserem Weg hinweg in ein kleines Tal und ergießt sich aufgrund des Gefälles als kleiner Zwei-Meter-Wasserfall talwärts.

Wir laufen nun bei schönem Blick ins Umfeld am Waldrand entlang, bis wir an einem Anwesen rechts in den Wald abbiegen. An der dortigen Verzweigung halten wir uns links, und bald finden wir uns nach kurzem Anstieg am Rand einer Waldwiese, an deren Ende wir vollends in den Mischwald eintreten. Dort erwartet uns die nächste unerwartete Attraktion. Wir passieren ein im Wald verborgenes Wildgehege, in dem sich neben Rotwild auch farbenprächtige Pfauen tummeln. Kurz genießen wir das Wandern im lichten Buchenmischwald, dann senkt sich unser Weg wieder ab und führt uns noch einmal an den Waldrand.

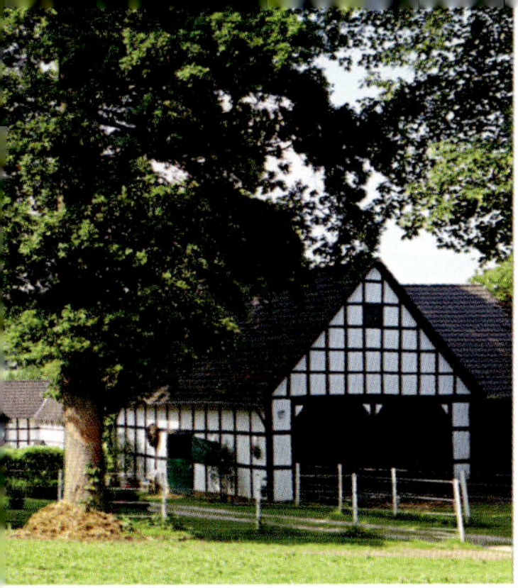

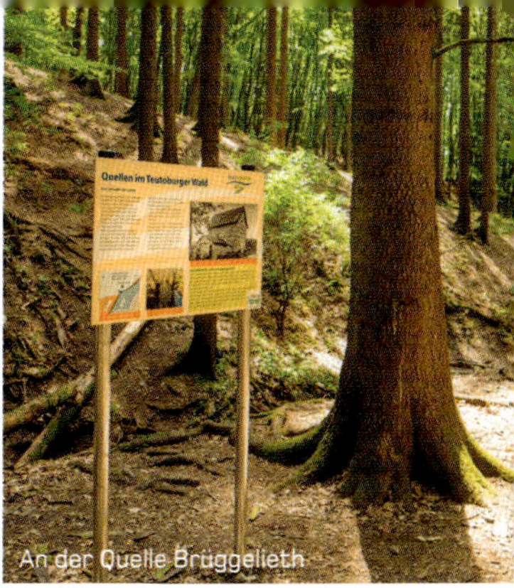

An der Quelle Brüggelieth

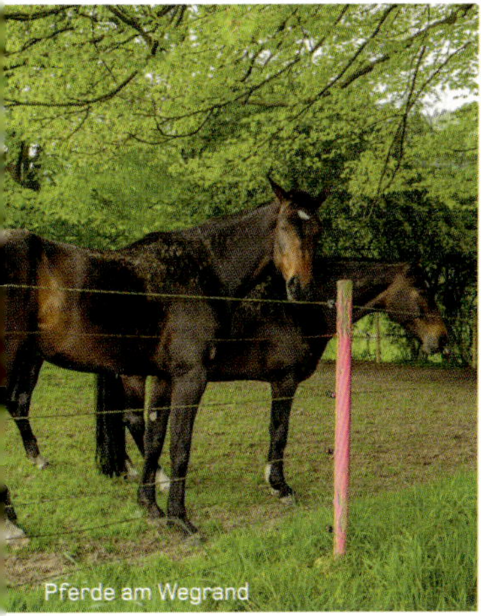
Pferde am Wegrand

Wir biegen rechts ab und laufen an einem stattlichen Anwesen vorbei, bevor wir vom nächsten Wegweiser an einer Kreuzung scharf rechts geschickt werden. Noch immer begleitet uns der Zaun des Anwesens, doch an einer Gabelung nebst Bank dürfen wir links weiterlaufen und durch schönen Wald etwas Höhe gewinnen. Weit sind wir dabei nicht vom Waldrand entfernt, und so erhaschen wir auch den ein oder anderen Blick ins Flachland. Doch noch bleibt der Holperdorper beim steten Wechsel von Wald und Waldrand. Wir umrunden zwar zunächst noch eine Wiese, kommen dann aber mit einer Linkskurve noch einmal in die Gehölz- und Wiesenzone zurück. An einem Wirtschaftsweg biegen wir rechts ab und stehen wenig später am Wegweiser „Meiers Mühle". Hier halten wir uns rechts und folgen dem Mühlenbach mit einigen Schlenkern nach Norden. Und dann ist es endlich so weit, nach **2.7 km** lassen wir das Vorland hinter uns, treten in den Hochwald ein und beginnen den Aufstieg zum Aldruper Berg.

Doch zunächst gelangen wir an die Quelle Brüggelieth **(2)**, die hier unweit eines Felsens entspringt und an der gleich 2 Bänke zum Verweilen einladen und eine Infotafel Wissenswertes zu den Wasserläufen und Quellen der Region beisteuert.

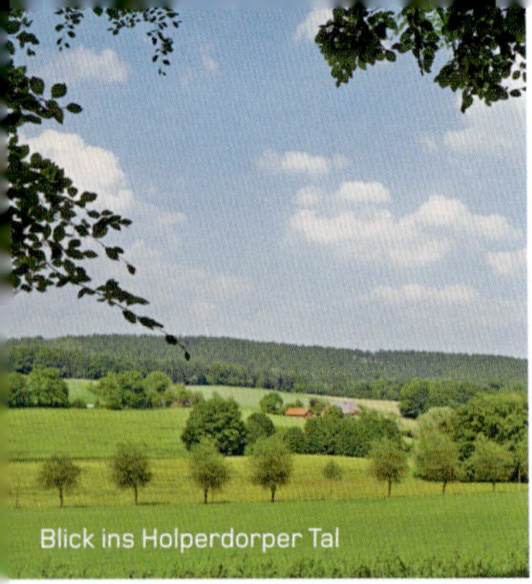

Blick ins Holperdorper Tal

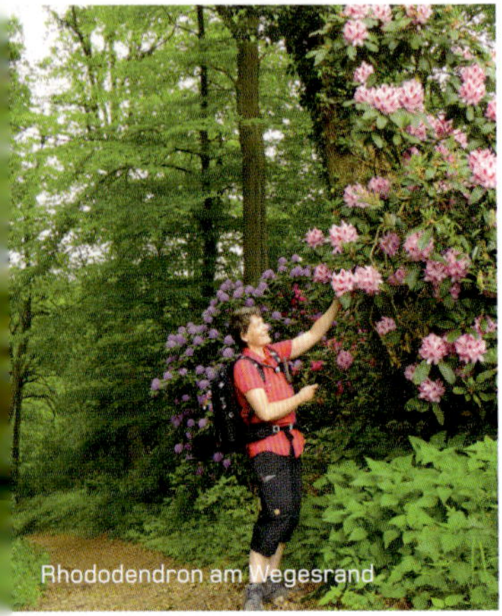

Rhododendron am Wegesrand

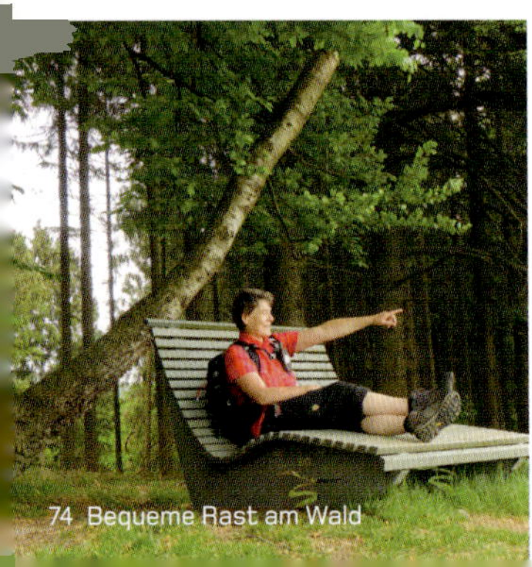

 Bequeme Rast am Wald

Anschließend wandern wir auf bequemem Forstweg durch den herrlich schattigen und hochgewachsenen Wald und gewinnen dabei kräftig an Höhe. Etliche Höhenmeter weiter oben verlassen wir mit einem Linksknick den Wald und wandern nun am Rand des riesigen Kalksteinbruchs entlang. Nach **3.9 km** gibt es an einer kleinen Aussichtsplattform (3) nebst Bank und Infotafel auch Gelegenheit, in das tiefe Loch zu blicken und dabei den aus unserer Perspektive fast winzig wirkenden Maschinen bei der Arbeit zuzusehen.

Wir setzen die Wanderung fort und treffen auf den querenden Hermannsweg, dem wir kurz nach links folgen. Doch schon am nächsten Wegweiser verlassen wir ihn wieder und biegen scharf nach rechts auf einen Waldpfad ab. Der führt uns kurzweilig talwärts und bringt uns an einer kleinen Nebenstraße zu einem Rastplatz (4) mit schöner Aussicht auf die umliegenden Felder und Streuobstwiesen. Auf die macht zudem eine Infotafel aufmerksam.

Wir queren das Sträßchen und biegen rechts ab, bald dürfen wir ein schmales Pfädchen neben der Straße nutzen, das uns neben den Feldern zu einem Gehölz führt. An einer Weihnachtsbaumplantage halten wir uns links und laufen zur K 30, die wir an einem Gehöft queren. Kurz geht es noch rechts an der Straße entlang, dann dürfen wir auf einen Feldweg abbiegen und an dem Gehöft und seinen Pferdekoppeln vorbei ins Tal wandern. Kaum haben wir dort den Schmalen Bach überwunden, schwingt sich unser Weg am Waldrand wieder bergan und stößt inmitten üppiger, im Frühsommer toll blühender Rhododendronbüsche auf das nächste Anliegersträßchen.

Wir wenden uns nach links und gelangen rasch zum nächsten Hof, wo uns ein Wegweiser auf weichem Grasweg rechts bergan schickt. Oben am Waldrand sehen wir bald ein lohnendes Zwischenziel: Dort lockt nach **6 km** eine geschwungene Teutoschleifenliege **(5)** zur erquickenden Pause.

Gut erholt wandern wir durch ein kleines Waldstück weiter, bevor uns der Holperdorper am Waldrand entlang zu einem breiten Wirtschaftsweg am Borgberg führt. Hier weist der Wegweiser nach rechts, und wir werden zu wahren Grenzgängern: Nun bewegen wir uns einige Zeit genau auf der Grenze zwischen Nordrhein-Westfalen und Niedersachsen. Kurz darauf stehen wir vor den im Wald aufragenden Duvensteinen **(6)**, die einst als mystischer Kultplatz gedient haben.

Im weiteren Verlauf bleiben wir immer unserem Forstweg treu, der uns nun nicht nur durch üppig grüne Mischwaldbestände, sondern zunehmend auch durch vom Wintersturm Friederike verwüstete Areale führt. Daher ist es nicht verwunderlich, dass einige Abschnitte unseres Weges nun breiter und deutlich befestigt sind, was uns aber nicht weiter stört. Wir passieren eine Pferdeweide und ein einzelnes Haus und überschreiten eine Kuppe. Nun geben uns die vom Sturm geschlagenen Breschen ab und an Blicke ins Goldbachtal frei, während wir langsam talwärts wandern.

Nach **7.4 km** treffen wir an einer T-Kreuzung mit Wegweiser ein und wenden uns nach rechts. Ein Pfad führt uns durch die Sohle des Goldbachtales und über den Bach sowie die Landesgrenze zu einem Querweg. Hier biegt der Holperdorper rechts ab und gewährt schöne Blicke auf den idyllischen Talgrund. Dann wird es wieder etwas anstrengender: Mit spitzer Kehre knickt unser Weg links bergan.

! Im Bereich um das Goldbachtal hat Sturm Friederike den Wald im Wegumfeld des Holperdorper auf etwa 1.7 km Länge verwüstet. Vom Wanderweg aus lässt sich in den nächsten Jahren die natürliche Regeneration des Waldes unmittelbar beobachten.

Der Holperdorper führt uns im weiteren Verlauf mal mitten durch die Sturmschneise von Friederike, mal an deren Rand entlang. Dabei gewährt er uns beste Einblicke in die Dynamik des Waldes, denn die Natur verfügt nach solchen Ereignissen über ein erstaunlich

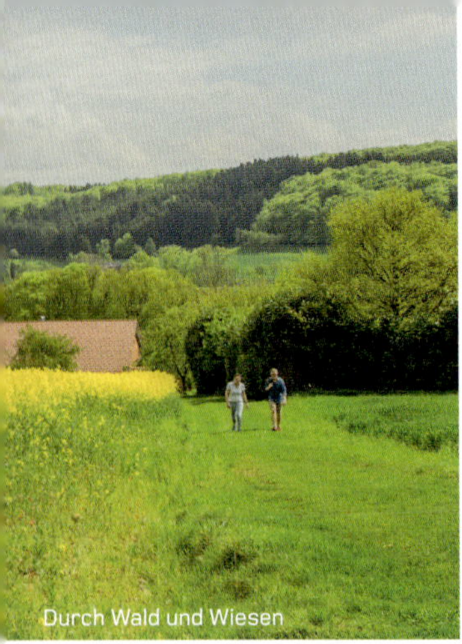

Durch Wald und Wiesen

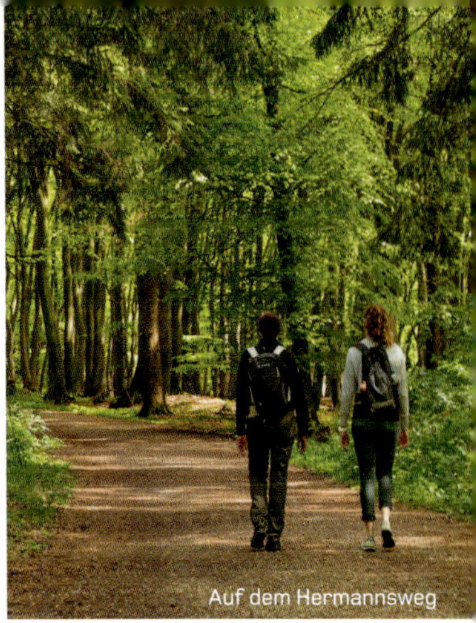

Auf dem Hermannsweg

effektives „Wiederaufbauprogramm“. Wir folgen dem Weg mit einigen Schleifen stetig bergan und erreichen nach **8.4 km** ein Haus. Hier biegen wir links ab und laufen zum nächsten Wegweiser, an dem wir links durch freie Flur abwärtslaufen. Doch schon bald steht der nächste Richtungswechsel an, und wir wenden uns rechts dem nächsten von Friederike arg gebeutelten Areal zu. Hier schlagen Stürme öfters Breschen, wie wir beim Durchqueren eines etwas älteren, mittlerweile schon wieder grünen Abschnitts erfahren.

Dann schwingt sich der Holperdorper durch ein letztes frisches Sturmgebiet über die Hangflanke bergan, und nach **9.3 km** erreichen wir den Waldrand, wo ein Rastplatz nicht nur Aussicht über die angrenzenden Felder, sondern auch Gelegenheit zur Pause bietet.

Wir laufen beschwingt durch die wogenden Wiesen talwärts und biegen dort am Waldrand nach rechts. Wir folgen dem Verlauf des Dillbaches durch artenreichen Wald und gewinnen leicht an Höhe, bis wir am Hof Rohlmann auf eine kleine Straße stoßen. Der folgen wir etwa 150 m nach links, bevor wir sie queren und einen Feldweg nutzen, um zum nahen Wald aufzusteigen.

Jetzt zieht es uns Richtung Malepartus, und solchermaßen beflügelt, meistern wir den Anstieg zum Höhenkamm im Wald spielend. Dort stoßen wir am Rastplatz Steinerne Treppe nach **11 km** auch wieder auf einen alten Bekannten: den Hermannsweg.

Wir wandern rechts ohne großen Höhenunterschied weiter durch den Mischwald, passieren ein altes Windbruchareal und ignorieren we-

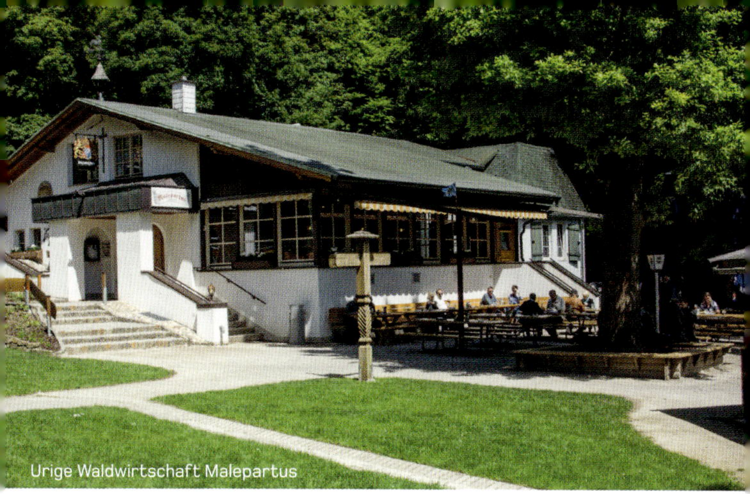

Urige Waldwirtschaft Malepartus

nig später einen querenden Forstweg. Dann müssen wir nur noch eine kleine Senke durchschreiten und per Treppe aufsteigen, und es ist geschafft. Nach 12.1 km lädt die urige Waldwirtschaft Malepartus (7) zur bayrisch weiß-blau angehauchten Einkehr.

Nach dieser zünftigen Stärkung fällt uns der Abstieg auf dem Waldweg leicht, und so erreichen wir rasch den Waldrand. Dort biegen wir rechts auf den Talweg ab, der uns nun meist nah am Waldrand entlang nach Westen führt und uns dabei immer wieder schöne Blicke auf die Felder im Umland bietet. Wir passieren einen letzten Rastplatz, und noch einmal gewinnen wir ein paar Höhenmeter. Dann senkt sich der Weg endgültig ab, und vorbei an einem einzelnen Haus laufen wir rechts zur nahen Straße. Die queren wir auf Höhe des Waldschlößchens und gelangen nach 13.3 km wieder zum Parkplatz (1). Zum Abschluss lockt nun noch das Waldschlößchen zur Einkehr.

FAZIT

Der Weg verlangt aufgrund einiger An- und Abstiege gute Kondition und auch etwas Ausdauer. Einige Passagen sind durch Windbruch in Mitleidenschaft gezogen. Etwaige Umleitungen auf der Homepage beachten! Nach 12 km kann man im Malepartus einkehren.

08 INFO

Tecklenburger Land Tourismus e.V., Markt 7, 49545 Tecklenburg, 05482/929182, www.tecklenburger-land-tourismus.de

Waldwirtschaft Malepartus Malepartusweg 6, 49536 Lienen, 05483/8337, www.waldwirtschaft-malepartus.de, Do. Ruhetag

Hotel Restaurant Waldschlößchen Holperdorp Straße 31, 49536 Lienen, 05483/1081, www.waldschloesschen-lienen.de

Bis Lengerich kann man per Bahn anreisen. Von dort nutzt man die Regio-Buslinie R46 bis zum Rathaus. Ab da muss man noch ca. 1 km entlang der K 31 zum Startpunkt laufen. www.rvm-online.de

Taxi Eggert, Kirchstraße 3 49186 Bad Iburg, 05403/4400, www.taxi-eggert.de

Einmal mit allen Sinnen spüren, was wir sonst nur mit Füßen treten? Der 2 km lange Barfußpark Lienen macht das möglich. So sammelt man auf verschiedenen Untergründen wie Holz, Steinen, Sand oder Lehm neue, unmittelbare Erfahrungen und tut dabei seinen Füßen noch was Gutes. Für junge Besucher gibt es außerdem einen tollen Wasserspielplatz. www.barfusspark-lienen.de

Hunde können den Weg gut absolvieren, benötigen aber gute Kondition. Wasserzugang gibt es an einigen sehr kleinen Bächen.

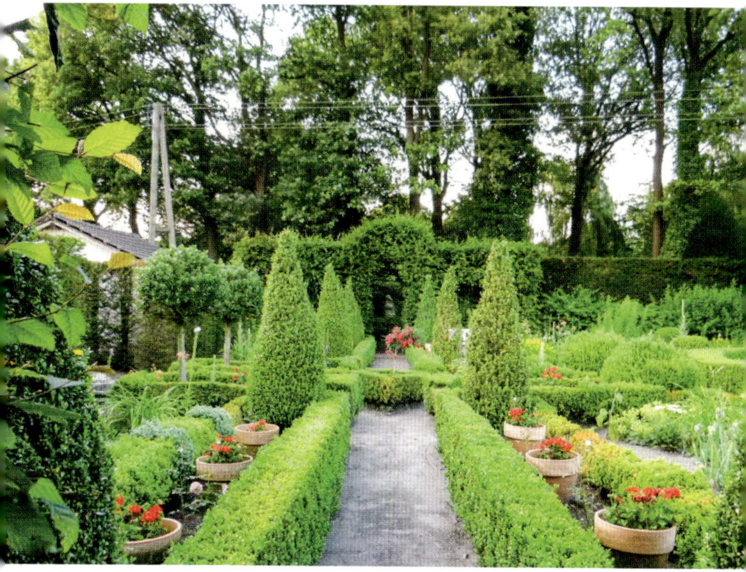

Kunst im Garten

Etwa 10 km östlich von Ladbergen lädt in Lienen-Kattenvenne das Heckentheater zu unvergesslichen Veranstaltungen. Der weitläufige Garten bietet nicht nur einen Kunstgarten mit Skulpturen, einen Bauerngarten und einen Sommergarten, sondern auch zwei „Heckenbühnen", die Konzerten, Theatervorführungen, Lesungen und anderen kulturellen Veranstaltungen einen natürlichen Rahmen geben. Dabei spannt sich der Bogen vom Jazzkonzert bis zum Kinderprojekttag.

Ebenfalls absolut einen Besuch wert ist der Arzneigarten, in dem man bei einer fachkundigen Führung einiges zur Heilwirkung so manch heimischer Pflanze erfährt.

Das Heckentheater und die Gärten sind jeweils zu den Veranstaltungen oder nach telefonischer Vereinbarung geöffnet.

Heckentheater, Jagdweg 6, 49536 Lienen-Kattenvenne,
Infos: ✆ 05484/961596, ⓦ www.heckentheater.de

Teutostadtschleife

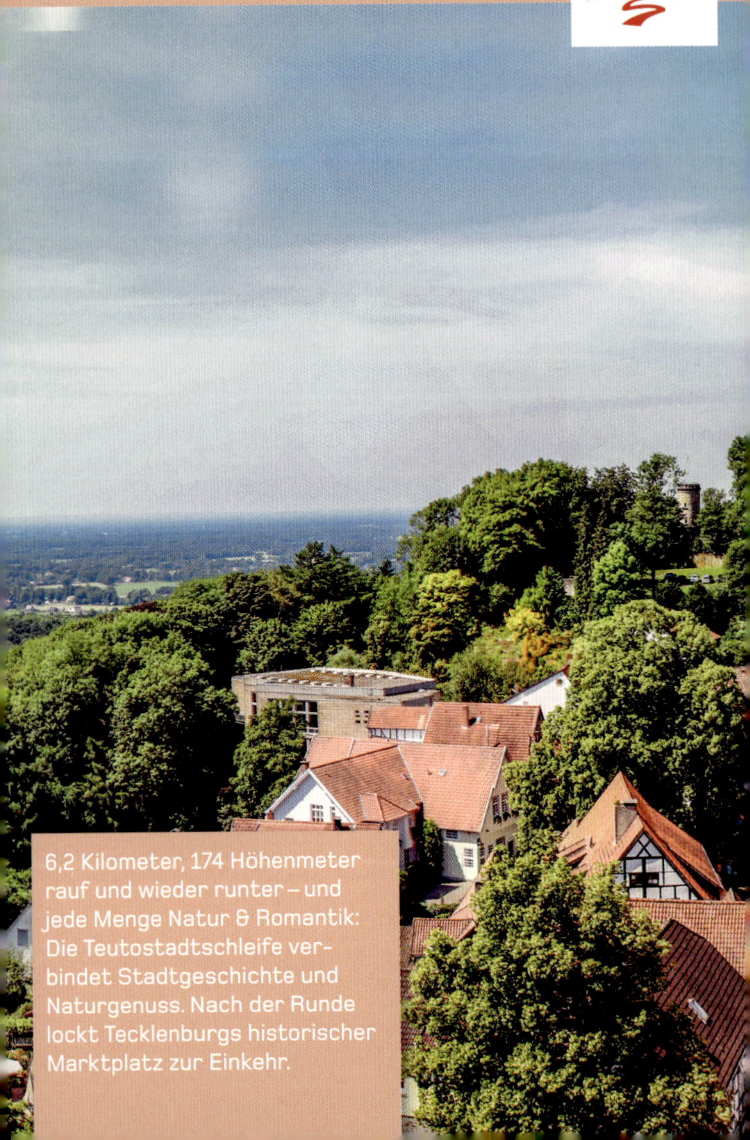

6,2 Kilometer, 174 Höhenmeter rauf und wieder runter – und jede Menge Natur & Romantik: Die Teutostadtschleife verbindet Stadtgeschichte und Naturgenuss. Nach der Runde lockt Tecklenburgs historischer Marktplatz zur Einkehr.

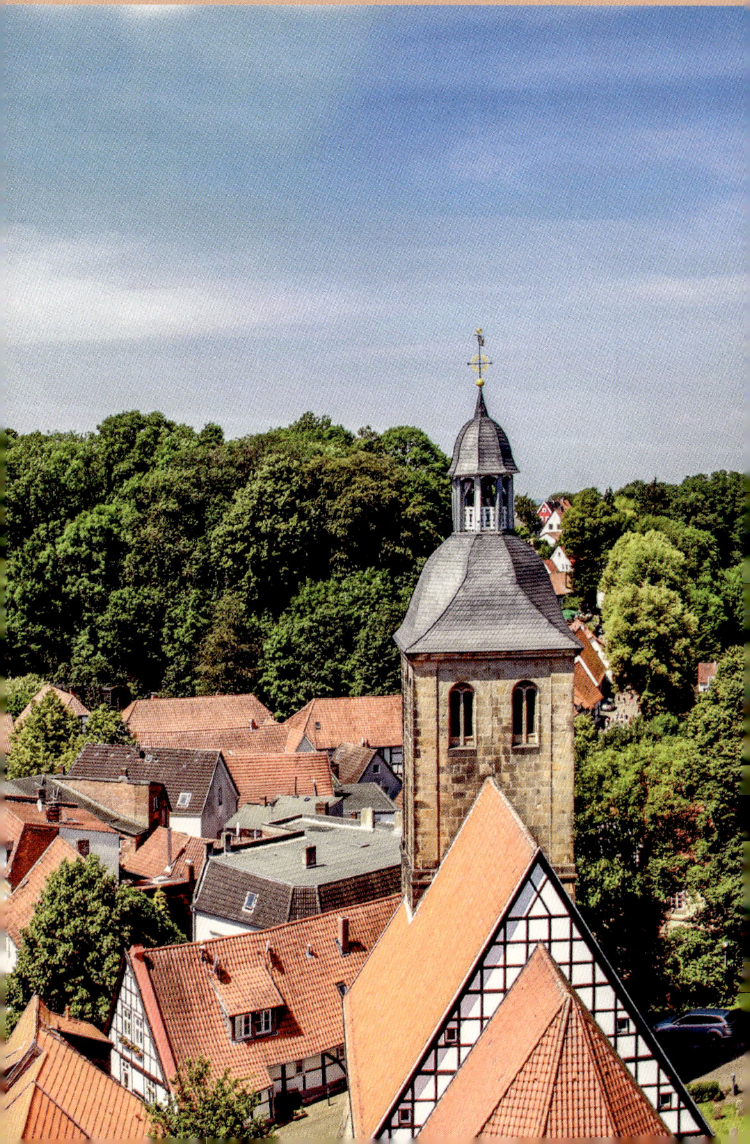

Teutostadtschleife

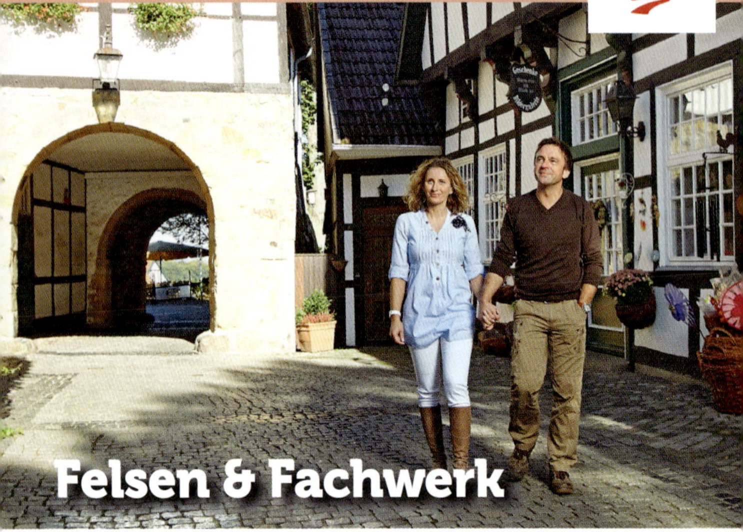

Felsen & Fachwerk

Start/Ziel: Parkplatz Burgberg, Tecklenburg

Anfahrt: A 1 Ausfahrt Lengerich/ Tecklenburg verlassen und auf L 591 Richtung Lengerich. An der Kreuzung L 504 links Richtung Tecklenburg. Dort entweder Am Meesenhof (P Burgberg) oder Am Weingarten (P Münsterlandblick) parken (jeweils Gebühr!)

Parken: Burgberg
N52° 13' 06.6'' • E7° 48' 28.6''
Haus Marck
N52° 12' 49.5''
E7° 48' 45.1''
Münsterlandblick
N52° 13' 08.4''
E7° 48' 19.4''

scan to go®

Wegpunkte:
P1: Parkplatz Burgberg
32 U 418569 5786009
P2: Hexenküche
32 U 418512 5785943
P3: Infozentrum Sägemühle
32 U 417800 5785528
P4: Abzweig Ausblick Haus Marck
32 U 418639 5785312
P5: Königssee
32 U 418870 5785477
P6: Marktplatz
32 U 418863 5786129
P7: Burgruine
32 U 418772 5786145

39 %	18 %	43 %

6.3	2h 15min	174	180	466 548	
km		↑ ↓			TEU09X09

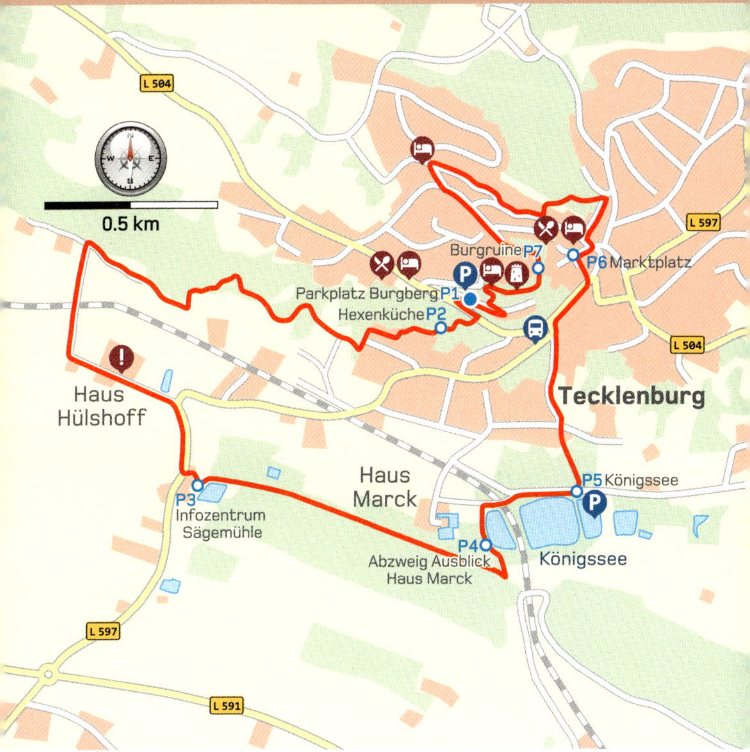

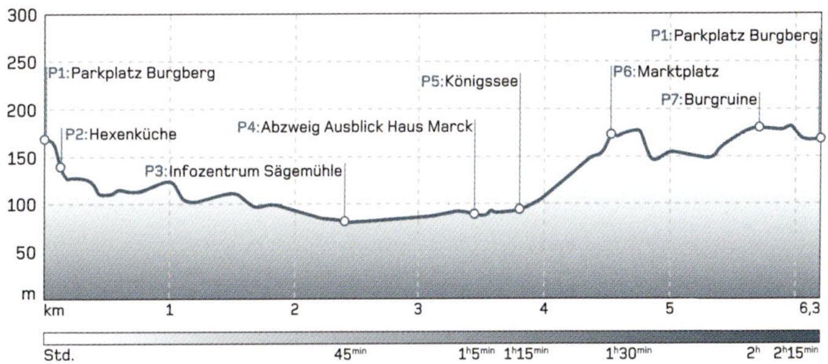

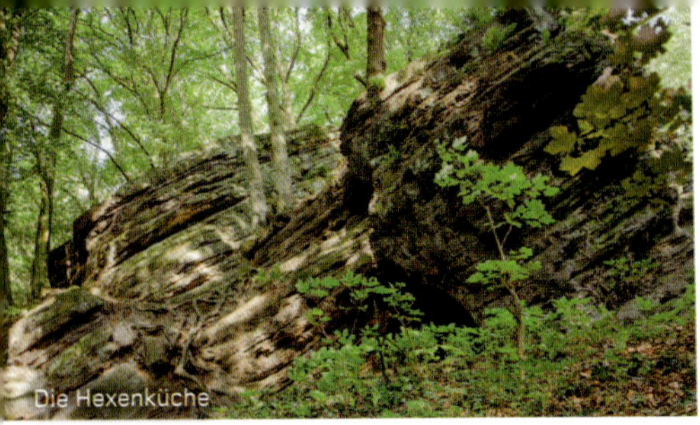
Die Hexenküche

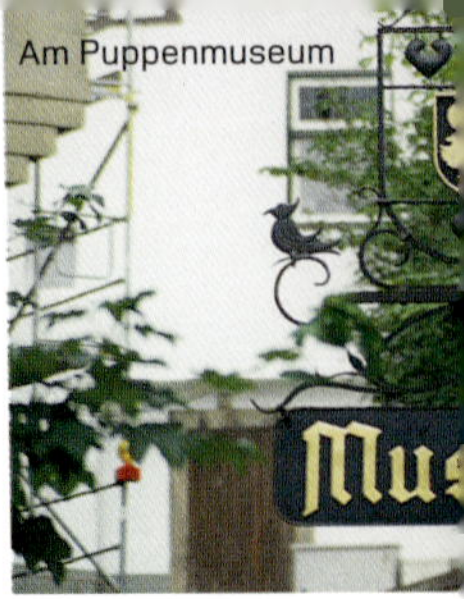
Am Puppenmuseum

Der Premiumstadtwanderweg führt uns rund um Tecklenburg zu herrschaftlichen Anwesen, historischen Spuren und mitten hinein in die Fachwerkidylle von Tecklenburgs Altstadt. Wald- und Wiesenpassagen sorgen für reizvolles Kontrastprogramm und die Hexenküche steuert einen sagenumwobenen und geologischen Höhepunkt bei.

Wir beginnen die Stadtwanderung rund um Tecklenburg am Parkplatz Burgberg (1). Da wir uns die Fachwerkromantik für das Ende aufheben wollen und es uns zunächst in die Natur zieht, wenden wir uns vom Parkplatz abwärts zur Straße Am Weingarten. Vorsichtig queren wir sie und stehen bereits am ersten Höhepunkt der Runde: der Hexenküche!

Doch statt den anspruchsvollen Pfad zu nutzen, laufen wir zunächst auf dem Gehweg neben der Straße bergab, bis wir rechts auf einen Fußweg wechseln dürfen. Der führt uns nach 250 m an das untere Ende der Hexenküche (2).

Nach diesem abenteuerlichen Auftakt leiten uns die markanten Logos auf einem Waldpfad weiter talwärts. Nah am Klinikgelände flacht der Weg ab, und wir halten uns rechts hangparallel. Bald erreichen wir den umzäunten Tennisplatz mitten im Wald und laufen knapp unterhalb zu einem Tor im Zaun. Dieses bringt uns nach **0.5 km** auf den Tecklenburger Bergpfad, der uns nun eine Weile begleiten wird.

Gemeinsam wenden wir uns nach links und biegen am folgenden Wegweiser rechts ab. Wir durchschreiten eine Senke, und schon schwingt sich unser Pfad bergan und führt uns an einem einzelnen Haus vorbei. Nachdem wir es passiert haben, biegen wir rechts in den lichten Laubmischwald ein.

Mit leichtem Anstieg genießen wir das Wandern im schattigen Wald und umrunden mit unserem Pfad ein Tal, in dem sich zwei Teiche be-

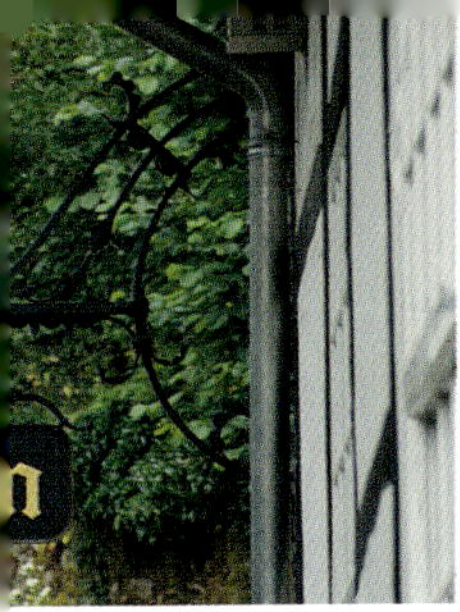

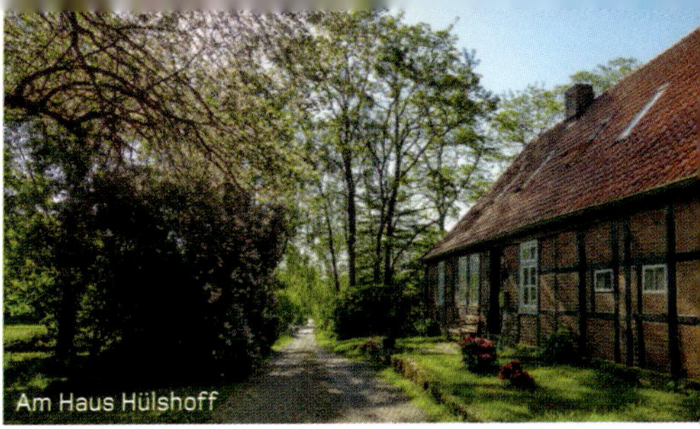

Am Haus Hülshoff

finden. Kurz statten wir dem Waldrand einen Besuch ab, erhaschen einen Blick Richtung Alter Bahnhof. Dann bringt uns der Weg zurück in den schummrigen Wald, wo wir uns nach **1.1 km** vom Tecklenburger Bergpfad trennen.

Wir biegen an dieser Stelle links ab und laufen durch ein kleines Nadelwaldareal zum Waldrand und hinab zu einem sandigen Querweg. Hier wenden wir uns nach rechts und genießen nun eine abwechslungsreiche Waldrandpassage. Im Frühsommer erfreuen wir uns an den üppigen Rhododendronbüschen, die neben einem kleinen Haus ihre Blütenpracht entfalten.

Nach sanftem Anstieg knickt unser Wanderweg am nächsten Anwesen scharf links ab und bringt uns mit geringem Höhenverlust in die freie Flur. Wir queren die Gleise und halten uns am ersten Gebäude des Hauses Hülshoff links. Auf bequemem Weg passieren wir kurz darauf das herrschaftliche Anwesen nebst Teich und parkähnlichem Garten und treffen nach **2.3 km** auf eine Straße. Wir queren sie und wandern auf der anderen Seite auf einem parallelen Fußweg nach rechts. Bald taucht vor uns die biologische Station Kreis Steinfurt auf, die in einer alten Sägemühle (3) untergebracht ist. In einer offenen Schutzhütte gibt es interessante Infotafeln, und mit neuem Wissen setzen wir die Tour fort. Dazu folgen wir einem Waldweg zwischen dem Mühlteich und dem Wechter Mühlbach.

Dichter Auenwald begleitet uns und sorgt für schummrig grüne Umgebung. Abzweigende Wege ignorieren wir, und nachdem ein Stichweg zum Haus Marck abgebogen ist, erspähen wir durch das dichte Blattwerk erstmals das Haus Marck. Kaum zu glauben, dass in diesem herrschaftlichen, von Wasser umgebenen Haus einst der Schlusspunkt unter den Dreißigjährigen Krieg gesetzt wurde, denn genau hier wurden in mühsamen diplomatischen Gesprächen Vorverhandlungen zum Westfälischen Frieden geführt.

Als wir einen Querweg erreichen, biegen wir scharf links ab und laufen zum Breiten Teich. Dort ankommen kann man nach **3.6 km** links auf einen Pfad abbiegen und einen kurzen Abstecher (4) zu einem guten Ausblick auf das Haus Marck machen.

Zurück auf dem Wanderweg, laufen wir am Breiten Teich vorbei und passieren die Zufahrt zum Haus Marck. Wir halten uns hier rechts, queren die Gleise und treffen auf eine Zufahrtsstraße. Wir wandern neben der Straße rechts zum nahen Königsteich, wo sich auch ein Parkplatz befindet.

Doch auf Höhe des Parkplatzes am Königssee (5) queren wir die Straße und wenden uns links auf einen Pfad bergan. Jetzt steigt unsere Route spürbar an und bald säumen erste Gärten und Häuser den schmalen Fußweg. Nachdem wir am Bodelschwinghweg geradeaus gelaufen sind, spüren wir Asphalt unter den Sohlen. Vorbei an einem Wohngebiet wandern wir weiter bergan.

Nach einer kurzen Waldpassage treffen wir an der Bahnhofsstraße ein und nutzen den Gehweg, um weiter Höhe zu gewinnen. An einer übersichtlichen Stelle queren wir die viel befahrene Straße und laufen an einem Brunnen vorbei, bis links die steile Treppenstiege „Im Grund" abzweigt.

Etwas außer Atem treffen wir nach **4.6 km** im Herzen der Stadt, am Marktplatz (6) ein. Quirliges Leben erfüllt den von pittoresken Fachwerkhäusern umgebenen Platz.

Haus des Gastes, das Otto-Modersohn-Museum und einladende Gastronomie animieren zum Verweilen, doch noch zieht es uns auf unserer Entdeckungstour weiter. Daher wenden wir uns rechts der Landrat-Schultz-Straße zu und laufen bis zur nächste Ecke. Hier nutzen wir die Treppe hinauf zur evangelischen Kirche, wo wir

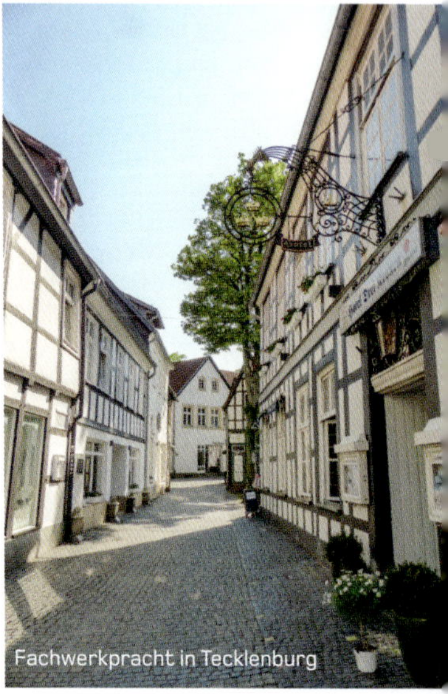

Fachwerkpracht in Tecklenburg

Gartenidyll in der Stadt

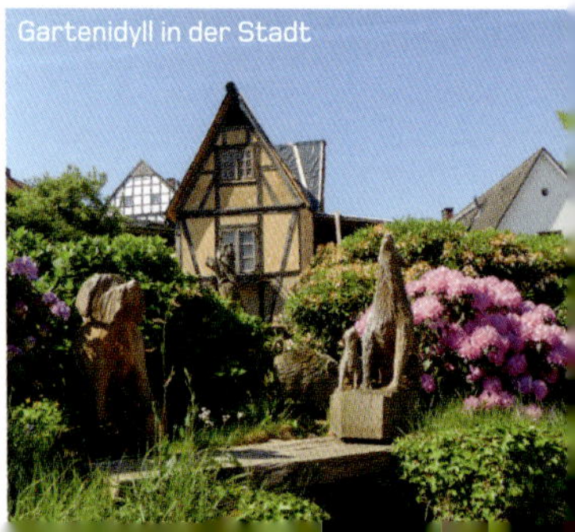

links weitergehen. Der Kirchpfad bringt uns zur Kreuzung mit dem Sonnenweg. Nun biegen wir scharf links in den Kurpark ab, der sich vor und unter uns ausbreitet.

Herrliche Rhododendronbüsche säumen die Treppe, die uns hinab ins Herz des gepflegten Parks führt. Bänke laden zum Verweilen und eine Boulebahn zur körperlichen Aktivität ein. Am Ende der Treppe schicken uns die Logos links zurück Richtung Altstadt, und tatsächlich durchschreiten wir schon bald einen uralten Holztorbogen, der uns in eine vollkommen andere Welt geleitet – in das Fachwerkidyll Tecklenburgs.

Am Ende des Treppenpfades biegen wir rechts in die Ibbenbürer Straße ab und sind begeistert von den schwarz-weißen Häusern, deren altehrwürdige Holzbalken zwar nicht immer gerade sind, aber den Häusern seit Jahrhunderten starken Halt geben.

An der Kreuzung mit der Brauerstraße laufen wir halb rechts auf einem kurzen Fußweg vorbei an einem idyllischen Ruheplätzchen mitten in den alten Häusern, und als wir wieder der Straße nach links folgen, passieren wir auch einen einladenden Gastgeber. Noch senkt sich unsere Route ab und passiert dabei weitere beeindruckende Häuser. Erst nach **5.4 km** knickt unser Stadtwanderweg scharf links auf die Brunnengasse ab, was den Endanstieg zur Burg einläutet.

Nun geht es also einmal mehr auf Kopfsteinpflaster bergan. Die jeweils nach links abbiegende Brauergasse und wenig später auch die Schloßstraße lassen wir unbeachtet und laufen schnurstracks Richtung Burgtor. Das ist zur Festspielzeit zwar meist geschlossen, doch unser Wanderweg führt uns direkt an der Mauer entlang auf das Burgplateau (7).

Nun folgen wir dem Verlauf der Mauer, hinter der sich das Festspielgelände verbirgt. Daher gibt es auch keinen direkten Zugang ins Herz der ehemaligen Burganlage. Aber auch die Mauern und der Wierturm zeugen von der Bedeutung der Burg, die einst den Schutz der Stadt gewährleistet hat. Wir umrunden die Anlage und biegen erst an der Jugendherberge links auf einen Treppenpfad ab, der uns mit einigen Schlenkern wieder hinab zum Parkplatz am Burgberg (1) führt, wo sich der Kreis dieser sehr kurzweiligen und vielseitigen Premiumstadtwanderung nach **6.3 km** schließt.

FAZIT

Der Weg beinhaltet einige Auf- und Abstiege sowie schmale Naturpfade im Bereich der Hexenküche. Daher sind feste, knöchelhohe Wanderschuhe wichtig.

09 INFO

Tecklenburger Land Tourismus e.V., Markt 7, 49545 Tecklenburg, www.tecklenburger-land-tourismus.de 05482/929182,

■ Ristorante Prosecco, Landrat-Schultz-Str. 18, 49545 Tecklenburg, 05482/1265,

Gasthof & Pension zur Alten Schmiede, Ibbenbürener Str. 38, 49545 Tecklenburg, 05482/1526
■ Hotel Restaurant Drei Kronen, Landrat-Schultz-Str. 15, 49545 Tecklenburg, 05482/225, www.hoteldreikronen.de

Ab Ibbenbüren, Lienen oder Lotte gelangt man mit verschiedenen Buslinien (R45, 140, 136, 137) nach Tecklenburg. www.rvm-online.de

Taxi Birkenkamp, Am Hupenberg 2, 49545 Tecklenburg, 05482/301

Direkt am Weg liegt Haus Hülshoff. Das herrschaftliche Anwesen mit adrettem Park bietet einen besonderen Leckerbissen: Immer freitags zwischen 17 und 19 Uhr oder samstags zwischen 10 und 14 Uhr gibt es in der hofeigenen Holzofenbackstube frisches Brot! Regionale Produkte runden das kleine aber feine Angebot ab. Ein Genuss, den man sich keineswegs entgehen lassen darf!

Gaby Peickert, Haus Hülshoff 2, 49545 Tecklenburg, 05482/9290522

■ Wer historisch interessiert ist, kann auf einer spannenden Stadt- oder Themenführung viele interessante Details über Tecklenburg und Umgebung erfahren und so manch versteckte Ecke entdecken. Wer es exotischer mag: Auch Lama-Trekking wird angeboten.

Tourist-Information Tecklenburg, www.tecklenburg-touristik.de 05482/93890

Hunde haben auf dieser Runde keine Schwierigkeiten. Unterwegs gibt es an einem Bach und einem Teich Zugang zu offenem Wasser.

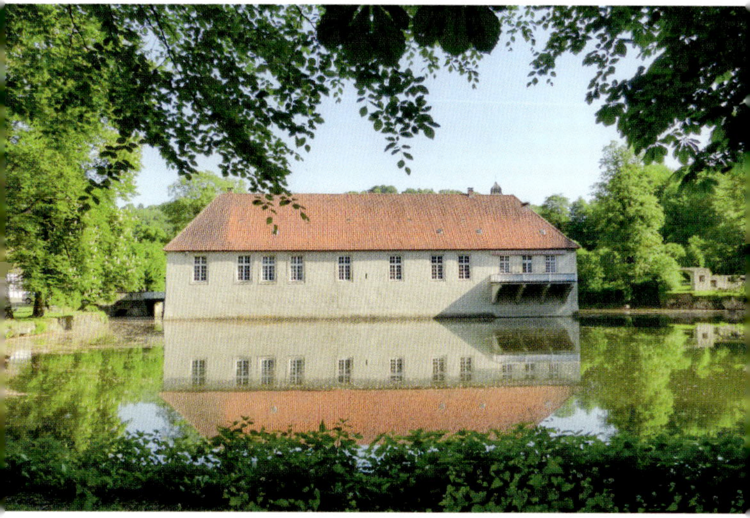

Der Westfälische Frieden

Das Wasserschloß Haus Marck wurde erstmals im 14. Jahrhundert urkundlich erwähnt. Ursprünglich erbaute die Ritterfamilie von Horne an dieser Stelle eine wehrhafte Burg. Im 16. Jahrhundert erfolgte der Umbau zum Renaissanceschloß. Seit 1804 befindet sich das idyllische, von Wasser umgebene Anwesen im Besitz der Familie von Freiherr von Diepenbroick-Grüter. Neben Konzerten und Tagungen finden im Haus Marck auch immer wieder Festlichkeiten wie Hochzeiten statt.

Historische Bedeutung erlangte Haus Marck im Dreißigjährigen Krieg, denn 1643 fanden hier umfangreiche Vorverhandlungen zum Westfälischen Frieden statt.

Wer genauer in die lange Geschichte des Wasserschlosses eintauchen möchte, bekommt zwischen Anfang April und Ende Oktober immer samstags um 10 und um 11 Uhr bei einer kostenpflichtigen Führung durch die historischen Räume Gelegenheit dazu.

Infos: Haus Marck 1, 49545 Tecklenburg, ✆ 05482/925773,
ⓘ www.haus-marck.de

Teutoschleifchen

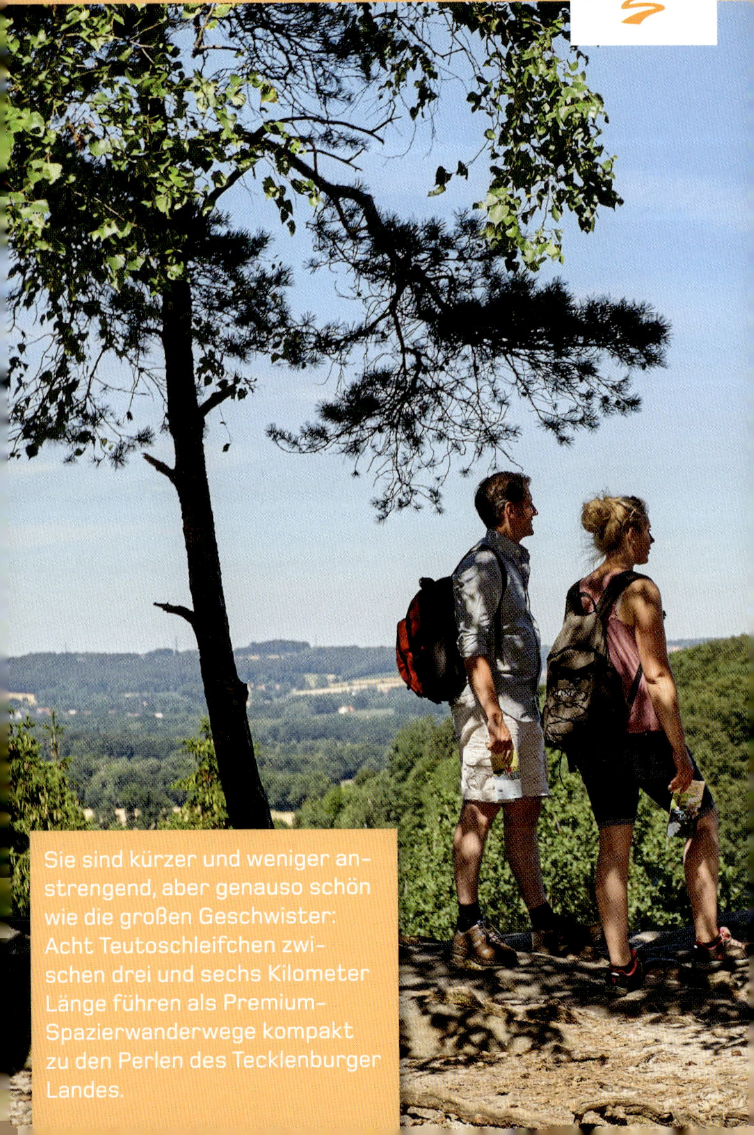

Sie sind kürzer und weniger anstrengend, aber genauso schön wie die großen Geschwister: Acht Teutoschleifchen zwischen drei und sechs Kilometer Länge führen als Premium-Spazierwanderwege kompakt zu den Perlen des Tecklenburger Landes.

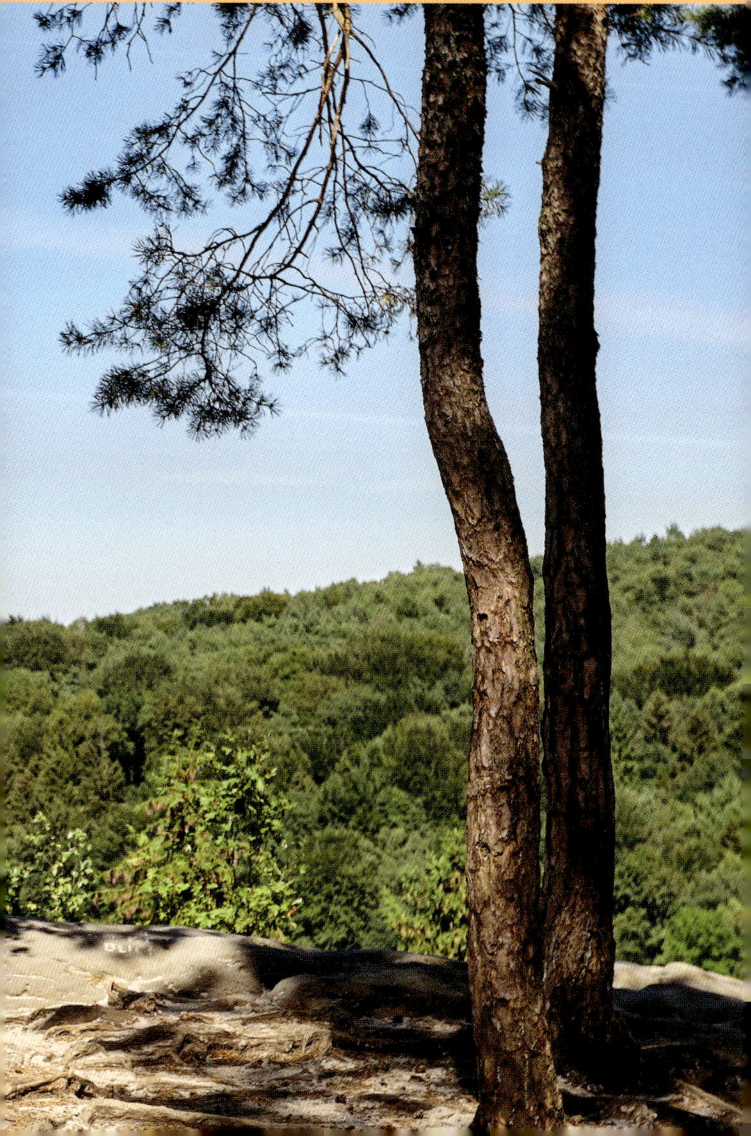

10 Ladbergener Pättken

Teutoschleifchen

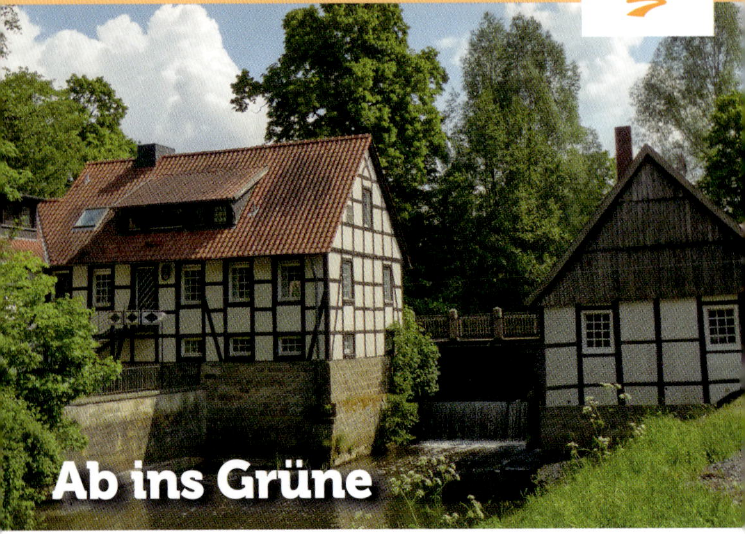

Ab ins Grüne

Start/Ziel: Kirchplatz Ladbergen

Anfahrt: Abfahrt Ladbergen die A 1 verlassen, der B 475 Richtung Ladbergen folgen. Am ersten Kreisel rechts auf die L 555 zur Ortsmitte, parken am Kirchplatz (außer freitags). Alternativ beim Rathaus in der Jahnstraße (öffentlicher Parkplatz).

Parken: Kirchplatz Ladbergen
N52° 08' 02.3'' • E7° 44' 12.7''
Parkplatz Jahnstraße Ladbergen
N52° 08' 10.7''
E7° 44' 22.4''

scan to go®

Wegpunkte:

P1: Kirchplatz
32 U 413553 5776668

P2: Alte Wassermühle
32 U 413565 5776826

P3: Friedenspark
32 U 413755 5776954

P4: Beginn Mühlenbach-Wiesen
32 U 414718 5777152

P5: Bronzefiguren
32 U 413818 5776858

23 % | 25 % | 52 %

3.3 km | 1h | 5 | 45 | 185 217 | TEU08X10

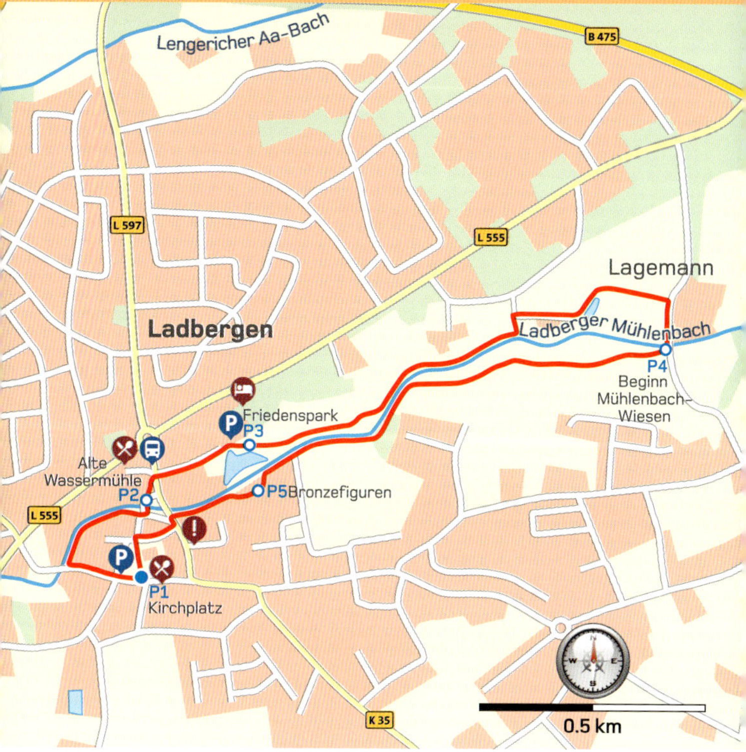

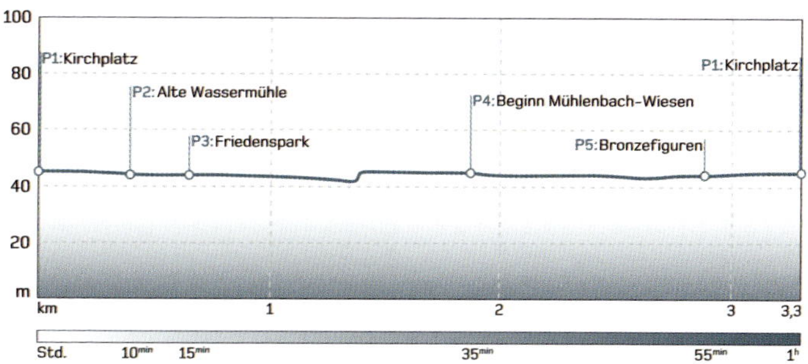

Das Ladbergener Pättken führt uns kurzweilig mit dem Mühlenbach durch und um Ladbergen. Dabei erleben wir Historisches ebenso wie abwechslungsreiche Natur. Zurück in Ladbergens Zentrum locken zahlreiche Gastronomiebetriebe zur abschließenden Einkehr.

Mitten in Ladbergen beginnen wir am Kirchplatz (1) die Runde. Vom Kirchplatz aus laufen wir rechts entlang der Dorfstraße zum nahen Mühlenbach. Unmittelbar vor der Brücke über den breiten, gemächlich strömenden Bach biegen wir rechts in eine Sackgasse ab. Bald verschwindet der Asphalt unter unseren Sohlen, und wir dürfen auf grasigem Grund dem Ufer folgen. Nachdem wir um eine Kurve gelaufen sind, sehen wir voraus bereits das pittoreske Fachwerkensemble der Alten Wassermühle, deren bemoostes Rad sich noch immer emsig dreht. An der Mühlstraße angelangt, wenden wir uns nach links und haben nun einen echten Logenplatz, um dem berühmten Klappern der Mühle (2) zu lauschen. Doch eigentlich ist tatsächlich nur das Wasser zu vernehmen, das über das Rad strömt.

Vorbei an der Mühle laufen wir durch üppige Rhododendronhecken zur Straße, die wir vorsichtig queren. Auf der anderen Seite folgen wir der Jahnstraße, die uns

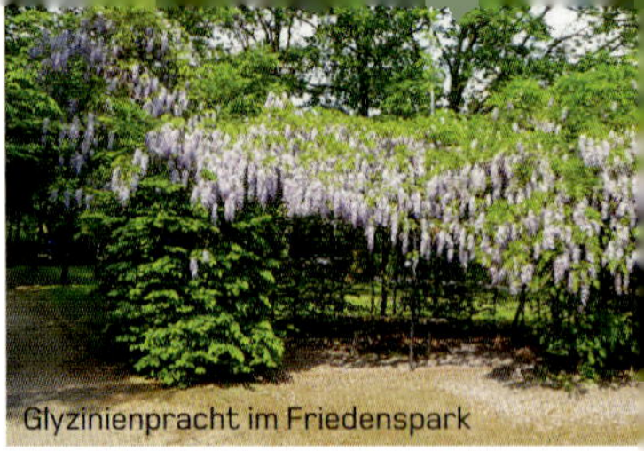

Glyzinienpracht im Friedenspark

rasch weg vom hektischen Verkehr bringt. Am Rathaus passieren wir einen Parkplatz und betreten den Friedenspark (3). Gepflegte Grünflächen und ein kleiner Teich sorgen für Kurzweil, und eine Laube mit einer herrlichen Glyzinie erregt unsere Aufmerksamkeit. Bänke zum Verweilen gibt es übrigens auch ...

Wir wandern durch den Park und folgen dabei dem Lauf des Mühlbachs. Am Ende des Parks rückt ein Sportplatz nah an den Weg, doch schon kurz darauf sind es Wiesen und Felder, die für ein grünes Umfeld sorgen. Auf dem Mühlbach setzen immer wieder kleine Seerosenareale zur Blütezeit bunte Akzente.

Nach **1.2 km** säumen weitläufige Koppeln den Wegesrand, und übermütig traben die Pferde herbei, um uns in Augenschein zu nehmen. Am Ende der Koppeln knickt unser Weg zunächst scharf links ab und steigt dann pfadig zu einem befestigten

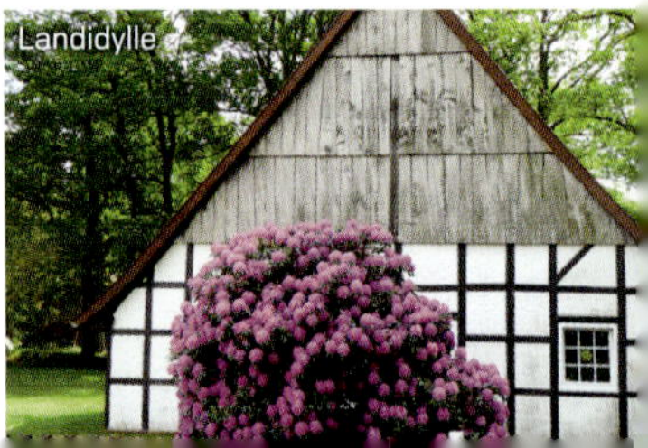

Landidylle

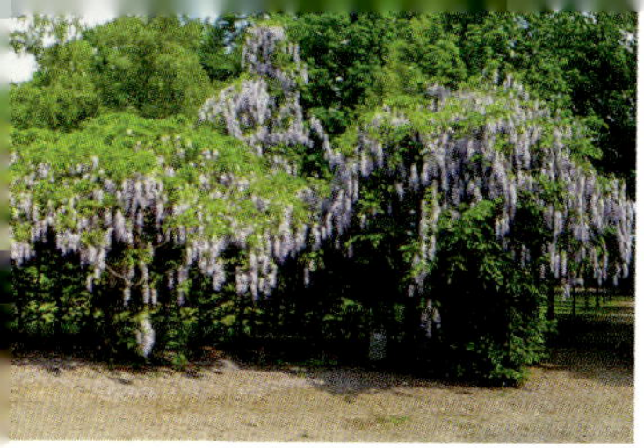

Wirtschaftsweg auf. Der führt uns rechts an einem einzelnen Haus vorbei zurück in die Natur. Weit können wir den Blick über die angrenzenden Felder schweifen lassen, während rechts kurz das Wasser eines kleinen Sees durchs Blattwerk blinkt.

Dann taucht vor uns ein schmuckes Fachwerkhaus auf. Auch hier fehlen die für die Region typischen Rhododendronbüsche nicht, die uns im Mai mit herrlicher Blüten- und Farbenpracht erfreuen. Wir erreichen das Haus, bei dem es sich um den Hof Lagemann handelt, nach **1.8 km**. Wir passieren den kleinen Hof und folgen der wenig frequentierten Straße auf dem Bankett nach rechts. Per Brücke gelangen wir ans andere Ufer des Mühlenbachs und biegen dort sofort rechts auf einen idyllischen Pfad ab, der uns mitten hinein in die Mühlenbach-Wiesen (4) bringt. Wir streifen nun durch das Gräsermeer und genießen die Weite der Wiese.

Doch bald schon führt unser Weg durch ein kleines Gehölz und bringt uns wieder unmittelbar ans Ufer des Baches. Einige neugebaute Häuser lassen wir links liegen, bevor wir an einem kleinen Teich vorbeiwandern. Dann wird das Wegumfeld wieder städtischer, was sich auch am Wegformat bemerkbar macht.

Nach **2.9 km** befinden wir uns im Umfeld eines Seniorenheims und folgen der Markierung mit einer kleinen Schleife nach links. So statten wir den Bronzefiguren (5) des Torfstechers und der Amme von Ladbergen einen Besuch ab, bevor wir die Tour wieder am Uferweg fortsetzen.

Schon bald treffen wir ein letztes Mal an der Mühlenstraße ein und queren sie aufmerksam. Auf der anderen Seite geht es geradeaus mit dem Kirchpatt zur nahen Kirche. Dort wenden wir uns nach links, passieren einen Spielplatz und den Friedhof und stehen nach **3.3 km** wieder am Ausgangspunkt unserer Wanderung, am Kirchplatz (1). Zum Abschluss bietet sich nun eine Einkehr in Ladbergen an. An heißen Tagen ist dafür besonders das Eiscafé direkt am Kirchplatz zu empfehlen ...

FAZIT

Die Runde um und durch Ladbergen verlangt keine besonderen Fähigkeiten. Sie ist sehr gut für Ungeübte und Einsteiger geeignet. Ladbergen bietet einige Einkehrmöglichkeiten.

Tecklenburger Land Tourismus e.V., Markt 7, 49545 Tecklenburg, 05482/929182, www.tecklenburger-land-tourismus.de

Eiscafé Casal, Dorfstraße 19a, 49549 Ladbergen, 05485/965454
■ Lillis Restaurant, Mühlenstr. 2, 49549 Ladbergen, 05485/2593

Hotel Restaurant „Zum Timpen" / Das Ladberger Flammkuchenhaus, Lengericher Str. 2, 49549 Ladbergen, 05485/2133
■ Hotel Maurer, Mühlenstraße 12-16, 49549 Ladbergen, 05485/90999220, www.maurer-hotel.de

Ab Lienen kann man mit der Buslinie 140 über Lengerich (Richtung Tecklenburg) nach Ladbergen fahren. www.rvm-online.de

Taxi Osterhaus, Ruthemeiers Esch 4a, 49549 Ladbergen, 05485/9494, www.taxi-osterhaus.de

Auf der Aabach-Farm kann man Wandern anders erleben und mit Alpakas durch Wald und Flur von Ladbergen spazieren sowie Wissenswertes über die Tiere erfahren. Diese niedlichen, ruhigen und dem Menschen zugewandten Tiere sind Balsam für die Seele. Die rund 300 Alpakas werden für die Gewinnung von qualitativer Alpakafaser gezüchtet und sind am Aabach auf den Weiden des benachbarten Heimatmuseums allgegenwärtig. www.aabach-farm.de

Hunde können die Tour ohne Probleme laufen. Unterwegs gibt es allerdings keinen direkten Zugang zu Wasser.

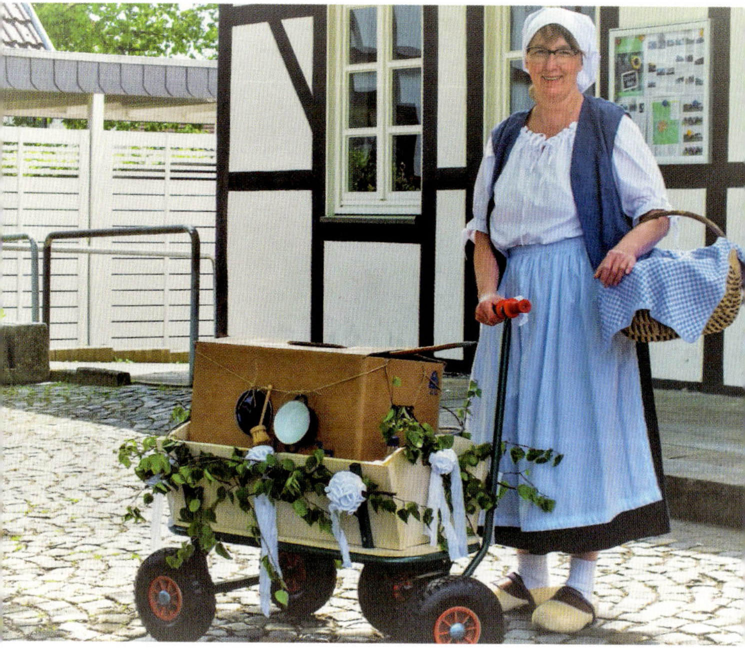

Unterwegs mit „Use Rosa"

*Eine ganz besondere Stadtführung bietet sich in Ladbergen an:
Hier nimmt die Küchenmagd Rosa die Besucher unter ihre Fittiche und plaudert auf dem kurzweiligen Rundgang so manch spannende Anekdote aus der Ladbergener Heimatgeschichte aus.*

Nebenbei erfährt man noch viel Wissenswertes aus Urgroßmutters Küche, in der natürlich heimische Wildfrüchte und Kräuter nicht fehlen durften.

Selbstverständlich darf eine kleine Kostprobe aus Rosa's Küche hier nicht fehlen.

Tourist-Information Ladbergen, ✆ 05485/3635, ⓘ www.ladbergen.de

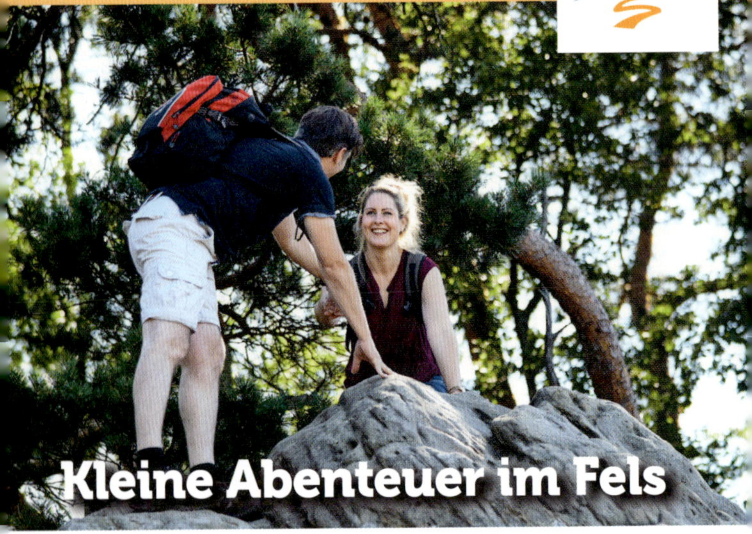

Kleine Abenteuer im Fels

Start/Ziel: Wanderparkplatz „Im Bocketal", Brochterbeck

Anfahrt: Man verlässt die A 1 an der Ausfahrt Lengerich/Tecklenburg und fährt mit der L 591 Richtung Brochterbeck, wo man auf die K 24 abbiegt und „Im Bocketal" parken kann.

Parken: Parkplatz Im Bocketal
N52° 14' 01.3'' • E7° 44' 44.0''

Wegpunkte:

P1: Parkplatz Bocketal
32 U 414331 5787773

P2: Abzweig Brochterbeck
32 U 414590 5787440

P3: Königstein: Bocketal-Blick
32 U 413892 5787824

P4: Dreikaiserstuhl
32 U 413608 5787944

P5: Kreuzung am Pilz
32 U 413338 5788060

scan to go®

21 % | 79 %

3.6 km | 1h 15min | 86 ↑ ↓ | 150 | 257 302 | TEU07X11

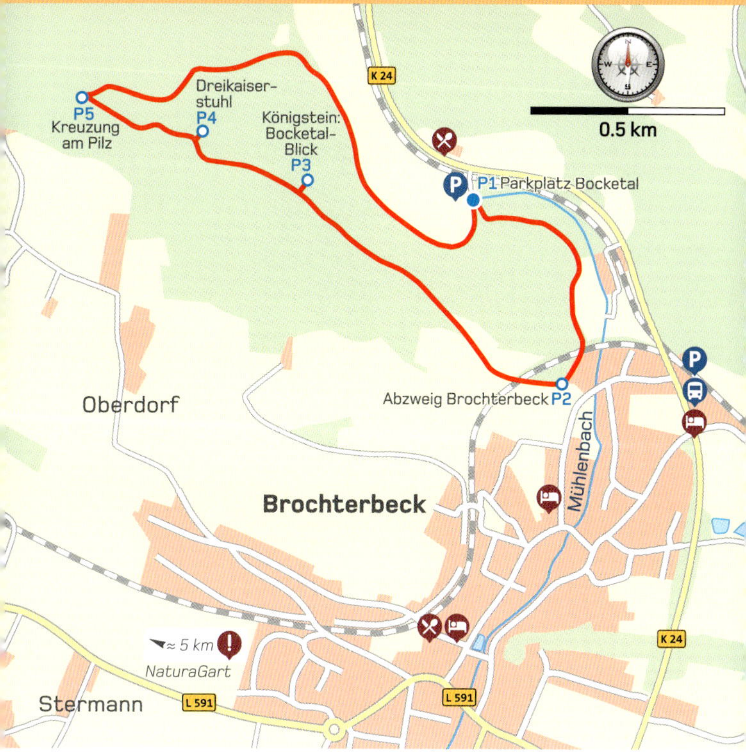

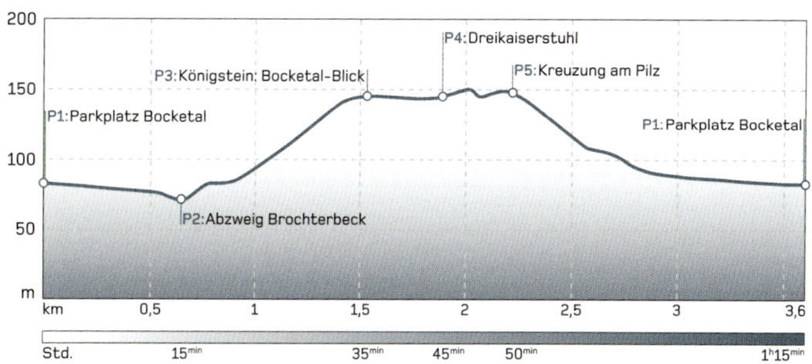

Als Kurzrunde der Teutoschleife Dörenther Klippen bietet die Dreikaiserstuhlrunde eine Mischung aus Waldwandern und Aussichten. Sprichwörtlicher Höhepunkt sind die schroffen Felsen, die mitten im Wald für alpine Überraschung sorgen.

Am Parkplatz Bocketal (1) beginnen wir die Kurzwanderung auf der Dreikaiserstuhlrunde. Wir laufen vorbei am pilzförmigen Unterstand, an dem auch Waldgottesdienste stattfinden, und treffen schon nach 50 m auf einen Waldweg, auf dem auch die Teutoschleife Dörenther Klippen verläuft, die unsere heutige spannende Tour begleiten wird.

Wir wandern entspannt durch den Wald, passieren einen urigen Auenwald und queren eine eisenhaltige, rot gefärbte Quelle. Kurz danach queren wir auf einem Pfad eine Wiese und treten erst nach den Tennisplätzen von Bocketal wieder in den Wald ein. Hier stößt nach **0.5 km** von links das Teutoschleifchen Brochterbecker Landpartie auf unsere Route. Gemeinsam geht es über die Gleise und am Rand der ersten Häuser Brochterbecks zum Waldrand. Hier biegt die Brochterbecker Ortsrunde nach links, wer also ins Ortszentrum möchte, kann hier diesem Weg folgen (2).

Wir aber schwingen uns rechts dem Berg entgegen. Zunächst ist von Aufstieg aber kaum etwas zu spüren. Noch einmal queren wir die Gleise, dann finden wir uns in einem reizvollen Streuobstwiesengebiet wieder. Vor allem alte Apfelbaumsorten säumen nun den Weg, und

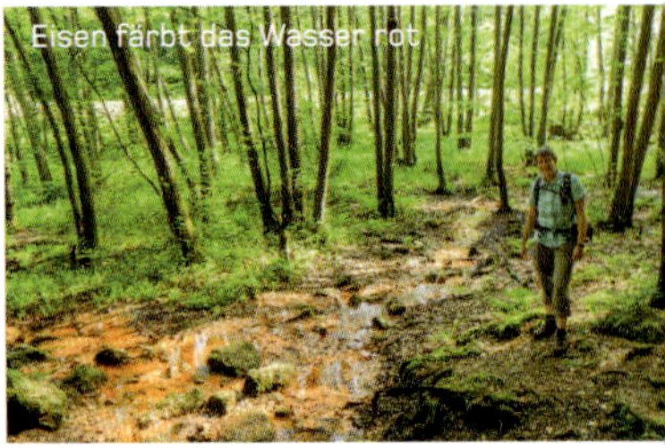
Eisen färbt das Wasser rot

kleine Tafeln erläutern, welche leckeren Sorten hier Früchte tragen. An einer Bank geben dann weitere Tafeln auch Auskunft über die Obstbaumpflege, und wir nehmen so manchen Tipp für den heimischen Garten mit.

Dann wird es ernst oder besser anstrengend, denn recht stramm führt der Weg bergan. Glücklicherweise befinden wir uns wieder im schattigen Wald, und auch Bänke gibt es reichlich, so dass wir uns nicht überfordern müssen.

Schneller als gedacht spüren wir, wie der Weg abflacht, und als wir nach **1.1 km** an einer Kreuzung eintreffen, liegt der herausfordernste Abschnitt bereits hinter uns.

Weitere Bänke begleiten den weiteren, nun deutlich sanfteren Anstieg, und bald erspähen wir erste Felsen am Wegesrand. Am Königstein (3) haben wir dann sogar die

Möglichkeit, dem Fels aufs Dach zu steigen und mit gebührendem Abstand von der Hangkante den Ausblick zu genießen. Übrigens: Falls hier ein metallisches Klirren zu vernehmen ist, handelt es sich nicht um eine Täuschung. Vielmehr tummeln sich dann wohl Kletterer in diesem beliebten Kletterrevier.

Wir setzen die Tour auf bequemem, beinahe ebenem Waldweg fort und freuen uns am tollen Wald, der nun fast nordisches Flair hat: Kiefern, Birken, Heidekraut und Preiselbeeren erinnern uns an Skandinavien ...

An einem Wegweiser schicken uns die Logos rechts auf einen Pfad, und nur wenige Schritte später ist klar warum: Vor uns ragen nach **1.9 km** die mächtigen Felsen des Dreikaiserstuhls (4) auf und laden zum Verweilen ein.

Beschwingt von der urigen Atmosphäre wandern wir auf dem gewundenen Pfad weiter und genießen die herrliche Waldumgebung. Schließlich stößt unser Pfad wieder auf den breiten Waldweg. Wir wenden uns nach rechts und erreichen kurz darauf an einer pilzförmigen Schutzhütte (5) den Wendepunkt unserer Route. Hier biegen wir scharf rechts ab und stellen uns der nächsten Herausforderung: dem Abstieg zurück ins Bocketal. Der gestaltet sich zumindest auf den folgenden 250 m durchaus anstrengend. Ein steiniger, unebener Pfad führt uns talwärts, und wir müssen aufmerksam darauf achten, wie wir unsere Schritte setzen.

Doch nach **2.6 km** flacht der Wegverlauf deutlich ab, und das Wandern wird wieder entspannter. An einer Waldlichtung biegen wir halb rechts ab und folgen dem sandigen Weg nur noch unmerklich abwärts. Nun begleiten uns auch die Stationen eines Trimm-dich-Pfades, wer also noch nicht genug ausgelastet ist, bekommt Tipps zur weiteren körperlichen Aktivität.

Allmählich nähern wir uns dem Waldrand und halten uns an zwei Kreuzungen jeweils rechts. Immer wieder öffnen sich nun schöne Talblicke auf die Feuchtwiesen.

Bald stößt von rechts oben auch ein Direktweg von den Felsen zu uns. Und dann sehen wir vor uns bereits wieder den Unterstand am Parkplatz (1), wo sich nach **3.6 km** der Kreis dieser sehr attraktiven, aber durchaus auch sportlichen Kurzwanderung schließt.

FAZIT

Die Tour zum Dreikaiserstein beinhaltet einen strammen Anstieg und einen recht anspruchsvollen Abstieg, was gute Trittsicherheit verlangt. Daher sollte man unbedingt festes, knöchelhohes Schuhwerk tragen. Stöcke sind hilfreich.

11 INFO

Tecklenburger Land Tourismus e.V. Markt 7, 49545 Tecklenburg, www.tecklenburger-land-tourismus.de 05482/929182,

Historische Gaststätte Franz, Dorfstraße 22, 49545 Tecklenburg-Brochterbeck, 05455/5569386, www.gaststaette-franz.de

Hotel Teutoburger Wald, Im Bocketal 2, 49545 Tecklenburg-Brochterbeck, 05455/93000, www.ringhotel-teutoburger-wald.de

Ab Ibbenbüren gelangt man mit der Regio-Buslinie R45 nach Brochterbeck (Haltestelle Bocketal Bahnhof oder Campingplatz). www.rvm-online.de

Taxi Herkenhoff, Ignatz-Wiemeler Str. 3, 49477 Ibbenbüren, 05451/2142, www.taxi-herkenhoff.de

Ein Besuch im NaturaGart Park Ibbenbüren mit Teichlandschaft und Wasserwildnis lohnt sich nicht nur für Taucher. Denn die weitläufige Anlage bietet neben dem großen Tauchpark auch noch ein tolles Aquarium und einen grandiosen Park. Beim Spaziergang durch das Areal bekommt man so manche Inspiration für den heimischen Garten oder Teich und kann herrlich entspannen. www.naturagart.de

Hunde können die Tour ohne Schwierigkeit laufen. Unterwegs gibt es allerdings keinen Zugang zu Wasser.

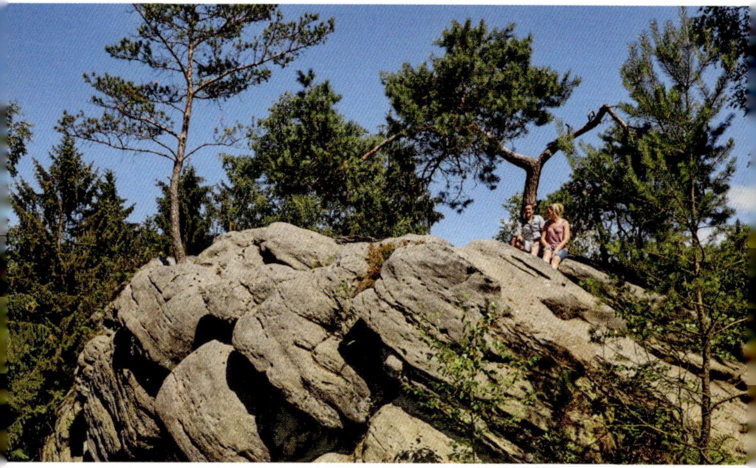

Erdgeschichte auf Schritt und Tritt

1962 zunächst als „Naturpark Nördlicher Teutoburger Wald-Wiehengebirge“ gegründet, gehört „TERRA.vita“ mittlerweile zur „Crème de la Crème“ der Natur- und Geoparks: Denn wie sonst nur fünf andere deutsche und 120 internationale Geoparks darf sich TERRA.vita „UNESCO Global Geopark“ nennen. Und dieser Auszeichnung wird der Park absolut gerecht.

Wer die spannende Erd- und Naturgeschichte der Region zu Fuß erkunden möchte, findet über 2800 km Wanderwege. Wer lieber mit dem Rad unterwegs ist, kann sich auf einem 4000 km umfassenden Radwegenetz tummeln. Die dabei unternommenen Zeitreisen in die Geologie umfassen spannende 300 Millionen Jahre, wobei der Bogen von Sedimenten mit urtümlichen Fossilien bis hin zum Kohlebergbau unter Tage reicht. Das Angebot umfasst natürlich auch geführte Touren zu Fuß oder per Rad.

Einen perfekten Überblick bekommt man im Infozentrum in Osnabrück, wo es auch die Ausstellung TERRA.vision zu bestaunen gibt. Auf der sehr anschaulichen Internetseite des Parks gibt es alle Informationen und einen Tourenplaner für die ganz persönliche Exkursion.

Natur- und Geopark TERRA.vita, Am Schölerberg 1, 49082 Osnabrück, Infos: ✆ 0541/5014217, @ www.geopark-terravita.de

12 Modersohns Spuren

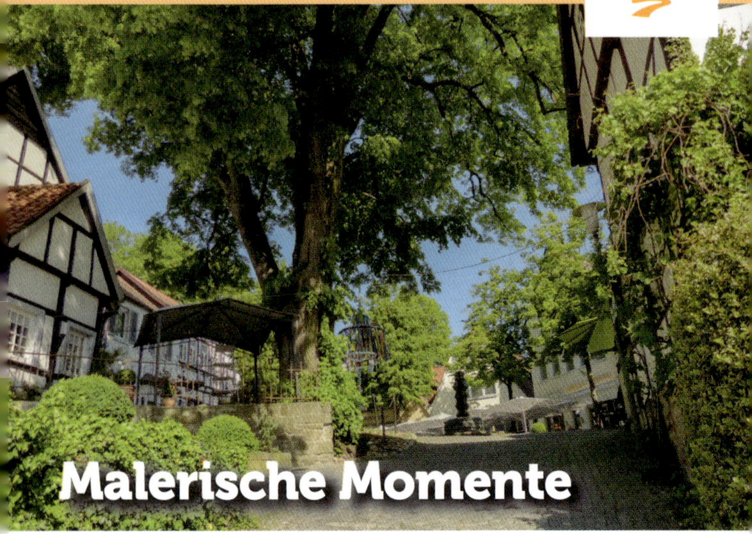

Malerische Momente

Start/Ziel: Parkplatz Burgberg, Tecklenburg

Anfahrt: Die A 1 an der Ausfahrt Lengerich/Tecklenburg verlassen und der L 591 Richtung Lengerich folgen. An der Kreuzung mit der L 504 links Richtung Tecklenburg. Dort kann man Am Meesenhof (P Burgberg) oder Am Weingarten (P Münsterlandblick) parken (jeweils Gebühr!).

Parken: Parkplatz Burgberg
N52° 13' 06.6''
E7° 48' 28.6''
Parkplatz Münsterlandblick
N52° 13' 08.4''
E7° 48' 19.4''

scan to go®

Wegpunkte:

P1: Parkplatz Burgberg
32 U 418569 5786009

P2: Marktplatz
32 U 418863 5786129

P3: Kurpark
32 U 418930 5786286

P4: Alter Steinbruch
32 U 418997 5786788

P5: Waldfreibad
32 U 418596 5786763

P6: Burgruine
32 U 418772 5786145

22 % | 36 % | 42 %

4.4 km | 1h 30min | 160 | 186 | 344 404 | TEU06X12

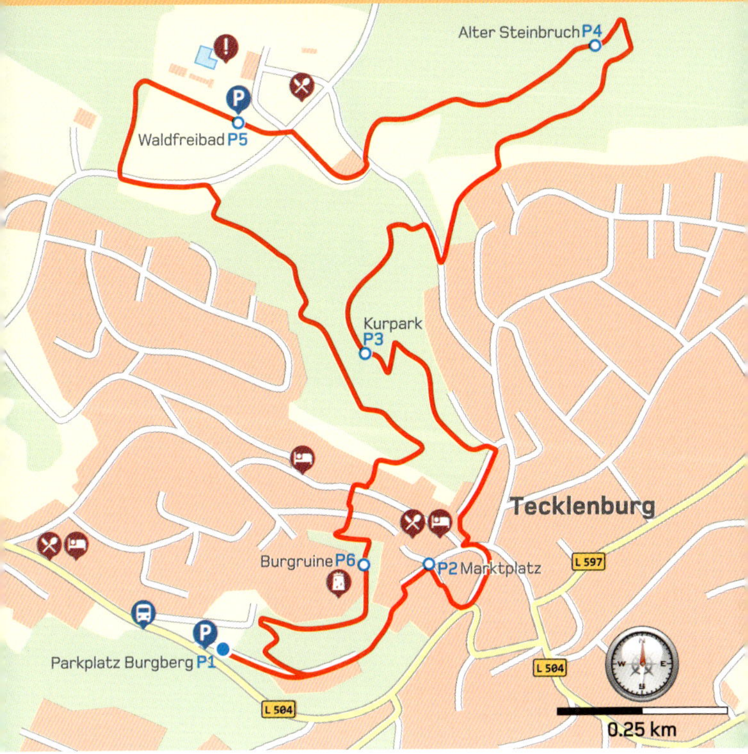

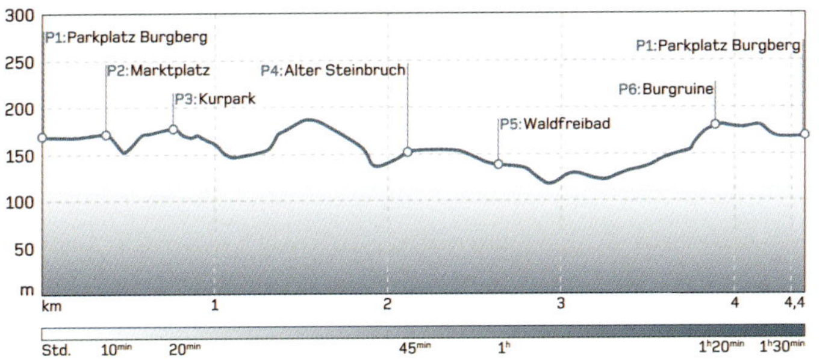

Die Modersohn-Runde führt auf den Spuren des Malers durch und um Tecklenburg, entdeckt Schauplätze wieder und kombiniert Historisches mit schönen Naturpassagen. So gehören neben der verlockenden Altstadt rund um den Marktplatz auch der idyllische Kurpark und die Burg zu den Höhepunkten dieser kurzweiligen Spurensuche.

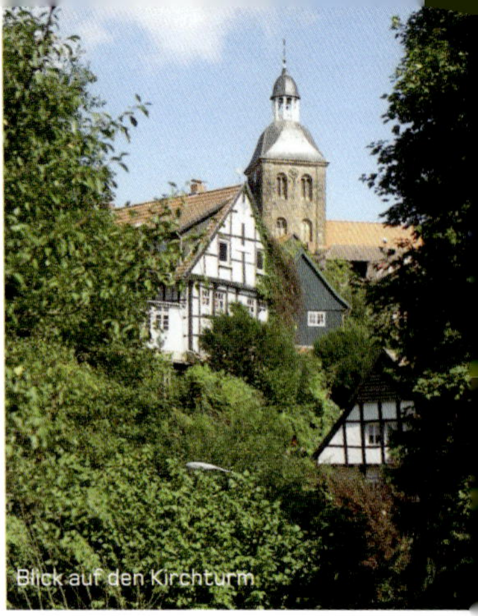
Blick auf den Kirchturm

Am Parkplatz Burgberg (1) beginnt unsere spannende und ungewöhnlich facettenreiche Spurensuche zum Thema Modersohn. Immer wieder werden uns heute unterwegs, meist am jeweiligen Orginalschauplatz, anschauliche Tafeln zu Modersohns Werken informieren.

Wir folgen dem asphaltierten Weg vom Parkplatz unterhalb der Burg in die Altstadt, die wir am Meesenhof sozusagen durch die Hintertür betreten. Ein kleiner Schlenker und schon stehen wir mittendrin in der quirligen Altstadt Tecklenburgs. Erste Tafeln haben uns nun auch schon mit den Arbeiten Modersohns vertraut gemacht.

Am Marktplatz (2) plätschert neben der ehrwürdigen Linde nicht nur ein Brunnen, auch das Leben pulsiert, und wen leibliche Genüsse locken, der findet hier ein reichhaltiges und leckeres Angebot. Anschließend biegen wir rechts ab und steigen auf steiler Treppenstiege zur Bahnhofsstraße hinab, wo wir uns links bergan wenden. Über den Wellenberg geht es kurz darauf wieder aufwärts, wobei wir nicht nur eine weitere Modersohn-Station, sondern auch das sehenswerte Puppenmuseum passieren. Als wir an der Landrat-Schultz-Straße ankommen, biegen wir links ab, nutzen aber schon wenige Schritte später die rechts abzweigende Treppe hinauf zur evangelischen Kirche, wo die nächste Infotafel wartet.

Wir halten uns links und folgen dem Kirchpfad bis zum Sonnenweg. Hier knickt unsere Route scharf links in den Kurpark (3) ab. Auch Modersohn war natürlich schon hier, was auf einer weiteren Tafel erläutert wird. Wir steigen auf einer Treppe einige Stufen bergab, doch viel Höhe verlieren wir zunächst nicht,

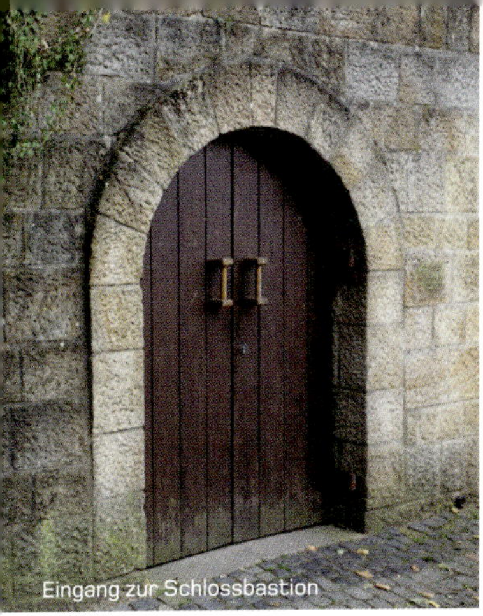

Eingang zur Schlossbastion

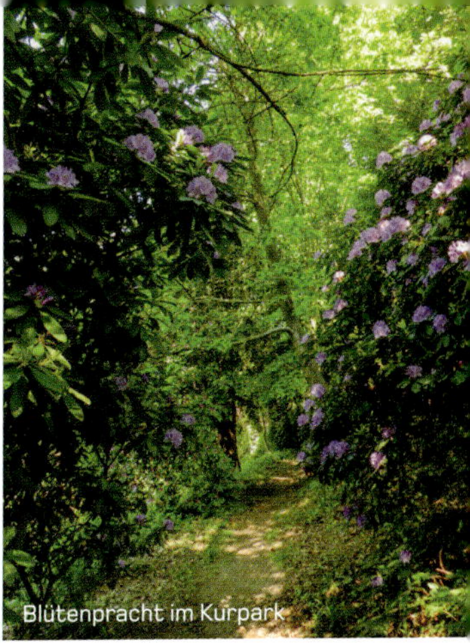

Blütenpracht im Kurpark

denn bei erster Gelegenheit dürfen wir rechts auf einen schmalen Fußpfad abbiegen.

An Bannings Laube genießen wir nach **0.9 km** von einer Bank aus den Blick über den Kurpark zur Burg, bevor wir die Tour fortsetzen und auf einen breiten Weg stoßen. Dem folgen wir links bergab, biegen aber schon bald wieder links ab und laufen zur Kneippanlage und weiter abwärts zum Kräutergarten. Dort lernen wir einiges zu den nützlichen, gesunden oder einfach nur schmackhaften Kräutern.

Am Ende des Kräutergartens wechseln wir wieder auf einen breiten Kurweg, passieren einen Brunnen und genießen im Anschluss die Passage durch den Park. Doch dann wird es wieder anstrengend, denn auf steiler Treppe gewinnen wir wieder deutlich an Höhe. Am Ende der Treppe laufen wir rechts bergan, bis es links mit enger Kehre auf den Fliederweg geht. Dieser Naturpfad bringt uns raus aus dem städtischen Leben, Wiesen säumen den Wegrand und von einer Bank können wir den Blick weit ins Umland schweifen lassen.

Lange dauert diese Wiesenrandpassage allerdings nicht, denn schon nach **1.6 km** betreten wir den Wald und dürfen mit einem Schwenk nach links auf Elmars Pfad abbiegen. Der führt uns nun durch attraktiven Laubmischwald abwärts, wobei stellenweise Trittsicherheit notwendig ist, da ab und an Wurzeln querlaufen. Die Waldpassage bietet einen tollen Kontrast zum bisher eher städtisch geprägten Wegverlauf, und wir freuen uns über die ursprüngliche Natur um uns herum.

Nach einer weiten Linkskurve stößt unser Pfad auf einen Waldweg, dem

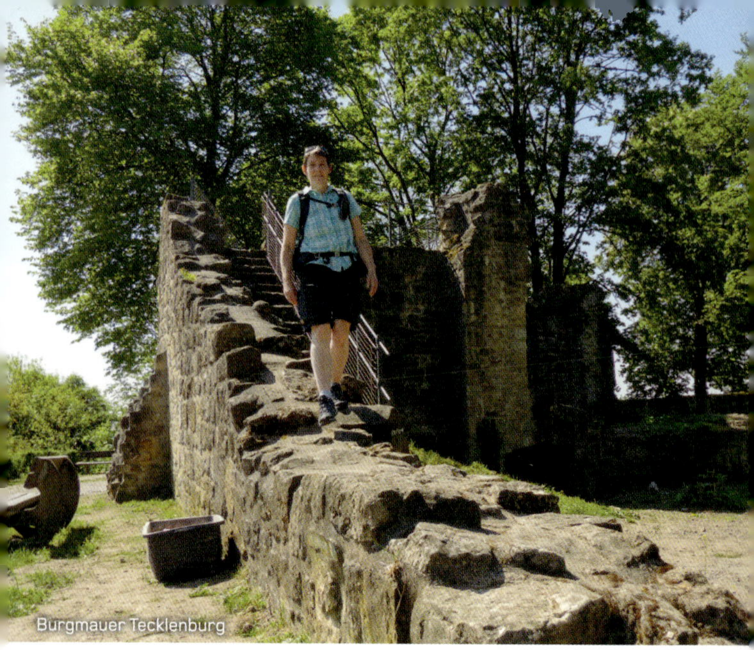

Burgmauer Tecklenburg

wir nach links sanft ansteigend folgen. Kaum haben wir uns auf diesen Weg eingestellt, gibt ein Rastplatz (4) nach **2.1 km** eine willkommene Gelegenheit zur Pause im Grünen. Mit frischen Kräften setzen wir die Tour fort und genießen den vielstufigen und ruhigen Wald.

Doch schon steht der nächste Szenenwechsel an: An einer Kreuzung treffen wir auf eine Straße und biegen rechts zum nahen Waldfreibad und Gasthof ab. Dabei haben wir einen tollen Blick auf Tecklenburg, kein Wunder also, dass eine weitere Modersohn-Station unweit des Waldfreibades zeigt, wie der Maler diesen Blick verewigt hat (5).

Wir laufen am Schwimmbad vorbei zum Waldrand, treten unter den Schatten der Bäume und nutzen einen Waldweg nach links. Der senkt sich deutlich ab und trifft nach **2.9 km** auf die Sundernstraße.

Wir wandern links bergan, dürfen aber schon wenig später rechts auf einen Waldweg abbiegen, der uns zurück zum Kurpark führt.

Lichter Buchenhochwald begrüßt uns, bevor eine Streuobstwiese den Weg begleitet und wir schließlich wieder den Rand der üppigen Rhododendronhecken erreichen, wo wir nach **3.6 km** kurz auf den Stadtwanderweg treffen.

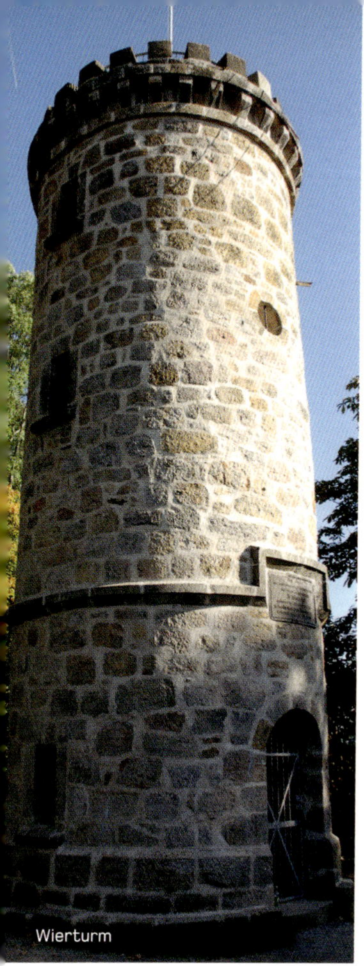
Wierturm

Durch einen uralten Holzbogen verlassen wir den Kurpark und gelangen zur Ibbenbürener Straße. Hier geht es 50 m nach rechts, bevor wir an einer weiteren Modersohn-Tafel links abbiegen und die Armentreppe zwischen den Häusern nutzen, um zur Schloßstraße aufzusteigen. Doch auch hier setzt sich der Aufstieg auf einem Fußweg Richtung Burg fort. Nach **3.9 km** ist es dann geschafft, und wir stehen nicht nur bei der nächsten Infotafel, sondern auch an der mächtigen Burgmauer (6).

Die Burganlage selbst dient heute als Festspielgelände. So begnügen wir uns mit dem Umrunden der Mauer und erweisen dem eindrucksvollen Wierturm unsere Referenz.

An der Jugendherberge wenden wir uns links einem Treppenpfad zu, der uns mit einigen Kehren wieder hinab zum Parkplatz (1) bringt, wo unsere Modersohn Spurensuche nach **4.4 km** endet.

FAZIT

Die Tour auf den Spuren Modersohns verlangt etwas Kondition, da immer wieder Auf- und Abstiege zu bewältigen sind. Festes Schuhwerk ist für Elmars Pfad notwendig.

Tecklenburger Land Tourismus e.V., Markt 7, 49545 Tecklenburg,
www.tecklenburger-land-tourismus.de
05482/929182,

Café Rabbel, Markt 1, 49545 Tecklenburg, 05482/219,
www.cafe-rabbel.de
■ Gräfin Anna, Schloßstr. 1, 49545 Tecklenburg, 05482/1674,
www.graefin-anna.de

Hotel Bismarckhöhe, Am Weingarten 43, 49545 Tecklenburg, 05482/233,
www.bismarckhoehe.de
■ Bett+Bike Jugendherberge Tecklenburg, Am Herrengarten 5, 49545 Tecklenburg,
05482/360

Ab Ibbenbüren, Lienen oder Lotte gelangt man mit verschiedenen Buslinien (R45, 140, 136, 137) nach Tecklenburg.
www.rvm-online.de

Taxi Birkenkamp, Am Hupenberg 2, 49545 Tecklenburg, 05482/301

Erfrischung verspricht das idyllisch gelegene und sogar beheizte Waldfreibad Tecklenburg. Die große waldgerahmte Liegewiese sorgt für tiefe Entspannung, nachdem man seine Bahnen im Wasser absolviert hat. Geöffnet 15.5. bis 15.9., www.tecklenburg.de

Hunde können den Weg problemlos laufen und können im Kurpark mit Wasser versorgt werden.

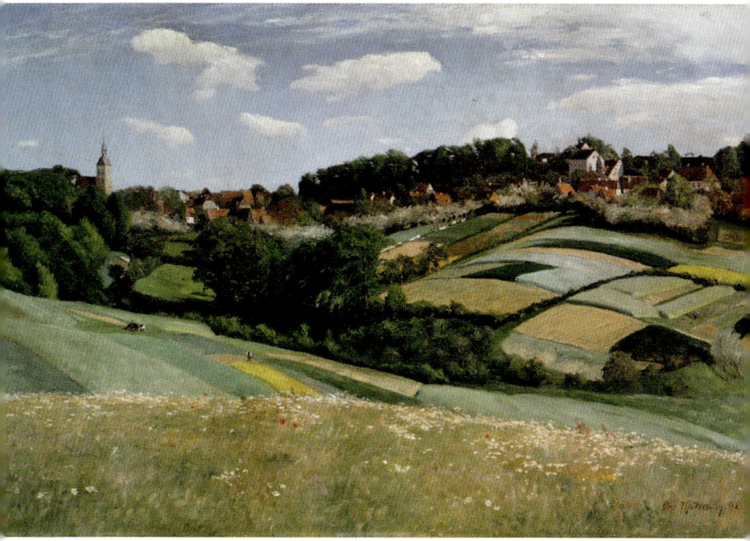

Tecklenburger Streifzüge

In und um Tecklenburg sind die Spuren Otto Modersohns allgegenwärtig. Der bekannte westfälische Maler wurde 1865 in Soest geboren. Schon als Kunststudent zog es ihn nach Tecklenburg, wo er inmitten der idyllischen Fachwerkulisse Quartier bezog. Er unternahm zahlreiche Streifzüge durch Tecklenburg und seine Umgebung. Dabei entstanden viele der Landschaftsmalereien, für die Otto Modersohn noch weit über seinen Tod 1943 hinaus bis heute bekannt ist.

Das Teutoschleifchen „Modersohns Spuren" führt zu einigen Stationen, an denen Modersohn sich von der idyllischen Tecklenburger Umgebung zu Malereien inspirieren ließ. Anschauliche Tafeln erläutern die vor Ort entstandenen Werke und Tagebuchzitate versetzen den Leser in die Gedankenwelt des Künstlers. Dadurch kommt man Otto Modersohn zwischen Wellenberg und Philosophenweg und auch im Wechsel der Jahreszeiten sehr nah und kann sein Schaffen in authentischem Rahmen hautnah nachvollziehen.

13 Brochterbecker Landpartie

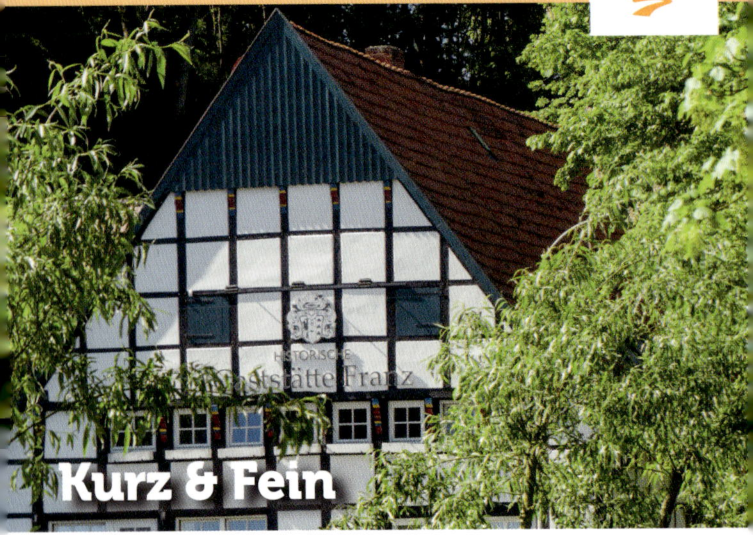

Start/Ziel: Ortsmitte Brochterbeck (Parkplatz Dorfplatz)

Anfahrt: Die A 1 an der Ausfahrt Lengerich/Tecklenburg verlassen und L 591 Richtung Brochterbeck folgen. In der Ortsmitte kann man parken.

Parken: Brochterbeck Parkplatz Dorfplatz
N52° 13' 30.2'' • E7° 44' 53.0''
Brochterbeck Parkplatz Alter Bahnhof
N52° 13' 47.6''
E7° 45' 12.1''

scan to go®

Wegpunkte:
P1: Parkplatz Dorfplatz Brochterbeck
32 U 414487 5786810
P2: Mühlenteich
32 U 414325 5786709
P3: Teutoschleifenliege
32 U 414960 5786558
P4: Kalksteinbrüche
32 U 415083 5786543
P5: Parkplatz Alter Bahnhof
32 U 414835 5787342
P6: Abzweig Dörenther Klippen
32 U 414547 5787315

25 % | 7 % | 68%

4.5 km | 1h 30min | 102 ↑ ↓ | 118 | 314 369 | TEU05X13

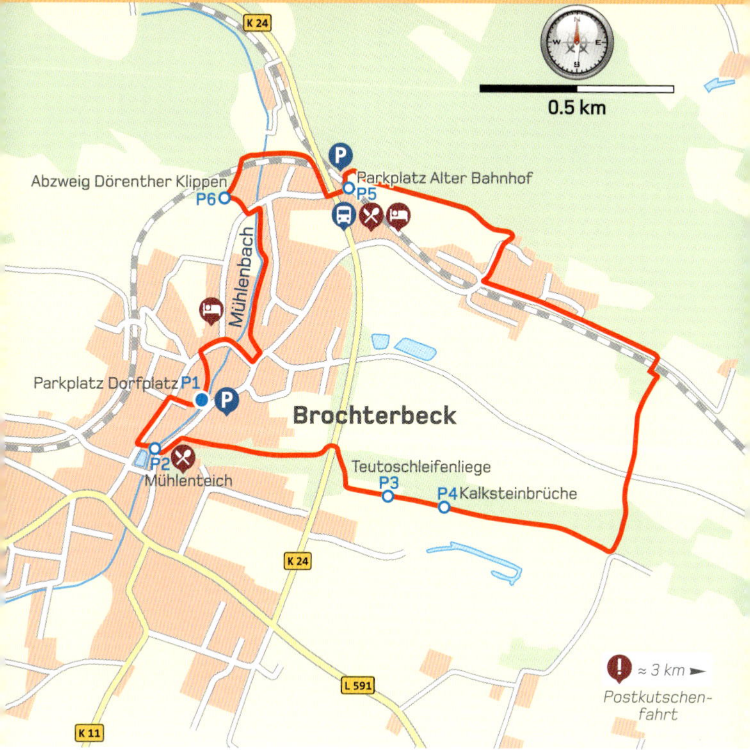

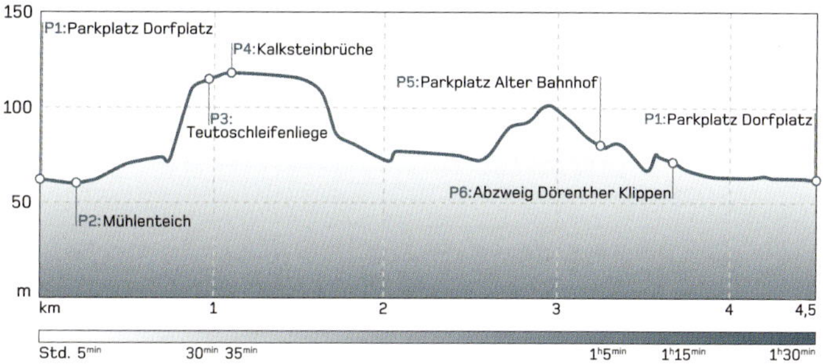

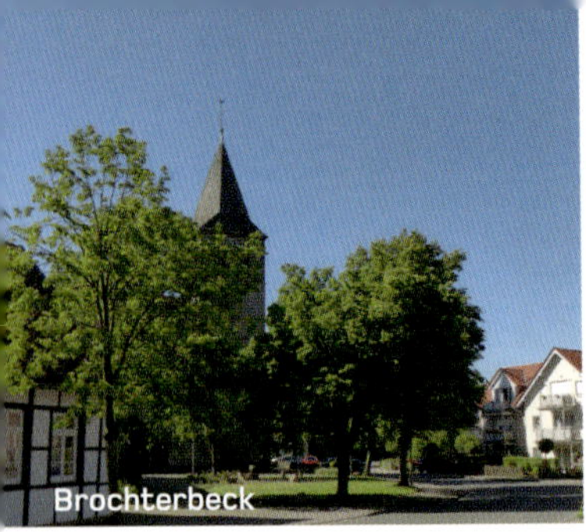

Brochterbeck

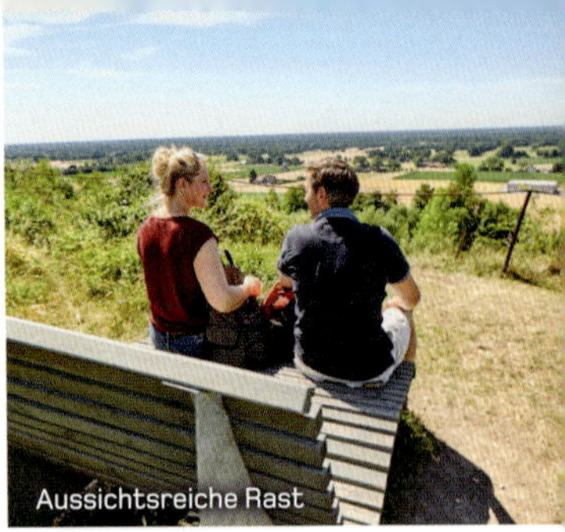

Aussichtsreiche Rast

Enorm abwechslungsreich präsentiert sich die Brochterbecker Ortsrunde: Auf gerade mal 4.5 km erleben wir den idyllischen Mühlenteich, eine herrliche Pfadpassage entlang der Hangkante – tolle Ausblicke inklusive – und verträumte Waldrandpassagen. Dazu bieten sich gleich mehrere Gastgeber zur verdienten Einkehr an.

Wir beginnen diese kurzweilige Wanderung mitten in Brochterbeck am Parkplatz (1) am Dorfplatz. Wir wollen die Tour gegen den Uhrzeigersinn laufen, und daher kehren wir dem Mühlenbach den Rücken und laufen vom Parkplatz aus über eine Stichstraße zur Moorstraße, wo wir links abbiegen.

Vorbei am St. Josefshaus erreichen wir nach nur 200 m den idyllischen Mühlenteich (2). Doch nicht nur das von schmucken Fachwerkhäusern eingerahmte Wasser zieht uns magisch an, auch exotische Vierbeiner, genauer neugierige Lamas, und eine bestens gepflegte Kneippanlage sorgen schon so kurz nach dem Start für ein erstes Verweilen.

Wir schlendern links durch den kleinen Park und nutzen dann nahe der Kneippanlage einen Steg zur Querung des Mühlenbachs. Danach biegen wir links in die Dorfstraße ab und laufen zum nahen Gasthaus. Doch unmittelbar bevor wir es erreichen, dürfen wir rechts auf einen ansteigenden schmalen Pfad wechseln und erstmals in den Wald eintauchen.

Kurz erhaschen wir durch die Blätter der Büsche am Wegesrand noch einen Blick auf den Biergarten, dann schließt sich die Vegetation vollends um uns und sorgt für urige Atmosphäre. Als wenig später ein Weg quert, behalten wir die Richtung bei und wandern geradeaus weiter. Langsam nähern wir uns dem Waldrand, und bald können wir von einer Bank die Aussicht auf die vor uns liegenden Wiesen und einen Teil von Brochterbeck genießen.

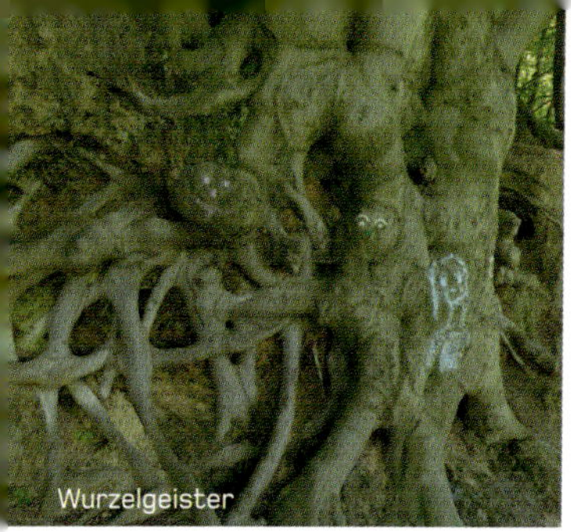
Wurzelgeister

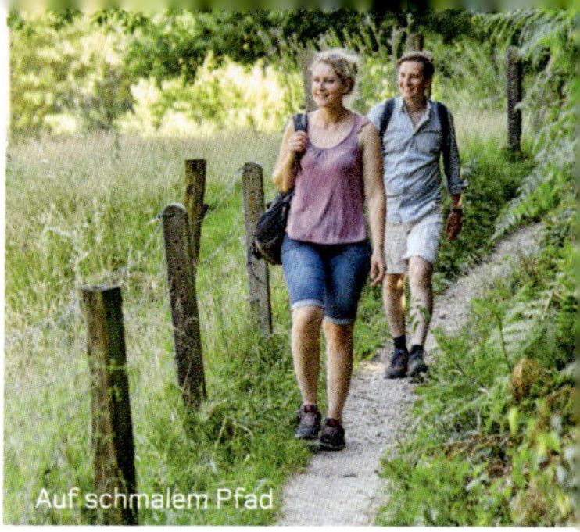
Auf schmalem Pfad

Vor der Straße knickt unser Weg links abwärts und trifft nach **0.7 km** auf den Tecklenburger Bergpfad, der uns nun ein Stück begleiten wird. Gemeinsam nutzen wir die Unterführung der Straße und halten uns auf der anderen Seite rechts bergan. Von einem Wegweiser aus geht es per Treppe stramm aufwärts. Doch der Anstieg ist kurz, und oben erwartet uns zur Belohnung eine erste schöne Aussicht an einem urigen Rastplatz. Vor einer Bank steht der „Dornenstein", der aus der Saline in Bad Rothenfelde stammt und in dem sich einige Schlehenzweige finden.

Wir wenden uns wieder unserem Weg zu, der nun pfadig entlang der Hangkante verläuft. Nach **1.1 km** erwarten uns eine urbequeme Teutoschleifenliege (3) und ein fabelhafter Blick auf das Münsterland, welches sich weit vor uns erstreckt. Natürlich kosten wir Rastliege und Blick in vollen Zügen aus ...

Beschwingt wandern wir auf dem herrlichen Pfad weiter, der, eingerahmt von Hecken, für Hochstimmung sorgt. Dabei machen wir nur noch wenige Höhenmeter gut, sodass wir entspannt den Weg genießen können. Dann öffnet sich die Hecke und von einer kleinen Bank aus ergibt sich ein toller Blick (4) in den Untergrund. Vor uns sehen wir schräg geschichtete Steilwände des ehemaligen Kalksteinbruchs aufgeschlossen, und etwas weiter links im Tal blinkt das türkisfarbene Wasser einer mittlerweile gefluteten Abbausohle.

! **Bei aller Begeisterung für diese grandiose Aussicht sollten wir aber unbedingt auf unsere Sicherheit achten und der Hangkante keineswegs zu nahe kommen!**

Nach dieser geologischen Lektion folgen wir dem wieder dicht eingehüllten Pfad über das Plateau, stellenweise wandern wir dabei fast durch einen grünen Tunnel. Nur ab und an erhaschen wir rechts Blicke auf die wogenden Wiesen, auf denen manchmal vierbeinige Rasenmäher zu Gange sind.

Nach ausgiebiger Pfadpassage wird es Zeit für einen Szenenwechsel, und tatsächlich trennen wir uns nach **1.6 km** vom Tecklenburger Bergpfad, der rechts abbiegt. Wir aber wenden uns nach links in den lichten Laubmischwald und laufen auf federndem Waldweg spürbar talwärts.

Etliche Höhenmeter tiefer verlassen wir den Wald und laufen, noch von Hecken begleitet, zum Talgrund. Hier queren wir an einer Bank einen Asphaltweg, behalten aber die Richtung bei und tauchen noch einmal ins dichte Gehölz ein. Mitten im schummrigen Grün überwinden wir über einen Bohlensteg ein kleines Bächlein und steigen danach zum vor uns aufragenden Bahndamm hinauf. Wir queren die Gleise und wenden uns links einem Sandweg zu. Der führt uns nun zwischen Wald und Bahntrasse bequem Richtung Brochterbeck. Als wir die ersten Häuser erreichen, wandelt sich der Grund zu Asphalt und geleitet uns zur Kreuzung von Teutohang und Höhenweg. Wir biegen rechts ab und wandern durch den Höhenweg hinauf zum Waldrand.

Beim letzten Haus dürfen wir nach **2.7 km** links auf einen schmalen Fußweg abbiegen.

Jetzt wird es wieder idyllisch. Das Teutoschleifchen führt uns pfadig am Waldrand entlang, alte Eichen und Buchen strecken ihre mächtige Äste über den Weg und sorgen für Schatten, erlauben aber

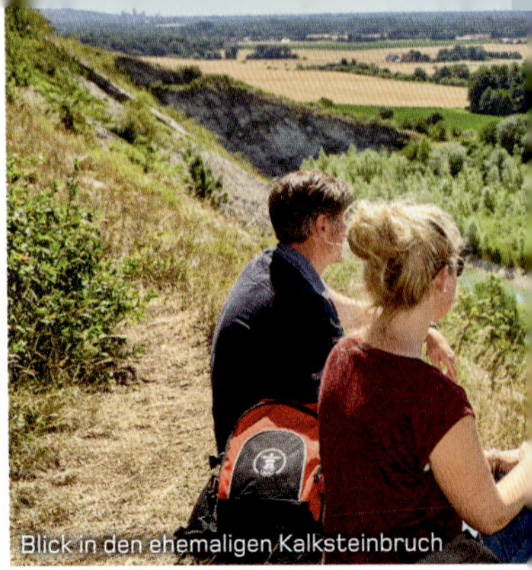

Blick in den ehemaligen Kalksteinbruch

zugleich den Blick auf die angrenzenden Weiden und Wiesen sowie auf Brochterbeck. Immer wieder laden Bänke zum Verweilen und Ausschauhalten ein, was wir gerne in die Tat umsetzen. Urig sind aber auch die verschlungenen Baumwurzeln der uralten Buchen, die uns teils als lustige Gesichter beäugen.

Schließlich erreichen wir ein Gebäude und biegen links ab. Wenige Schritte später queren wir nach **3.3 km** am Alten Brochterbecker Bahnhof erneut die Gleise. Den Wanderparkplatz (5) kann man als alternativen Startpunkt nutzen, was auch für den Tecklenburger Bergpfad gilt, der hier noch einmal unsere Spur kreuzt. Wir laufen über den Parkplatz und queren die Straße. Auf der anderen Seite folgen wir dem asphaltierten Rad- und Fußweg nach rechts zu den nahen Gleisen. Unmittelbar nachdem wir sie noch einmal gequert haben, dürfen wir links auf einen Pfad abbiegen, der uns einige Meter tiefer in das idyllische Bocketal führt. Am

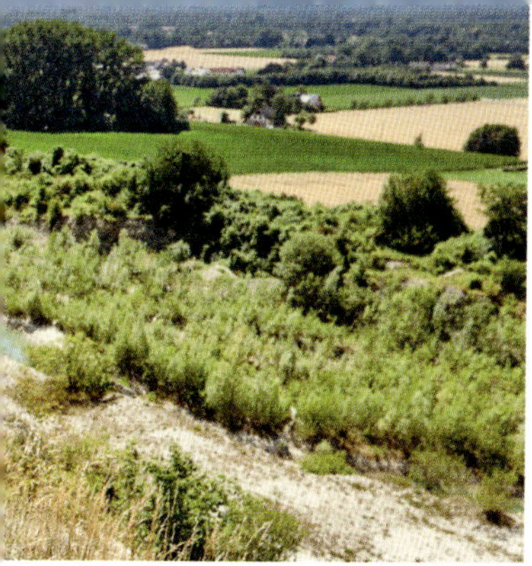

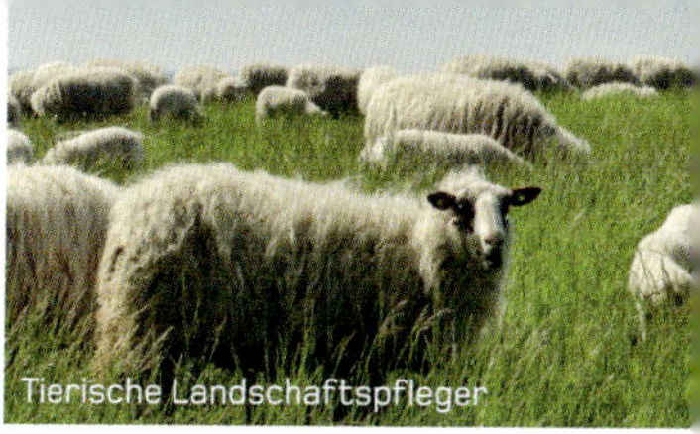

Tierische Landschaftspfleger

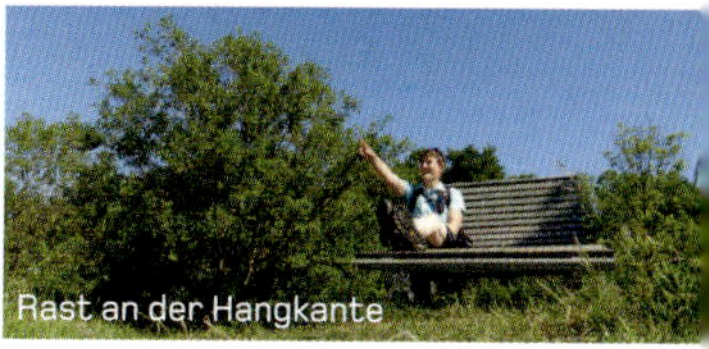

Rast an der Hangkante

Waldrand geht es über einen kleinen Bach und dann einige Stufen bergan zu einem Querweg. Hier treffen wir auf das Teutoschleifchen Dreikaiserstuhl und die Teutoschleife Dörenther Klippen, die kurz gemeinsam mit uns verlaufen.

Wir biegen links ab und verlassen wenige Schritte später den Wald. Wieder geht es über die Gleise, und dann können wir den Blick über Brochterbeck und die Felder schweifen lassen. Der Weg senkt sich ab und an der folgenden Kreuzung zweigen die beiden anderen Wege bereits wieder Richtung Dörenther Klippen (6) nach rechts ab.

Wir laufen nach links und dürfen an einer Bank nach **3.8 km** rechts auf den Haselnusspfad abbiegen.

Der leitet uns durch ein Spalier aus Haselnussbüschen und Hainbuchenhecken idyllisch an den Gärten der Brochterbecker Häuser entlang ins Ortszentrum. Nach einigen Schlenkern treffen wir auf die Dorfstraße, queren sie und laufen rechts zur nahen Kirche. Von dort folgen wir rechts der Moorstraße durch ein ruhiges Wohngebiet.

Doch aufgepasst, nicht zu sehr träumen, denn nach dem Haus Nummer 18 biegt unser Weg unvermittelt auf einen sehr schmalen Naturpfad ab, der uns neben einem kleinen Bächlein zwischen Gärten hindurch direkt zurück zum Parkplatz (1) führt, wo sich nach sehr kurzweiligen und eindrucksvollen **4.5 km** der Kreis dieser Wanderung schließt.

FAZIT

Die Brochterbecker Ortsrunde verlangt keine besonderen Fähigkeiten, beinhaltet aber einen etwas steileren Aufstieg zur Hangkante. Festes Schuhwerk ist aufgrund des hohen Naturweganteils sinnvoll.

Tecklenburger Land Tourismus e.V., Markt 7, 49545 Tecklenburg, 05482/929182, www.tecklenburger-land-tourismus.de

Historische Gaststätte Franz, Dorfstraße 22, 49545 Tecklenburg-Brochterbeck, 05455/5569386, www.gaststaette-franz.de
■ Casa Nostra, Eiscafé & Ristorante, Am Mühlteich 3, 49545 Tecklenburg-Brochterbeck, 05455/932193

Hotel Teutoburger Wald, Im Bocketal 2, 49545 Tecklenburg-Brochterbeck, www.ringhotel-teutoburger-wald.de 05455/93000,
■ Landgasthof Upmeyer, Dorfstraße 49, 49545 Tecklenburg-Brochterbeck, 05455/1491

Ab Ibbenbüren gelangt man mit der Regio-Buslinie R45 nach Brochterbeck (Haltestelle Kirche) www.rvm-online.de

Taxi Birkenkamp, Am Hupenberg 2, 49545 Tecklenburg, 05482/301
■ Taxi Herkenhoff, Ignatz-Wiemeler Str. 3, 49477 Ibbenbüren, 05451/2142, www.taxi-herkenhoff.de

Hunde können den Weg problemlos laufen. Am Mühlteich und der Kneippanlage kann man für sie Wasser schöpfen.

Zwischen Brochterbeck und Tecklenburg bietet sich bei Haus Hülshoff die Gelegenheit zu nostalgischen Kutschenfahrten. Standesgemäß geht es mit 2 PS in der gelben Postkutsche durch das abwechslungsreiche Tecklenburger Land. Auf Wunsch kann im Anschluss eine stärkende Brotzeit in der Kutschen-Remise des Hofgutes angeboten werden. Hans-Jörg & Marita Siepert, Haus Hülshoff 1, 49545 Tecklenburg, www.postkutschen-muensterland.de 05482/9256499,

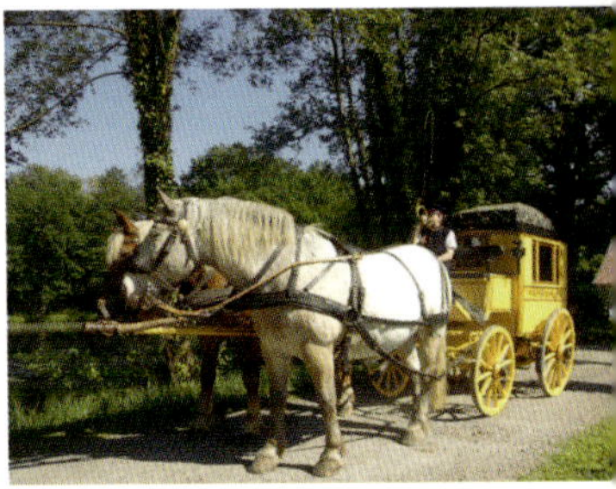

■ Bei Brochterbeck locken etwas verborgen im Wald die Felsen am Dreikaiserstuhl oder Königstein zum Abenteuer im Fels. Bevor man losklettert, bekommt man bei den Bergfreunden Ibbenbüren alle aktuellen Informationen, denn einige Regeln sind im Naturschutzgebiet Dörenther Klippen unbedingt zu beachten. Für Kletterneulinge bieten die Bergfreunde zusammen mit der VHS Kletterschule auch Kletterkurse an. Infos bei www.vhs-ibbenbueren.de oder www.bergfreunde-ibbenbueren.de

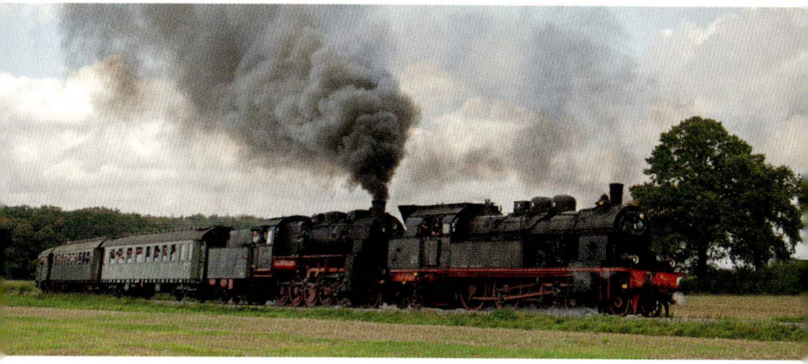

Zug um Zug erneuert

Immer wieder quert man mit der Brochterbecker Landpartie die Gleise. Sie gehören zur „Teutoburger Wald-Eisenbahn", kurz „TWE". Die TWE wurde Ende des 19. Jahrhunderts gegründet und umfasste ursprünglich 93 Streckenkilometer zwischen Ibbenbüren, Lengerich, Bad Iburg, Gütersloh und Hövelhof. Darüberhinaus gab es noch Zweigstrecken, zu denen auch die Passage von Brochterbeck zum Hafen Dörenthe (Saerbeck) gehörte.

Die Bahn war vor allem für den Güterverkehr wichtig, galt es doch den in Ibbenbüren abgebauten Anthrazit, den bei Lengerich gebrochenen Kalkstein oder auch Bau- und Grubenholz zu transportieren. Rasch drängte aber auch die Personenbeförderung in den Vordergrund, und wichtige Ausflugsziele wurden regelmäßig angefahren. Der Ausbruch des Ersten Weltkriegs führte auf der Zweigstrecke bei Brochterbeck zur Einstellung des Personenverkehrs.

2013 wurden der Abschnitt Ibbenbüren-Versmold sowie die Zweigstrecke Brochterbeck-Hafen Saerbeck an die Lappwaldbahn Service GmbH verkauft, die seitdem die Strecken saniert und erneut v.a. zum Gütertransport nutzen möchte. Auch touristisch soll die TWE zwischen Ibbenbüren und Versmold wieder Bedeutung erlangen.

Übrigens: Wer schon heute auf den Spuren der TWE unterwegs sein möchte, hat dazu bei einigen historischen Sonderfahrten des privaten Vereins „Eisenbahn-Tradition e.V." in Lengerich Gelegenheit.
Infos: ⓘ www.eisenbahn-tradition.de

14 Köllbachtal

Teutoschleifchen

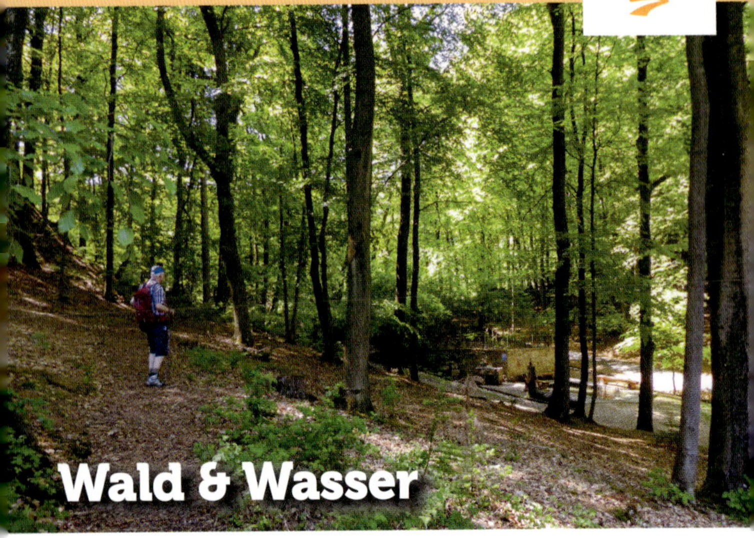

Wald & Wasser

Start/Ziel: Parkplatz Schlangenpättken oder Kirchplatz (Zuweg), Mettingen

Anfahrt: Der A 1 bis zur Ausfahrt Osnabrück-Hafen folgen, dort auf L 595 Richtung Westerkappeln fahren. Dann die L 599 nach Mettingen nehmen, entweder am Portal am Schlangenpättken oder in der Ortsmitte bei der Kirche (Kardinal-von-Galen Straße) parken

scan to go®

Parken: Am Schlangenpättken
N52° 18' 44.4'' • E7° 46' 39.6''
An der Kirche, Mettingen (Zuweg)
N52° 18' 52.9'' • E7° 46' 43.5''

Wegpunkte:

P1: Parkplatz Schlangenpättken
32 U 416673 5796481

P2: Tripelpunkt
32 U 416565 5796422

P3: Rastplatz Alter Spielplatz
32 U 416016 5795786

P4: Kirchsteinbruch
32 U 416282 5795712

P5: Marienbrunnen
32 U 416473 5795973

P6: Kneippbecken
32 U 416213 5795808

20 % | 18 % | 62 %

4.5 km | 1h 30min | 95 | 129 | 310 365 | TEU04X14

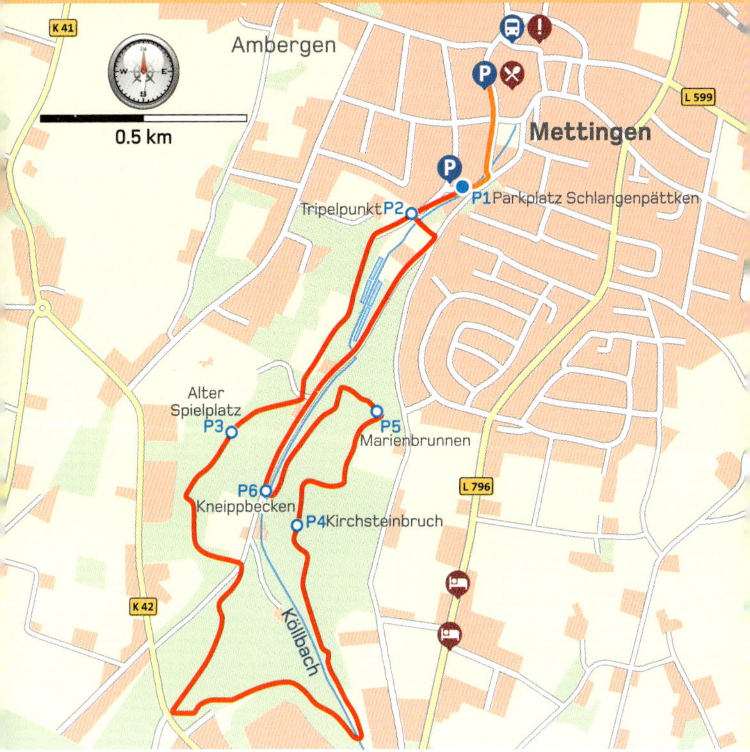

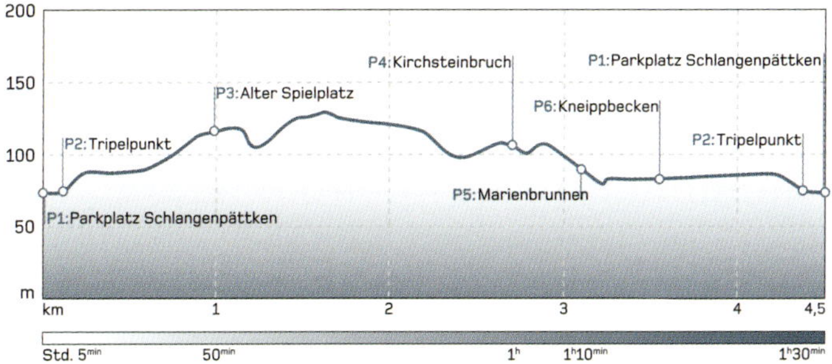

Nach kurzem Zuweg vom Ortszentrum erschließt die Köllbachrunde den Wald südlich des Ortes und führt dabei auch am Rand eines alten Steinbruchs entlang. Mit dem Marienbrunnen, dem Köllbach und der attraktiven Kneippanlage gibt es zudem reichlich Wasser am Wegesrand.

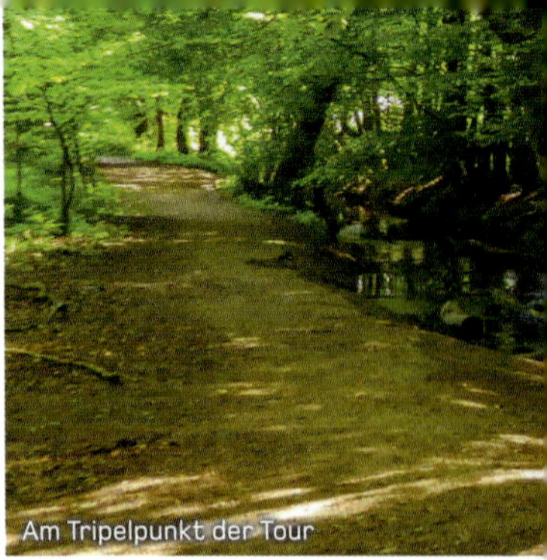

Am Tripelpunkt der Tour

! Zuweg: Wenn der kleine Parkplatz am Portal belegt ist, weicht man am besten auf den Kirchplatz im Ortszentrum aus. Von dort folgt man dem markierten Zuweg über die Kardinal-von-Galen Straße nach Süden. An der Kreuzung mit dem Teichweg biegt man rechts ab und passiert dabei eine große Dampfmaschine. Als rechts das Schlangenpättken abzweigt, folgt man dieser Straße, bis nach 300 m Zuwegung unweit des eigentlichen Startparkplatzes (1) ein schmaler Fußweg, das „Schlangenpättken", abbiegt.

Wir beginnen die Tour aber am eigentlichen Parkplatz (1) dieses Premiumspazierwanderweges und nutzen den schmalen Fußweg, das „Schlangenpättken", um neben dem leise plätschernden Köllbach zum nahen Tripelpunkt der Rundtour (2) zu gelangen.

Wir wollen die Runde gegen den Uhrzeigersinn laufen und biegen daher an dieser Stelle rechts auf einen ansteigenden Waldweg ab. Rasch wechseln wir links auf einen fast ebenen Weg, und bald lädt eine erste Bank zum Verschnaufen ein. Umrahmt von dichtem Blattwerk der umgebenden Büsche, erspähen wir die Teiche im Talgrund. Wir folgen weiter dem Pfad, der uns an den Rand des Friedhofs bringt. An dieser Stelle berühren wir neben einem Haus fast den asphaltierten Talweg, biegen aber sogleich wieder nach rechts bergan. Die wenige Meter später nach links führende Finnbahn lassen wir unbeachtet und widmen uns dagegen dem kurzen, aber durchaus fordernden Aufstieg neben dem Friedhof. Herrlich gewachsene, uralte Buchen sorgen für Abwechslung im lichten Laubmischwald, und bald überschreiten wir eine Kuppe. Der Wegverlauf wird deutlich flacher.

Nach **1 km** erreichen wir an einer besonders imposanten Buche den Rastplatz Alter Spielplatz (3) und halten uns links. Zunächst erst unmerklich, nach einer Linkskurve dann aber deutlicher, verlieren wir an Höhe. Wir passieren eine Vogelvolière und folgen dem Pfad nun

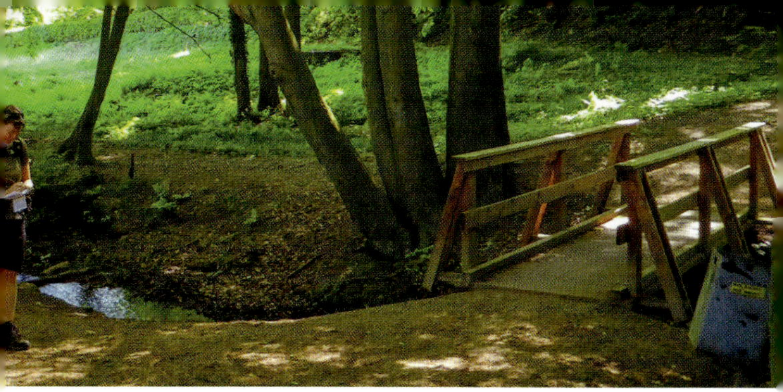

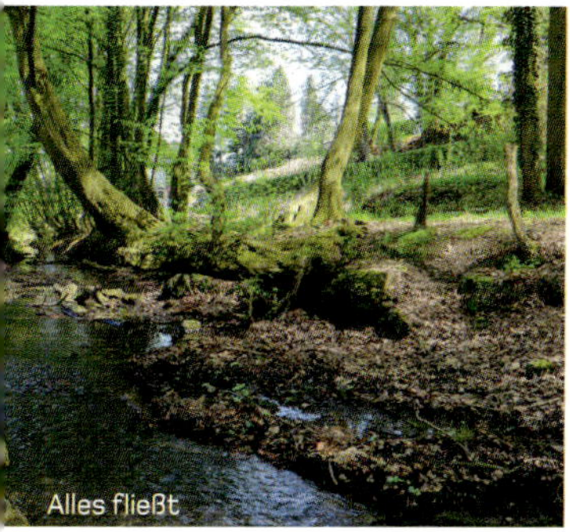

Alles fließt

stramm abwärts zu einem Asphaltweg. Den queren wir und nutzen auf der anderen Seite einen nach rechts ansteigenden Waldpfad.

Nun wandern wir kurz durch ein von Nadelbäumen dominiertes Areal, das einen Hauch von nordischem Flair verbreitet. Stetig, aber nicht anstrengend gewinnen wir auf dem Pfad an Höhe. Als der Wegverlauf abflacht, verändert sich auch das Waldszenario um uns und wohlvertraute, hochgewachsene Buchen und Eichen, die mit ihren dichten Kronen im Sommer für wohltuenden Schatten und angenehme Temperaturen sorgen, prägen nun das Wegumfeld.

Unmittelbar bevor wir nach **1.6 km** die Straße „Zum Nordschacht" erreichen, biegen wir an einer Lichtung links auf einen Sandweg ab und lassen einige, etwas vom Weg entfernte Häuser rechts liegen. Es dauert nicht lange, bis sich die Vegetation wieder schließt und unser Weg sich gabelt. Wir wählen den linken, leicht ansteigenden Waldweg und wandern entspannt durch den Wald.

Dichtes Grün flankiert die fast pfadige Passage, die uns nun unbemerkt am Rand der Steinkohlegrube Nordschacht entlangführt. Schließlich erreichen wir einen Asphaltweg, an dem unser Teutoschleifchen eine scharfe Kehre nach links macht. Zunächst noch auf Asphalt laufen wir im schummrigen Wald talwärts. Doch als wir nach **2.4 km** einen eingezäunten Teich, den „Lago Montana" erreichen, in den von der Grube ein steter Wasserstrahl rinnt, dürfen wir halb rechts auf einen Naturpfad in die Hangflanke wechseln.

Herrlicher Buchenhallenwald umgibt uns, während wir mit einigen Schlenkern den schmalen Pfaden folgen. Nach einem besonders ausgeprägten Rechtsknick machen uns Holzgeländer auf eine Abbruchkante im Wald aufmerksam. Die sollten wir beachten, denn dahinter verbirgt sich ein altes Steinbruchareal (4), das sich Mutter Natur Stück für Stück zurückholt. Einst wurden hier die Steine für die Kirche in Mettingen gebrochen.

Nach diesem Einblick in die geologische Vergangenheit der Region wandern wir mit gebührendem Abstand zur Hangkante durch den Wald und erreichen ein uriges, dichtes Jungwaldgebiet. Hier knickt unser Pfad unvermittelt rechts ab und führt uns zu einem querenden Waldweg. Dem vertrauen wir uns nach links an und laufen nun sanft abwärts. So gelangen wir nach **2.7 km** zum Marienbrunnen (5), wo einige Bänke zum „Waldbaden", also dem ausgiebigen Genießen dieses Waldidylls bereitstehen.

Nach geruhsamer Rast folgen wir dem Teutoschleifchen talwärts und überstehen einige Richtungswechsel dank guter Markierung problemlos. Mit etwas Auf und Ab wandern wir auf einem Pfad oberhalb des Talweges und des Köllbachs noch einmal talaufwärts. Als wir vor uns eine schmucke Kneippanlage auftauchen sehen, verstehen wir diese Schleife und freuen uns schon auf die kühle Erfrischung.

Nach **3.6 km** und einer scharfen Rechtskehre ist es dann so weit. Das Armbad und das Kneippbecken (6) geben uns Gelegenheit, unseren Muskeln eine gesunde Abkühlung und Belebung zu gönnen. Und Ruhebänke zum anschließenden Erholen stehen auch zur Genüge parat ...

Gestärkt an Geist und Körper, nehmen wir die Spur unserer Wanderung wieder auf und nutzen nun den schmalen Waldweg, der parallel zur Talstraße und zum Köllbach verläuft. Bald sehen wir linker Hand wieder die bereits bekannten Teiche am Bach, doch dann schwingt sich unser Weg noch ein letztes Mal sanft bergan. Schließlich stößt unser „Prälaten-Pättken" auf den asphaltierten Wieher Kirchweg, dem wir nach links folgen. Wenige Schritte später nutzen wir einen Pfad nach links, und gelangen so nach **4.3 km** wieder zum Tripelpunkt (2).

Von hier aus folgen wir rechts dem Schlangenpättken zum nahen Startparkplatz (1). Wer an der Kirche parkt, läuft von dort auf dem 300 m langen Zuweg zur Teichstraße und weiter zur Kardinal-von-Galen-Straße und zum Kirchplatz. Dort kann man die gelungene Wanderung rund um den Köllbach zum Beispiel mit einem Besuch in der Eisdiele krönen.

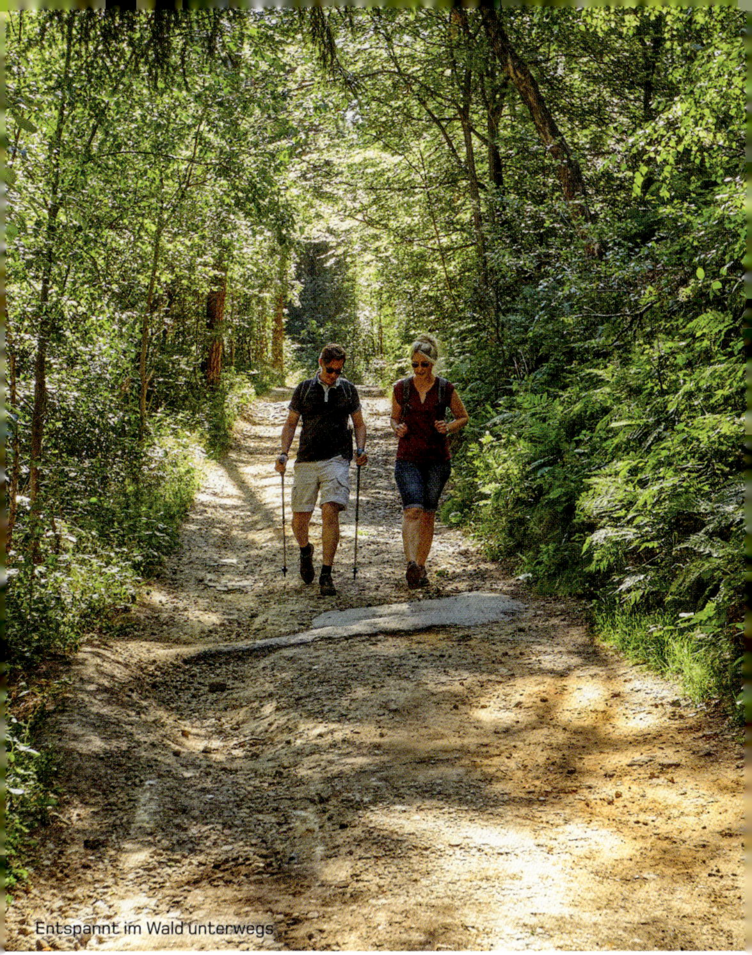
Entspannt im Wald unterwegs

FAZIT

Die Köllbachrunde ist vom Parkplatz an der Kirche per Zuweg zu erreichen und verläuft dann fast nur im Wald. Es sind einige kurze An- und Abstiege zu absolvieren, feste Wanderschuhe sind daher sinnvoll.

Tecklenburger Land Tourismus e.V., Markt 7, 49545 Tecklenburg, 05482/929182, www.tecklenburger-land-tourismus.de

Eiscafé San Marco, Mühlenstraße 6, 49497 Mettingen, 05452/935809
- *Hotel Restaurant Haus Telsemeyer, Sunderstraße 2, 49497 Mettingen, www.hotel-telsemeyer.de, 05452/9110, Mo. Ruhetag*

Hotel Restaurant Bergeshöhe, Ibbenbürener Str. 78, 49497 Mettingen, www.hotel-bergeshoehe.de 05452/3936
- *Gasthaus Pieper, Große Str. 3, 49497 Mettingen, 05452/93170*
- *Campingplatz Zur Schönen Aussicht, Schwarze Straße 73, 49497 Mettingen, www.camping-schoene-aussicht.de 05452/606*

Von Osnabrück kann man mit der Buslinie 114 über Lotte und Westerkappeln nach Mettingen fahren. www.rvm-online.de

Taxi Herkenhoff GmbH, Ginsterweg 9, 49497 Mettingen-Schlickelde www.taxi-herkenhoff.de 05452/9359100

Im Tecklenburger Land hat Bergbau eine über 500-jährige Geschichte, die bis heute andauert. Abgebaut wird Kohle, genauer Anthrazit, eine qualitativ besonders hochwertige Variante der Steinkohle. Was anfangs noch über Pingen und kurze Stollen geschah, verlangt mittlerweile aber deutlich mehr Aufwand. Bis Ende 2018 wurde der Anthrazit bei Ibbenbüren in einer Tiefe von 1300 bis 1600 m abgebaut. Wer genauer in die Bergbaugeschichte der Region eintauchen will, bekommt im Ibbenbürener Bergbaumuseum auf dem RAG-Gelände Gelegenheit dazu.

Ibbenbürener Bergbaumuseum, Osnabrücker Straße, 49477 Ibbenbüren, Mai–September jew. 2. & 4. Samstag, für Gruppen auf Anfrage 05451/78110 oder 88678

- *Wer mehr über Mettingen erfahren will, dem sei eine der kurzweiligen Themenführungen empfohlen.*

Tourist-Information Mettingen, www.mettingen-tourismus.de 05452/5213,

Hunde können diesen Weg problemlos laufen. Unterwegs gibt es auf der zweiten Weghälfte Zugang zum Köllbach.

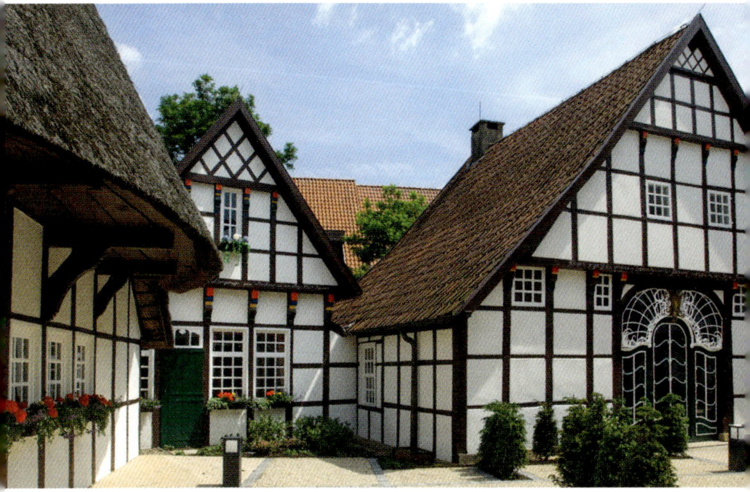

Im Land des Leinens

In der Region um Tecklenburg wurde schon immer reger Handel betrieben. Kaufleute sorgten für die Verbreitung der Waren weit über das direkte Umland hinaus. Besonders typisch waren die Tüötten, Leinenkaufleute, die das erzeugte Tuch unter die Leute brachten.

Im kleinen, aber bestens bestückten Heimatmuseum im Haus Telsemeyer in Mettingen kann man der Spur dieser Kaufleute im Wandel der Zeiten folgen. Neben den liebevoll eingerichteten Stuben sind es alle zur Herstellung von Leinen notwendigen Gerätschaften, die man in dem typischen Tecklenburger Fachwerkhaus bestaunen kann. Daneben haben auch das Handwerkszeug eines Holzschuhmachers und typische Bekleidung aus dem 19. Jahrhundert in der Ausstellung ihren Platz.

In zwei weiteren Häusern, sind zeitgenössische Einrichtungen und Handarbeiten zu bewundern und erlauben eine facettenreiche Zeitreise in die Geschichte des Tecklenburger Landes.

Infos: Tüöttenmuseum im Haus Telsemeyer, Sundernstraße 2
49497 Mettingen, ✆ 05452/9110, ⏲ geöffnet Di.-So. 11-20, Einritt frei

15 Canyon Tour

Teutoschleifchen

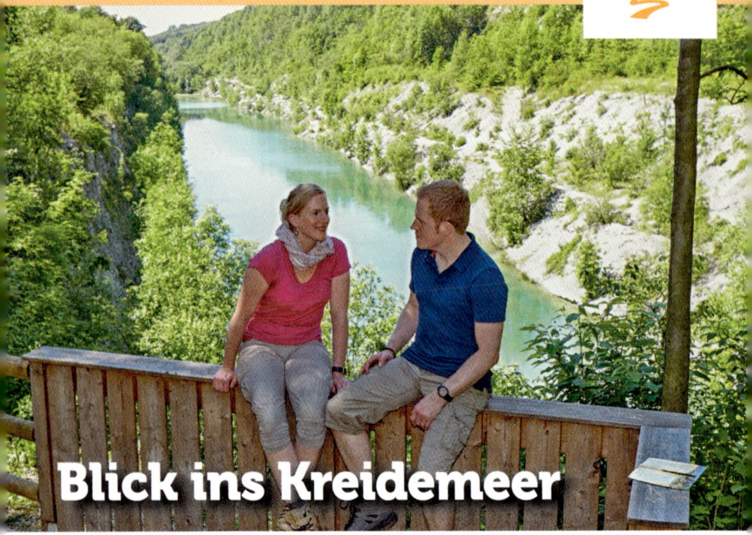

Blick ins Kreidemeer

Start/Ziel: Hortensia Garden, Am Kleeberg, Lengerich

Anfahrt: Die A 1 an der Ausfahrt Lengerich/Tecklenburg verlassen und der L 591 Richtung Lengerich folgen. An der Kreuzung der L 504 links Richtung Tecklenburg abbiegen, den folgenden Kreisel an der 1. Ausfahrt verlassen und nach Lengerich fahren.

Parken: Hortensia Garden, Am Kleeberg 4, Lengerich
N52° 11' 55.7''
E7° 51' 00.3''
Feuerwehrhaus „Schulstraße" Lengerich
N52° 11' 27.7''
E7° 51' 05.9''

scan to go®

Wegpunkte:

P1: Parkplatz Hortensia Garden
32 U 421433 5783767

P2: Trennung von Teutoschleife
32 U 421745 5783952

P3: Aussicht Ziegenhütte
32 U 420909 5784336

P4: Aussicht am Kleeberg
32 U 420607 5784477

P5: Canyonblick
32 U 420890 5784144

13 % | 48 % | 39%

5.3 km | 2h | 132 ↑↓ | 177 | 390 458 | TEU03X15

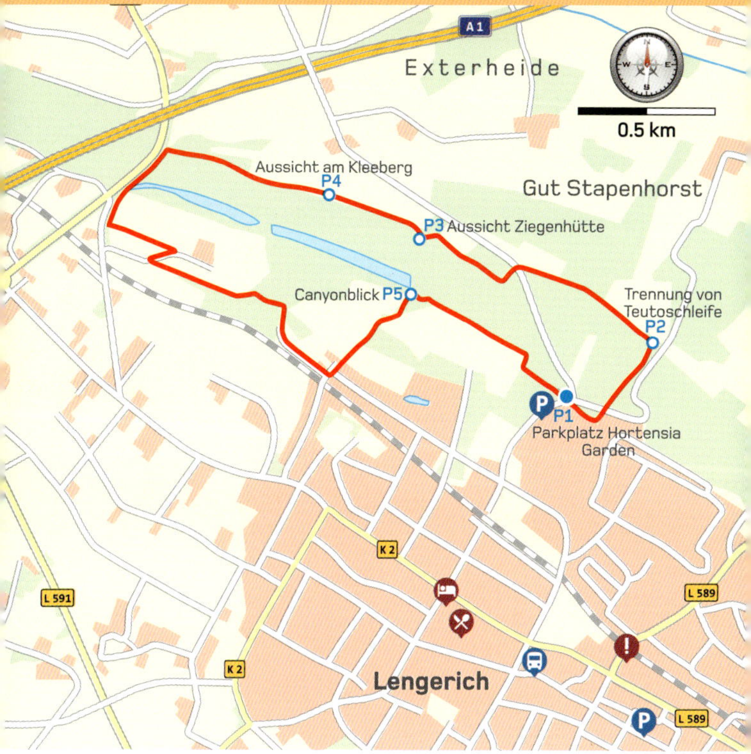

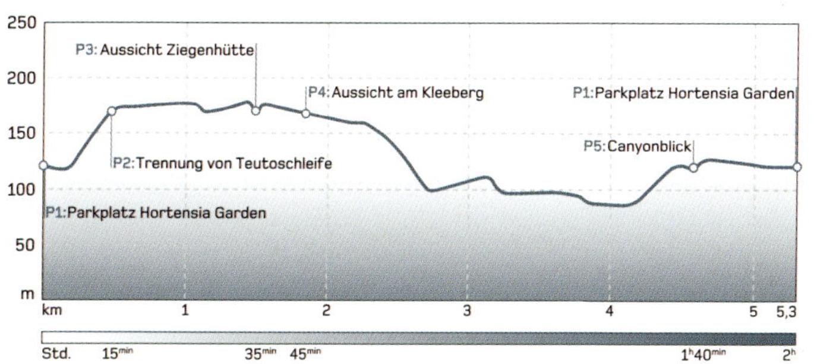

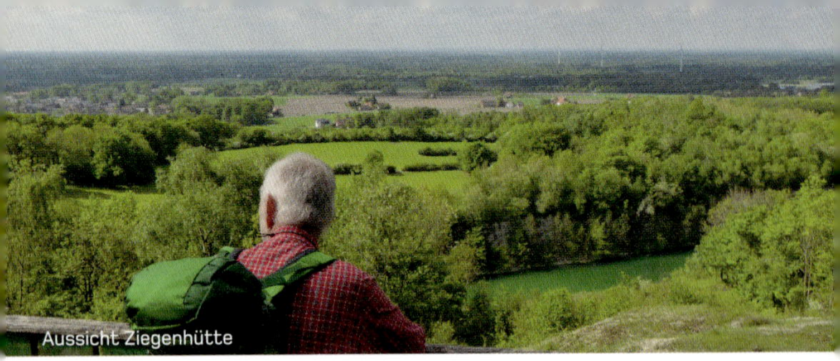

Aussicht Ziegenhütte

Wo anfangen? Das Repertoire der Canyon Tour ist weit gespannt und bietet zahlreiche Höhepunkte: angefangen von herrlichen Waldpassagen und vielfältiger Flora, über tolle Aussichten bis hin zu den faszinierenden Einblicken in die Geologie. Auf dieser kurzweiligen Runde kommt wirklich jeder auf seine Kosten.

Am kleinen Parkplatz bei der Kapelle am Hortensia Garden (1) beginnen wir die Runde auf dem Teutoschleifchen Canyon Tour. Gemeinsam mit der ebenfalls hier beginnenden Teutoschleife Canyon Blick kehren wir der Kapelle zunächst den Rücken, queren die Zufahrtsstraße und wandern auf ebenem Waldweg zu den nahen Gebäuden der LWL Klinik. Hier schicken uns die Logos links in den Wald, und kaum haben wir einen asphaltierten Weg gequert, wird es etwas anstrengend. Schritt für Schritt führt uns der streckenweise etwas steinige Waldweg bergan. Doch der herrliche Buchenmischwald mit seinem grünen Waldboden lenkt von der Herausforderung ab.

Nach nur **0.5 km** ist es dann auch vorerst geschafft und wir haben den Rand des Kleebergplateaus erreicht. Hier trennt sich die Teutoschleife (2) erstmals von uns und biegt rechts zum nahen Waldrand ab. Wir aber wenden uns nun in Begleitung des Hermannsweges nach links und wandern entspannt durch den Wald.

Nur 150 m später gesellt sich dann für ein kurzes Wegstück auch wieder die Teutoschleife zu uns.

Ohne großen Höhenunterschied dürfen wir unweit des Waldrandes auf federndem Waldboden laufen und freuen uns dabei besonders im Frühling über die reizvollen botanischen Akzente, die Waldanemone, Salomonsiegel und Aronstab am Wegesrand setzen. Als wir eine querende Straße erreichen, können wir kurz den Blick über die angrenzende offene Wiese schweifen lassen, bevor wir dem Wegweiser

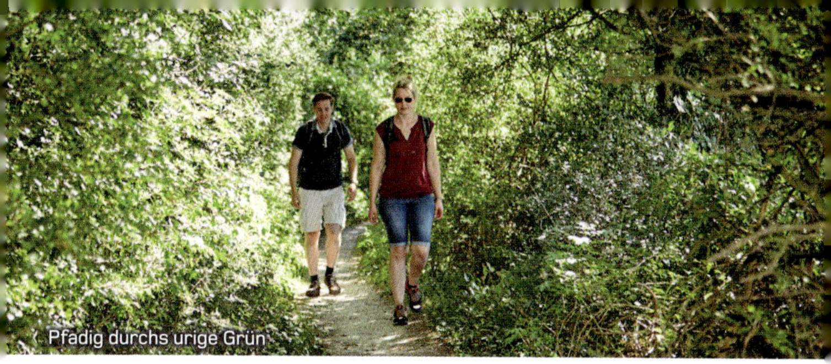

‹ Pfadig durchs urige Grün

folgend halb links auf befestigtem Waldweg abwärtswandern.

Nachdem wir einige Höhenmeter verloren haben, verlässt uns die Teutoschleife. Unsere Route knickt scharf rechts ab und führt uns knapp unterhalb des Kleeberggipfels durch üppig grünes Gehölz. Mal dominiert Jungwald, mal hat die den Weg einrahmende Vegetation eher Heckencharakter, immer aber umfängt uns vielfältiges, dichtes Blattwerk. Nach **1.4 km** dürfen wir den Abzweig links auf einen schmalen Pfad nicht übersehen: Urig führt unser Teutoschleifchen einige Schritte bergab, bis sich unvermittelt die Blattkulisse öffnet und wir am Aussichtspunkt Ziegenhütte (3) stehen und staunen. Tief unter uns glitzert das grünblaue Wasser des Canyons, während wir zugleich die luftige Weite des Ausblicks über das Tecklenburger Land genießen können.

Mühsam reißen wir uns von dieser Aussicht los und folgen dem Pfad leicht bergan. An der folgenden Gabelung halten wir uns links und treffen dann mitten in offener Flur auf einen bequemen Feldweg. Dem vertrauen wir uns nach links an und laufen angesichts der weiten Aussicht beschwingt über das Kleebergplateau. Doch schon bald ist es erneut Zeit zum Innehalten, denn am Rand der steil abfallenden ehemaligen Abbruchkante des Steinbruchs lockt nach **1.8 km** eine weitere Aussicht (4) auf den Canyon und das Umfeld von Lengerich sowie die Stadt selbst. Eine Infotafel des TERRA.vista Geo- und Naturparks steuert per QR-Code Wissenswertes zum Thema Kalkstein bei, denn was heute so idyllisch als See und Canyon unter uns im Tal liegt, ist erst durch den Abbau von Kalksteinen entstanden. Dieser wiederum bildete sich zur Zeit des Kreidemeeres vor etwa 100 Millionen Jahren.

Beeindruckt setzen wir die Wanderung fort und erreichen bald das Ende der offenen Wiesen. Wieder treten wir in dichtes Gehölz ein, das sich allmählich zum echten Wald mausert. Immer deutlicher dringen nun auch die Geräusche der nahen Autobahn an unsere Ohren, doch davon lassen wir uns nicht stören und widmen uns dem ziemlich ausgeprägten Abstieg ins Tal. Treppenstufen helfen uns talwärts, und langsam flacht die Steigung ab.

Unmittelbar vor der Tecklenburger Straße biegen wir links ab und laufen bald auf einem parallel zur Straße verlaufenden Pfad am Waldrand entlang. Wir sind erleichtert, als unser Pfad einen leichten Linksschwenk macht und dichte Hecken eine natürliche Abschirmung von der Straße bilden, während uns linker Hand ein Feld begleitet. Am Ende des Feldes treffen wir auf eine Abzweigung, an der wir uns links orientieren und nun die Südflanke des Feldes entlangwandern. Dabei schweift der Blick hinauf zu den hoch aufragenden, geschichteten Felswänden des ehemaligen Steinbruchs, an dessen oberer Kante wir vorhin noch gestanden haben.

Schließlich treffen wir nach **3.1 km** auf die asphaltierte Zufahrt zu einem Haus und wenden uns scharf rechts abwärts. Flankiert von einer altehrwürdigen halbseitigen Allee aus Linden und Ahornbäumen, geht es sanft bergab, bis wir bei erster Gelegenheit links auf einen ebenfalls asphaltierten Fußweg wechseln. Bald führt uns der Weg mitten in dichten urigen Wald, in dem sogar etwas Urwaldatmosphäre aufkommt. Mit einigen kleinen Schlenkern durchqueren wir das Areal und verlassen an einem großen, einzelnen Haus den Wald. Nun verläuft unser Wanderweg

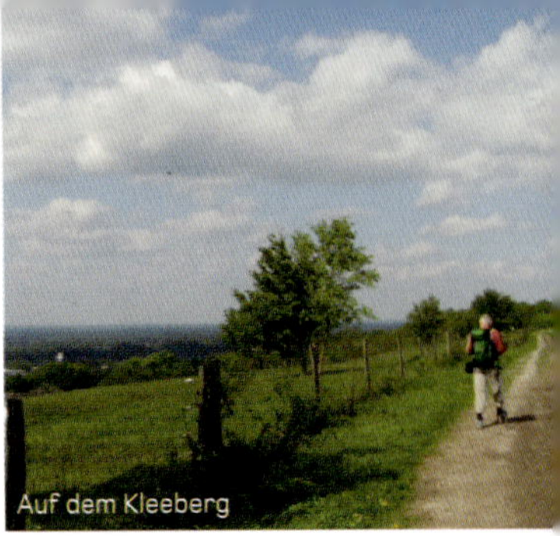
Auf dem Kleeberg

neben der alten Bahnstrecke, und bei dieser Passage durch eine uralte Baumallee kommt mal wieder Hochstimmung auf, denn hoch über uns sorgt der gewölbte Blattbaldachin der Baumveteranen für luftigen Schatten. Viel zu rasch ist die Allee durchschritten, und am Ortsrand von Lengerich biegen wir scharf links bergan. Rasch sind die Häuser passiert, und wir tauchen noch einmal in den dichten Mischwald ein. Noch immer steigt der streckenweise grob steinige Weg an, gibt aber ab und an schöne Blicke auf die Steinbruchwand frei.

Nach **4.5 km** dürfen wir auf keinen Fall den Abzweig links auf einen schmalen Waldpfad verpassen, denn der führt uns nach 100 m zu dem Höhepunkt der Tour: dem Einblick in den Lengericher Canyon **(5)**.

Smaragdgrün schimmert unter uns das Wasser im lang gezogenen Canyon, dessen weiß-raue Wände steil emporragen. Kaum vorstellbar, dass hier bis 1977 Kalkstein gewonnen wurde. Doch schnell hat die Natur ihr angestammtes Territorium

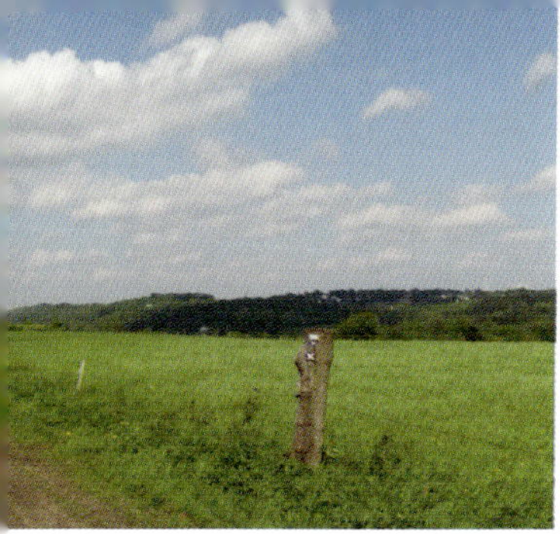

zurückerobert und Grundwasser die unterste Sohle des Steinbruchs geflutet. Mittlerweile ist der ehemalige Steinbruch ein Refugium für viele kalkliebende Pflanzen und zahlreiche Tierarten, weswegen er auch unter strengem Schutz steht. Und so müssen wir uns mit diesem faszinierenden Einblick zufrieden geben und sollten Flora und Fauna keineswegs zu nahe kommen.

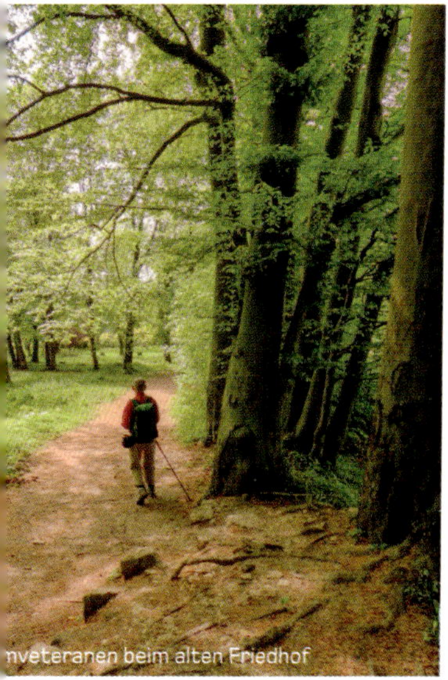
nveteranen beim alten Friedhof

Begeistert reißen wir uns vom Anblick los und folgen dem Pfad zu einer nahen Wegkreuzung. Hier lädt eine der geschwungene Teutoschleifenliegen zur Pause ein, bevor wir die Tour geradeaus am Waldrand fortsetzen. Idyllisch breitet sich rechts eine weite Wiese aus, deren Gräser im Wind schwingen und herrliche Ruhe verströmen. Als wir kurz darauf das Ende der Wiese erreichen, biegen wir rechts ab, um nur wenige Schritte später wieder links abzubiegen. Zum Abschluss setzt der Hortensia Garden am alten Friedhof mit gut 300 verschiedenen Hortensien tolle Akzente. Wir laufen zur nahen Kapelle, wo am Parkplatz (1) diese sehr aussichtsreiche Spazierrunde nach **5.3 km** zu Ende geht.

FAZIT

Die Runde auf dem Teutoschleifchen ist mit gutem Schuhwerk problemlos zu meistern. Der erste Anstieg von der Kapelle zum Kleeberg fordert etwas Kondition, ist aber nicht sehr lang und nur mäßig steil. Einige der Naturwegpassagen können bei Nässe rutschig sein.

Tecklenburger Land Tourismus e.V., Markt 7, 49545 Tecklenburg, ⓘ www.tecklenburger-land-tourismus.de ✆ 05482/929182,

Landgasthof Strothmann, Wechter Mark 15, 49525 Lengerich, ⓘ www.landgasthof-strothmann.de, ✆ 05481/21211, ⏲ Di. Ruhetag
▪ Café Famano, Ledder Werkstätten, Münsterstr. 14, 49525 Lengerich, ⓘ www.ledderwerkstaetten.de, ⏲ Mo. Ruhetag✆ 05481/305631,

Hotel-Restaurant Zur Mühle, Tecklenburger Str. 29, 49525 Lengerich, ✆ 05481/94470, ⓘ www.lengerich-hotel.de
▪ Hotel-Café Maxx, Bahnhofstr. 27, 49525 Lengerich, ✆ 05481/903960, ⓘ www.hotel-cafe-maxx.de

Ab Ibbenbüren fährt man mit der Regio-Buslinie R45 über Tecklenburg nach Lengerich zur Haltestelle „Feuerwehrhaus". Weitere Linien (R46, R51) sowie die Westfalenbahn ab Münster oder Osnabrück bieten alternative Anfahrtsmöglichkeiten. ⓘ www.rvm-online.de

Taxi Balaman GmbH & Co KG, Johannemanns Str. 16, 49525 Lengerich, ✆ 05481/95095, ⓘ www.taxi-balaman.de
▪ Taxi Ulrich Birkenkamp, Tecklenburger Str. 23, 49525 Lengerich, ✆ 05481/93920

Ein Treffpunkt für Jung und Alt ist der Generationenpark „Gempt" in Lengerich. Zwischen der Gempt-Halle und nahe am Seniorenzentrum bieten sich hier in attraktivem Umfeld gemütliche Ruhebereiche mit Rastgelegenheiten. Wer es aktiver möchte, für den stehen Spiel- und Fitnessgeräte bereit, an denen man unabhängig vom Alter Geschicklichkeit, Beweglichkeit und Koordination üben kann. Für alle Boulefreunde gibt es zudem einen Bouleplatz.

Hunde haben auf der Canyon Tour keine Schwierigkeiten. Unterwegs gibt es keinen Zugang zu offenem Wasser. Im Naturschutzgebiet besteht Leinenpflicht.

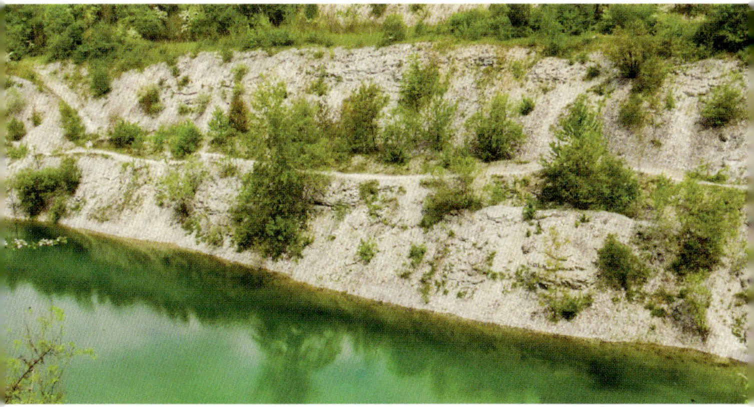

Von der Urkreide zum Zement

Kalkstein ist rund um Lengerich ein bedeutender Wirtschaftsfaktor. Bereits 1872 gründete die Firma Dyckerhoff das Zementwerk in Lengerich, das heute zu den modernsten seiner Art gehört.

Der Rohstoff für die aus unserem Alltag nicht mehr wegzudenkenden Zementprodukte entstand vor etwa 95 Millionen Jahren in der sogenannten Oberkreide. Damals bedeckte ein urzeitliches Meer den heutigen Teutoburger Wald, aus dem sich nach und nach die heute so wertvollen Kalkschichten bildeten. Blickt man in die Kalksteinbrüche der Region, so fallen zwischen den hellen Kalksteinschichten auch immer wieder dunkle Lagen auf. Dabei handelt es sich um Mergelschichten. Sie entstanden, als noch in der Kreidezeit immer wieder Stürme Lockermaterial vom Festland ins Meer wehten, dieses dann absank und sich auf schon vorhandenen Kalkschichten ablagerte. Dieser Vorgang wiederholte sich mehrfach, was in der Wechsellagerung gut sichtbar ist.

Was uns heute enorm mächtig vorkommt, ist allerdings tatsächlich nur noch der Rest der in der Kreidezeit abgelagerten Kalkmassen. Durch Erosion sind nämlich fast 2000 m Mächtigkeit verlorengegangen.

Übrigens: Wer dem Kalkstein genauer auf die Spur kommen möchte, kann an einer Rangerführung teilnehmen. Anmeldung im Werk Lengerich unter ✆ 05481/31292 oder per E-mail lengerich@dyckerhoff.com,
Ⓘ www.dyckerhoff.com

16 Schachselwiesen

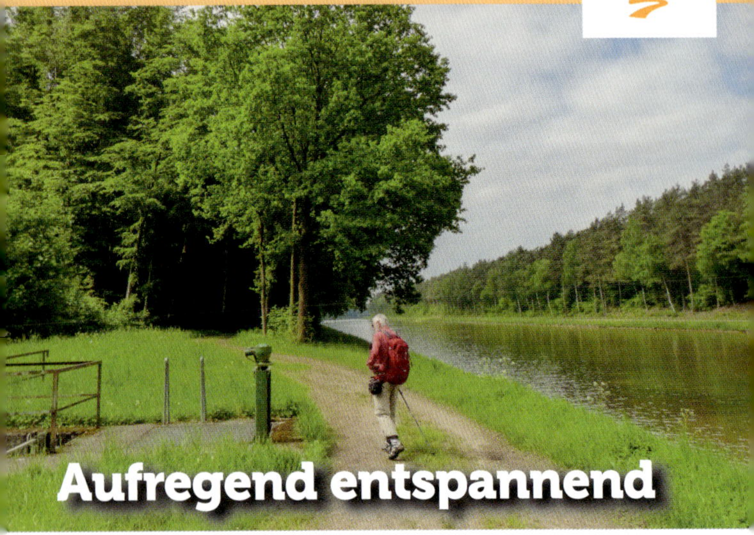

Aufregend entspannend

Start/Ziel: Schachselstraße auf Höhe der Kanalbrücke

Anfahrt: Man folgt der A 1 bis zur Ausfahrt Osnabrück-Hafen und wechselt dort auf die L 595 Richtung Westerkappeln. Von dort fährt man auf der L 584 Richtung Bramsche. Kurz nach dem Abzweig Wallenbrock biegt man links auf die Schachselstraße ab

Parken: Schachselstraße
N52° 21' 54.9'' • E7° 50' 45.4''

Wegpunkte:
P1: Brücke Mittellandkanal
32 U 421420 5802302
P2: Gehöft Grundmann
32 U 420373 5801840
P3: Beginn Schachselwiesen
32 U 422291 5802215

scan to go®

1% | 41 % | 58 %

6.5 km | 2h | 16 ↑ ↓ | 57 | 369 ♀ 434 ♂ | TEU02X16

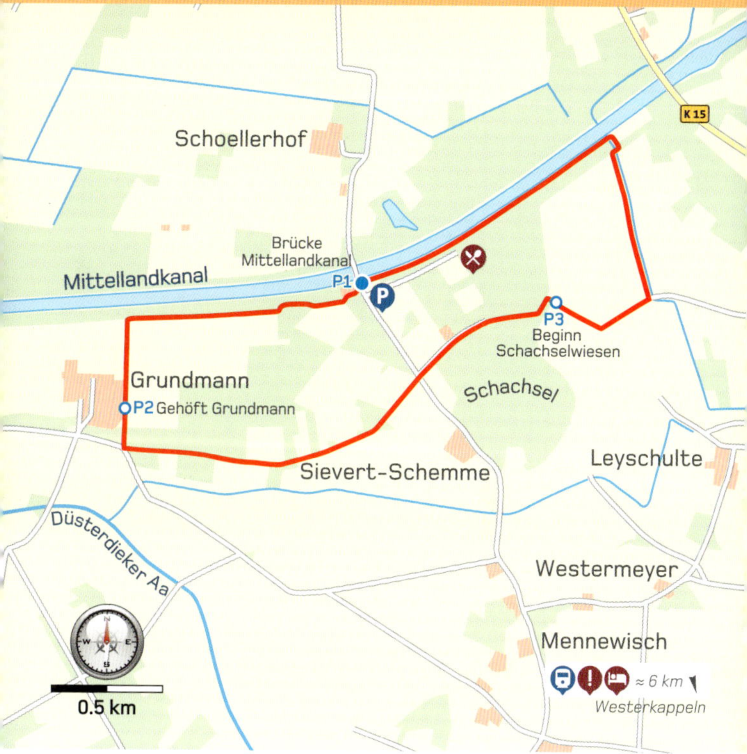

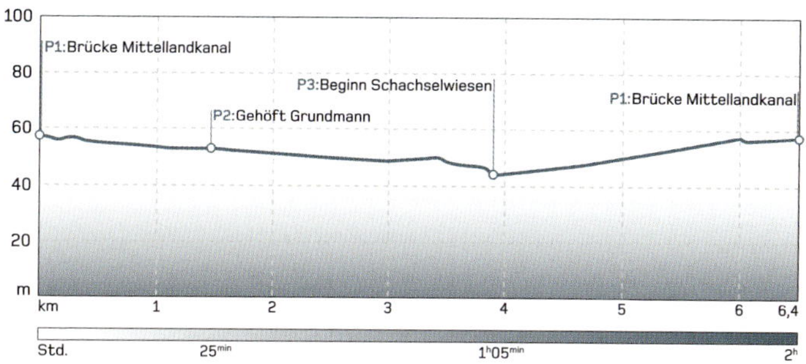

Entspannung und Stille. Dabei Schiffe und Pferde schauen, Waldatmosphäre und Wiesenblicke genießen. So lässt sich zusammenfassen, was die Wanderung auf der Schachselwiesen-Runde bietet. Ein absoluter Weg der Entschleunigung ...

Direkt an der Kanalbrücke (1) beginnen wir die entspannende Wanderung auf der Schachselwiesen-Runde. Wir wollen gegen den Uhrzeigersinn laufen und folgen daher den Logos zum nahen Haus und laufen an diesem vorbei zum Waldrand. Dort beginnt ein spannender Grenzgang zwischen Wald und Flur.

Schon auf den ersten Metern lässt uns einer der großen Vorteile dieses Weges im wahrsten Sinn des Wortes aufhorchen: Es ist wunderbar still. Lediglich beim Passieren eines Schiffes ist das beruhigende tiefe Tuckern der Motoren zu vernehmen, doch ansonsten können wir ungestört dem vielstimmigen Konzert der gefiederten Waldbewohner lauschen.

Wir genießen die offene Weite, die beim Blick über die links an den Weg grenzenden Felder aufkommt. Viele verschiedene Pflanzen sorgen für einen breiten Mix an Grünschattierungen und Formen.

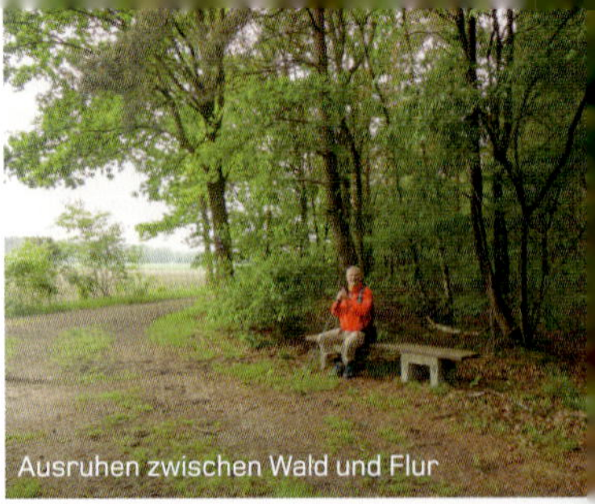

Ausruhen zwischen Wald und Flur

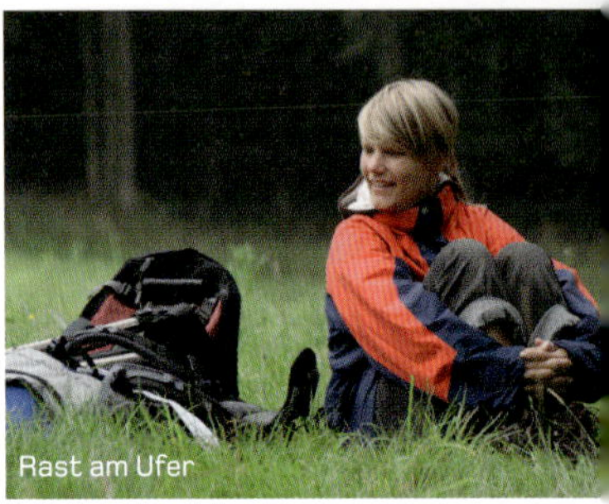

Rast am Ufer

Auch der Weg selbst steht für Entschleunigung, denn der anfangs noch gering befestigte Weg wandelt sich immer mehr zum sandigen Naturweg. Nachdem wir kurz völlig von Wald umfangen waren, kehren wir an einer Bank zurück an den Waldrand und spüren mit jedem Schritt, wie Mutter Natur ihre Wirkung entfaltet.

Die unaufgeregte Wegführung, die aber zugleich weite Blicke über die Felder und Wiesen erlaubt, lässt uns runterkommen und verdrängt die Hektik des Alltags. Wenn dann noch stattliche Eichen ihr weitverzweigtes Kronendach über uns ausbreiten, ist eine positive Stimmung garantiert.

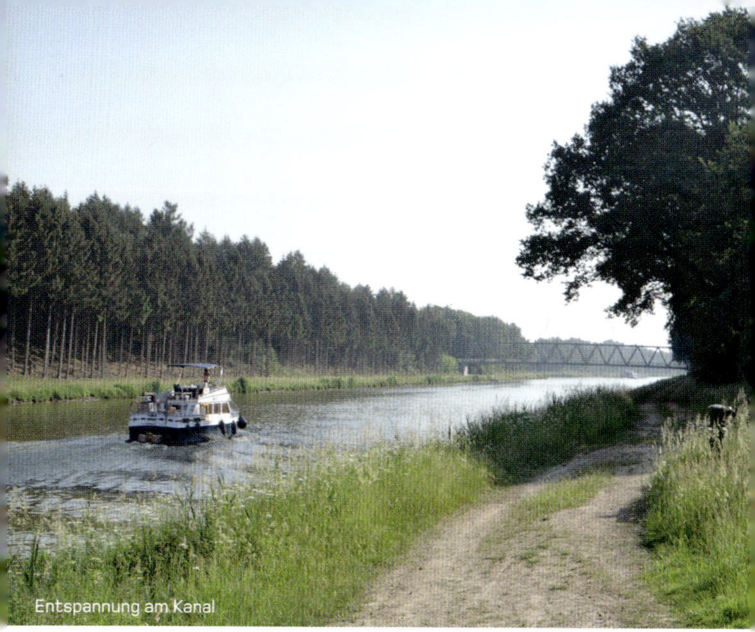

Entspannung am Kanal

Nach **1.1 km** steht der nächste Richtungswechsel an: Wir biegen scharf nach links und laufen nun zwischen einem Gehölzriegel hindurch. Durch wogende Wiesen erreichen wir anschließend das Gut Grundmann (2). Dort sind es die auf den zahlreichen Koppeln untergebrachten Pferde, denen wir unsere Aufmerksamkeit widmen und die uns umgekehrt genau so neugierig beäugen.

Wir passieren das Gut und treffen nach **1.7 km** an einer Kreuzung mit einem Zufahrtsweg ein. Hier halten wir uns scharf links und dürfen weiter auf knirschendem Sandweg laufen. Herrlich vielfältiges Grün umgibt uns dabei, die Palette reicht von knorrigen, in der Sonne nach Harz duftenden Kiefern bis zur filigran im Wind wippenden Eber-esche. Im Frühsommer ist zudem in der Nähe der Felsenbirne ein emsiges Summen zu vernehmen, wenn ungezählte Bienen den süßen Nektar der an den traubenförmigen Blüten sammeln.

Auf dieser kurzweiligen Waldpassage ergeben sich zudem immer wieder schöne Blicke auf die angrenzenden Wiesen. Nach **3.1 km** queren wir erneut die Straße zu Kanal und Campingplatz und laufen wenig später am Beldjeshof vorbei. Hier begeistern uns die riesigen Rhododendronbüsche, die das Haus umgeben.

Nun tauchen wir wieder in den Wald ab, der hier hoch gewachsen und von schlanken Buchen geprägt ist. Einen Abzweig zum nahen Campingplatz via Lokalweg A2 ignorieren wir, denn wir wollen noch eine Runde durch die Namensgeber der Tour drehen: die Wiesen um den „Berg" Schachsel. Dafür biegen wir an der nächsten Kreuzung links ab, um uns nur 100 m später nach rechts zu wenden und nach **3.9 km** den Wald hinter uns zu lassen.

Dann liegen sie vor uns: die schier endlos weiten Feuchtwiesen (3). An windigen Tagen können wir die Böen über die Gräser laufen sehen. Auch sonst wirkt das Gräsermeer um uns herum ungemein beruhigend und dennoch nicht langweilig.

Denn immer wieder setzen Gehölze oder Baumgruppen Akzente. An einer solchen Baumgruppe biegen wir dann auch links auf einen Feldweg ab, der uns mitten durch die Wiesen unter einer Stromleitung hindurch zur nächsten Weggabelung bringt. Hier knickt die Route links ab und steuert zurück Richtung Kanal.

Begleitet von einem Entwässerungskanal, wandern wir noch einmal durch die Feuchtwiesen, passieren einzelne Biotope, die von Schilf eingerahmt werden.

Nachdem wir **5.0 km** zurückgekegt haben, meistern wir einen Rechts-links-Versatz und folgen dem Entwässerungskanal vollends zum Mittellandkanal. Dort biegen wir links auf den befestigten Uferweg ab.

Nun beginnt die Schlusspassage der Tour und zugleich eröffnet sich uns eine neue Welt. Wir wandern jetzt direkt am Kanal und bekommen mit etwas Geduld

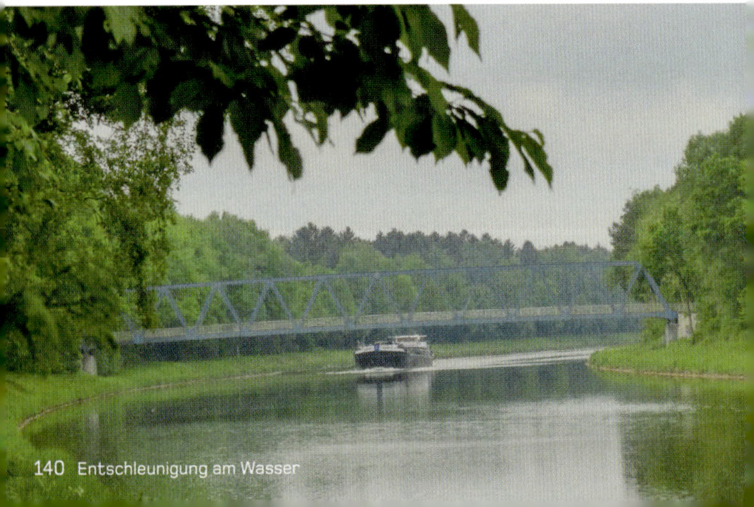

und Glück Gelegenheit, die oft schwer beladenen Frachtschiffe zu beobachten. Dazu müssen wir nicht unbedingt stehen bleiben, sondern können gemächlich weiterspazieren, denn der leicht befestigte Weg ist sehr bequem zu laufen.

Nach **5.9 km** passieren wir einen Bootsanleger und bekommen die Möglichkeit zu einem Abstecher zum Campingplatz Weißes Moor, der ab und an Einkehrgelegenheit bietet. Wer dorthin möchte, nutzt den Stichpfad weg vom Kanal, passiert die Glascontainer und steht wenige Schritte später am Tor des Campingplatzes.

Wir aber wollen weiter unserer Variante des „Wasserwanderns" am Kanal frönen und auch auf den letzten Metren der Wanderung im Schatten der Bäume die herrliche Ruhe genießen. So gelangen wir tiefenentspannt und ausgeglichen nach **6.4 km** wieder an die Kanalbrücke (1), wo sich der Kreis unserer Entschleunigungstour schließt.

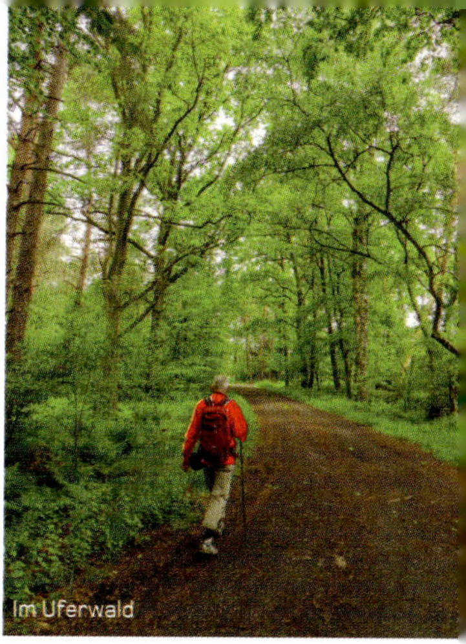

Im Uferwald

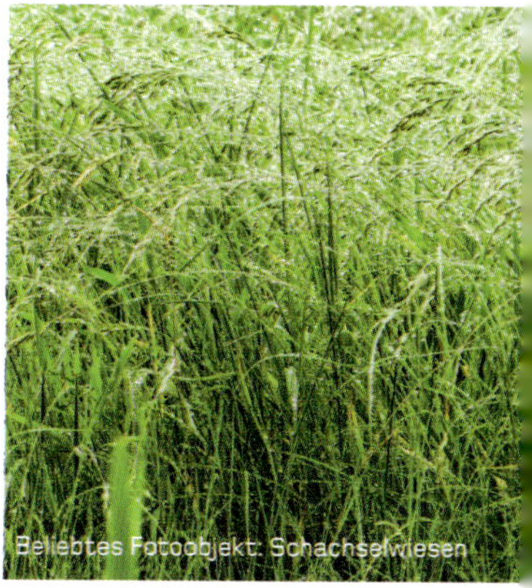

Beliebtes Fotoobjekt: Schachselwiesen

FAZIT

Die Runde verlangt keine besonderen Fähigkeiten und eignet sich aufgrund des sehr geringen Höhenunterschiedes sehr gut für Einsteiger und Ungeübte. Die Sandwege sind für Kinderwagen nur schwer nutzbar.

Tecklenburger Land Tourismus e.V., Markt 7, 49545 Tecklenburg,
www.tecklenburger-land-tourismus.de
05482/929182,

Campingplatz Weißes Moor, Schachselstraße 16, 49492 Westerkappeln,
05404/2943, www.campingkoeppel.de,
Fr. & Sa. ab 20, So. 14-18 Uhr
▪ Ristorante Pizzeria Don Camillo, Vidumstraße 1, 49492 Westerkappeln,
05404/9585885, Mo. Ruhetag, Di.-So. ab 17.30 Uhr geöffnet

Altes Gasthaus Schröer, Große Straße 10, 49492 Westerkappeln,
www.hotel-gasthaus-schroer.de
05404/2492,

Der Startpunkt ist nicht direkt mit dem ÖPNV erreichbar. Ab Westerkappeln kann man allerdings mit der Buslinie 113 bis Seeste fahren.
www.rvm-online.de

Taxi ten Brink,
05404/97970 oder 0541/913030,
www.taxi-ten-brink.de

Beim Besuch von Westerkappeln sollte man die evangelische Stadtkirche keineswegs links liegen lassen. Bereits im 9. Jahrhundert stand an dieser Stelle eine Kirche, allerdings aus Holz. Ältester Teil des heutigen Baus ist der Turm aus dem 11. Jahrhundert. Die Kirche wurde dann bis ins 15. Jahrhundert zunächst romanisch, später gotisch erweitert. Im Inneren der Kirche sind noch heute Reste von Fresken aus dem späten 15. bzw. frühen 16. Jahrhundert zu sehen.

Hunde können die Tour ohne Schwierigkeiten laufen. Unterwegs gibt es keinen Zugang zu offenem Wasser (aus dem Kanal kann man Wasser für die Vierbeiner schöpfen).

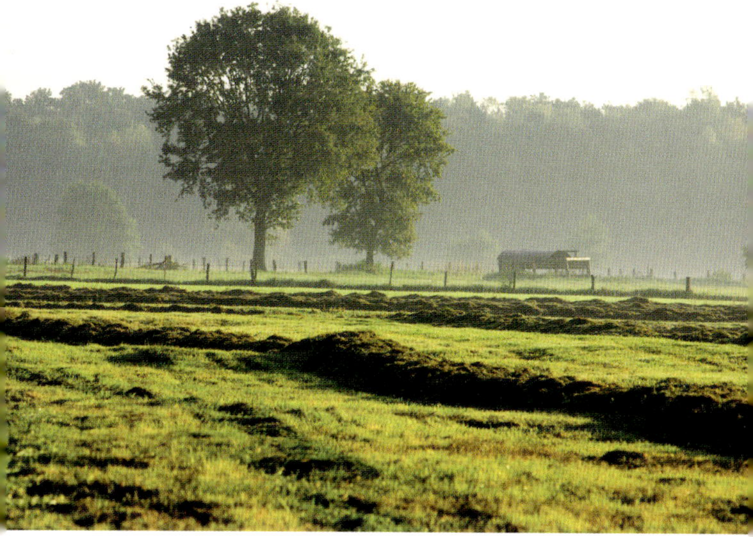

Paradies für seltene Vögel

Die Düsterdieker Niederung ist das größte Feuchtwiesen-Naturschutzgebiet Nordrhein-Westfalens. Auch das Areal rund um den Schachselberg gehört zu diesem Schutzgebiet, das sich durch artenreiche Feuchtwiesen auszeichnet und zahlreichen, teils recht seltenen Vogelarten ein perfektes Habitat bietet. Dazu gehören beispielsweise Wachtelkönig, Wiesenpieper, Kiebitz, Bekassine oder der Eisvogel.

Das Schutzgebiet ist 2700 Hektar groß und umfasst in mehreren Naturschutzgebieten nicht nur Feuchtwiesen, sondern auch Moorflächen, Heideareale und Sandmagerrasengebiete. Durch diese Diversität finden über 30 geschützte Vogelarten sichere Brutplätze und mehr als 100 bedrohte Pflanzenarten geschützte Standorte.

Naturschutz und Landwirtschaft gehen im Schutzgebiet Hand in Hand. So bleiben die Feuchtwiesen dank extensiver Bewirtschaftung erhalten.

17 Steinbecker Runde

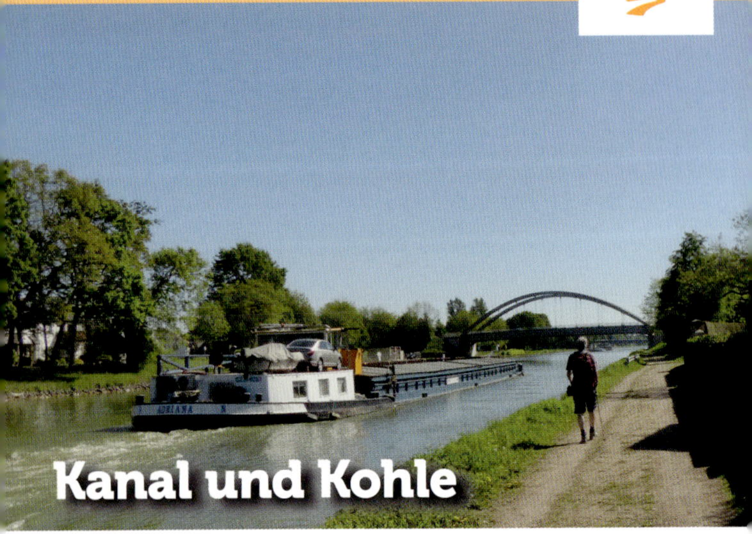

Start/Ziel: Dorfstraße Steinbeck

Anfahrt: Ab der A 30 Ausfahrt Ibbenbüren/Lehen folgt man der L 832 nach Ibbenbüren, dort auf die L 504 Richtung Dickenberg und dann auf die L 603 Richtung Recke fahren. Vor dem Mittellandkanal wechseln auf die K 17 nach Steinbeck, im Ort parken.

Parken: Parkplatz Dorfstraße
N52° 20' 56.0'' • E7° 41' 39.6''
Wohnmobilstellplatz Marina Recke
N52° 21' 08.7''
E7° 42' 43.6''
Buchholzer Waldhütte
N52° 20' 12.5''
E7° 42' 43.5''

scan to go®

Wegpunkte:
P1: Steinbeck, Dorfstraße
32 U 411066 5800647
P2: Marina Recke
32 U 412283 5801018
P3: Buchholzer Waldhütte
32 U 412171 5799258
P4: Stollenmund
32 U 411618 5799023
P5: Buchholzer Schachthütte (Aussichtsturm)
32 U 411728 799368

22 % | 21 % | 57 %

7.4	2h 30min	81	110	469 551	
km		↑ ↓			TEU01X17

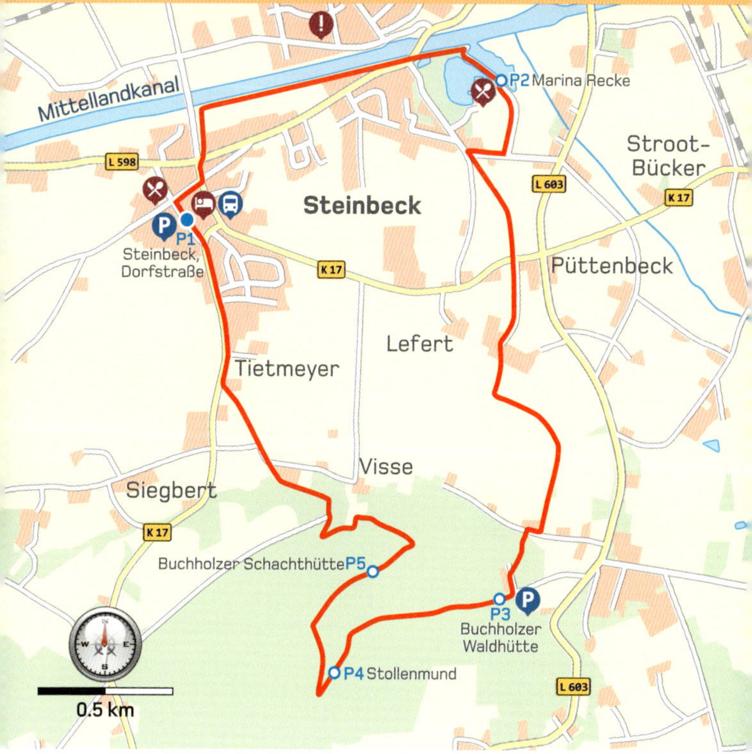

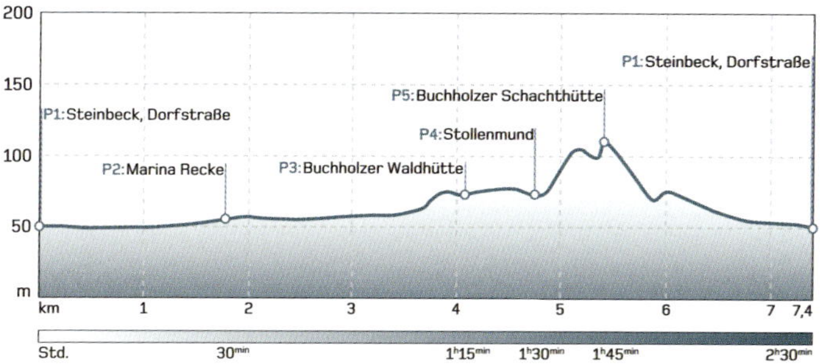

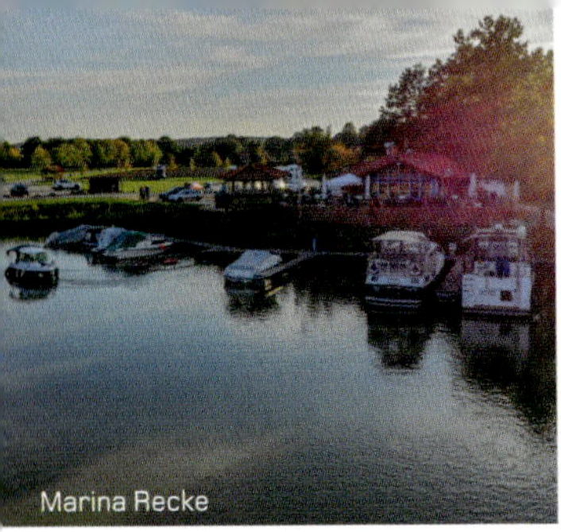

Marina Recke

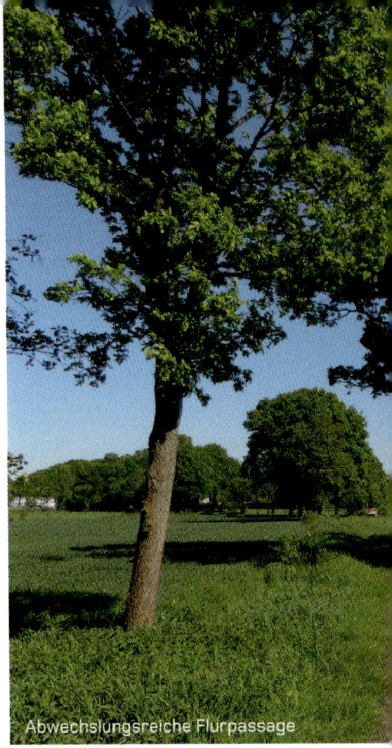

Abwechslungsreiche Flurpassage

Die Steinbecker Runde begeistert uns mit einer großen Vielfalt an Eindrücken: Zum Auftakt ist entspanntes Kanalwandern angesagt, es folgt eine kurzweilige Flurpassage. Dann tauchen wir in den Wald ein und begeben uns auf bergmännische Spurensuche, die auf dem Buchholzer Aussichtsturm gipfelt.

Mitten in Steinbeck beginnen wir an der Dorfstraße (1) die Tour auf der Steinbecker Runde, die wir im Uhrzeigersinn absolvieren wollen. Wir wenden uns vom Parkplatz aus nach links, passieren die Kirche und biegen rechts in die Kirchstraße ab. Wir laufen bis zur Püttenbeckstraße, queren sie an der Apotheke und folgen ihr links zur nahen Ampel über die Recker Straße. Vorbei an der Bushaltestelle „Mitte" nutzen wir einen Feldweg, um schnurstracks auf den Mittellandkanal zuzuwandern. Dort biegen wir rechts auf den bequemen Uferweg ab.

Nun dürfen wir der Wasserstraße gut einen Kilometer nach Osten folgen. Immer wieder laden Bänke zum Verweilen und Schiffe beobachten ein, was wir natürlich weidlich ausnutzen. Kurz nachdem wir eine Straßenbrücke unterquert haben, heißt es aber schon Abschied nehmen vom Wasser, denn unsere Logos schicken uns am Yachthafen nach rechts.

Mit bestem Blick auf die Boote im Hafen laufen wir über den Damm, der den Hafen vom Naturfreibad auf der rechten Seite abtrennt.

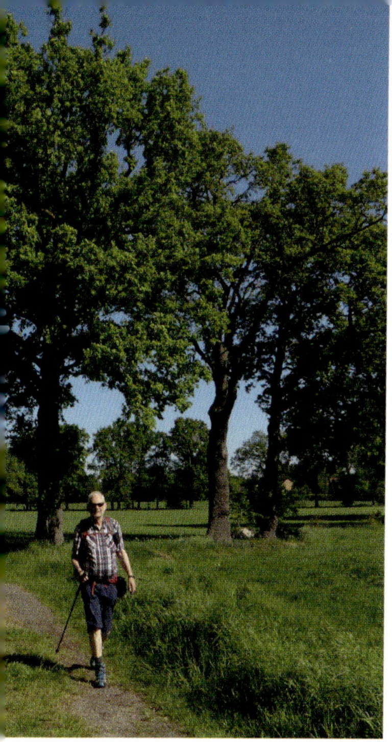

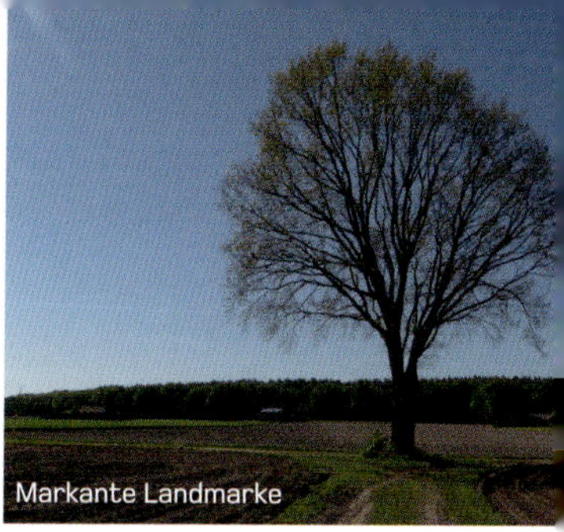

Nach **1.8 km** passieren wir das Clubhaus der Marina Recke (2), das nachmittags zur Einkehr einlädt. Anschließend laufen wir am Rand des Wohnmobilstellplatzes zu einem überdachten Rastplatz und dann neben der Zufahrtsstraße weiter ins Hinterland des Mittellandkanals.

Als wir auf eine kleine Straße treffen, biegen wir rechts ab und laufen bis zum nächsten Haus. Dort verlassen wir den Asphalt und widmen uns einem scharf links abzweigenden Feldweg. Der führt uns durch eine herrliche Eichenallee, die wohltuenden Schatten und Windschutz spendet, durch die Felder.

Viel zu schnell endet diese schöne Wegpassage an der Püttenbecker Straße, die wir aufmerksam queren. Auf der anderen Seite folgen wir der asphaltierten Hofzufahrt und lassen dabei den Blick über die angrenzenden Felder schweifen. Am Hof wandern wir geradeaus direkt hinaus in die offene Flur, mittlerweile knirscht Sand unter unseren Sohlen. An einem einzelnen Baum mitten in den Feldern wenden wir uns nach **2.9 km** links einem weiteren Feldweg zu und genießen die entspannte Flurwanderung.

Als der Weg eine leichte Linkskurve macht, schicken uns die Logos scharf rechts auf einen Pfad, der unmittelbar durch die Felder zu einem kleinen Gehölz führt. Dieses lassen wir links liegen und steuern auf ein Haus am Waldrand zu. Dort stoßen wir auf einen Asphaltweg und laufen nach rechts. Doch schon 50 m später dürfen wir erstmals in den Wald eintauchen und pfadig bergan wandern. Als sich der Pfad gabelt bleiben wir rechts und erobern ein paar weitere Höhenmeter. Erste Stationen eines alten Trimm-dich-Pfades säumen unseren Weg und begleiten uns zu einem einsamen Waldhaus. Von hier senkt sich der Weg leicht nach links ab, und wenig später stehen wir an der Zufahrt zum Waldparkplatz. Wir wenden uns nach rechts und bekommen nach **4.1 km** an der Buchholzer Waldhütte (3) Gelegenheit zur gemütlichen Rast.

Hier beginnt auch ein Bergbaupfad, der immer wieder mit interessanten Tafeln Details aus der über 450-jährigen Bergbaugeschichte des Buchholzer Kohlereviers erläutert. Wir folgen dem weichen Waldweg noch ohne großen Höhenunterschied in den artenreichen Wald und lassen dabei eine Finnbahn unbeachtet rechts liegen. Bald wandelt sich der bisher von Laubbäumen dominierte Wald zu einem würzig duftenden, nordisch anmutenden Nadelwald, Heidelbeerbüsche bedecken den Boden, und der sandige Grund dämpft unsere Schritte.

Nach **4.8 km** übernimmt wieder Buchenmischwald die Regie, und etwas neben dem Weg gähnt links der vergitterte Mund eines alten Stollens (4), der heute Fledermäusen als Quartier dient. Zurück am Weg, umfängt uns der herrliche „Taigawald". Doch nur 100 m später sollten wir an der nächsten Kreuzung aufmerksam sein und nicht vor uns hinträumen, denn hier knickt unser Teutoschleifchen scharf rechts ab und nimmt nun Kurs auf den sprichwörtlichen Höhepunkt unsere Wanderung: Es geht zum Buchholzer Förderturm.

Leicht ansteigend führen uns die Logos durch den herrlichen Wald, und an einem querenden Waldpfad wenden wir uns nach rechts. Beschwingt wandern wir fast eben weiter, bis sich nach **5.4 km** unvermittelt eine kleine Lichtung öffnet und wir an der Buchholzer Schachthütte (5) stehen. Einst befand sich hier ein Schacht, durch den die hochwertige Steinkohle aus einem tiefen Flöz gefördert wurde. Neben der Hütte lädt ein hölzerner Aussichtsturm zum Aufstieg ein, was wir uns nicht entgehen lassen.

Von oben schweift unser Blick weit über das Land, besonders Steinbeck liegt gut im Fokus. Zurück auf ebener Erde, laufen wir an der folgenden Weggabelung halb links, bald rückt der Wald wieder eng an den Pfad heran. Wir sollten nicht zu sehr ins Waldträumen verfallen, denn nur 200 m nach der Schachthütte knickt das Teutoschleifchen scharf links auf einen abschüssigen Pfad ab. Der führt uns bald mit deutlichem Gefälle talwärts, bis wir an einer kleinen Wiese links auf einen Querweg abbiegen, der uns erneut in den Wald führt.

Mit einem Rechtsbogen queren wir den kaum wahrnehmbaren Schulbach und biegen links ab. Erst an einer Rechtskehre ändern wir

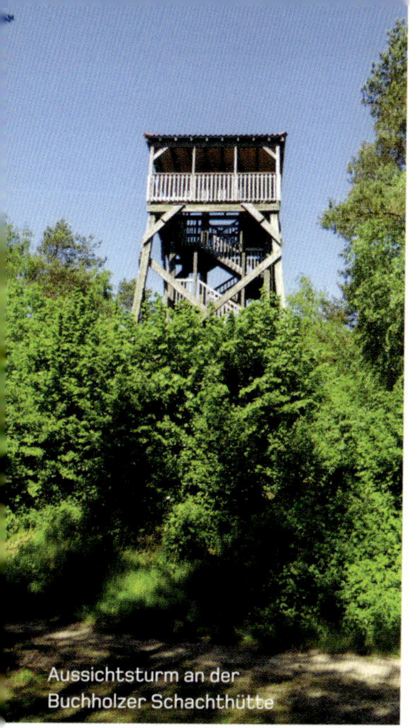

Aussichtsturm an der Buchholzer Schachthütte

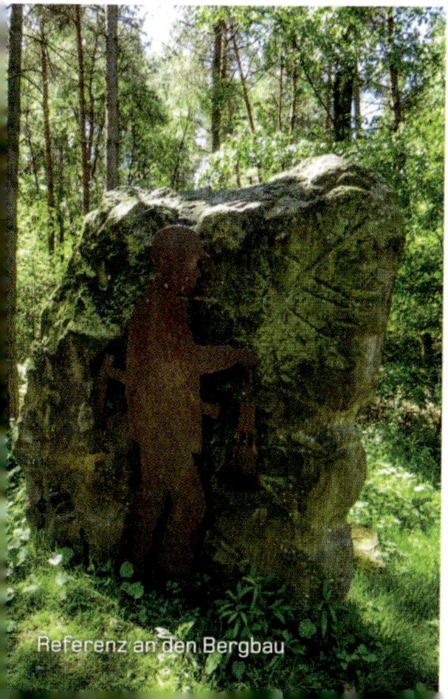

Referenz an den Bergbau

wieder die Richtung und wandern nun scharf rechts nordwärts. Allmählich wird der Wald lichter, und wir erspähen erste Durchblicke zu den umgebenden Feldern. Dann passieren wir ein einzelnes Haus und treffen nach **6.5 km** auf die asphaltierte Zufahrt.

Der folgen wir nun geradeaus, dürfen aber in einer Linkskurve geradeaus auf einen Grasweg wechseln. Gesäumt von einer Hecke, geleitet uns der Weg zur Buchholzstraße. Wir queren sie und wenden uns rechts einem asphaltierten Fußweg zu, der parallel zur Straße verläuft und uns zu einer kleinen Wegkapelle bringt. Wir behalten auch hier die Richtung bei und wandern auf dem bequemen Weg zum nahen Ort.

Dort passieren wir nach **7.2 km** den Friedhof und halten uns an der folgenden Straßenverzweigung geradeaus Richtung Dorfstraße. Hier endet nach **7.4 km** am Parkplatz **(1)** diese abwechslungsreiche Runde.

FAZIT

Die Steinbecker Runde verlangt keine besonderen Fähigkeiten, wobei aufgrund des hohen Naturweganteils festes Schuhwerk sinnvoll ist. Am Anfang und Ende führt der Weg zudem durch offene Flur, daher an Wind-, Regen- und Sonnenschutz denken.

Tecklenburger Land Tourismus e.V., Markt 7, 49545 Tecklenburg,
www.tecklenburger-land-tourismus.de
05482/929182

Marina Recke, Auf der Haar 23, 49509 Recke-Steinbeck, Mo.-Sa. ab 14 Uhr, So. & Feiertage ab 11 Uhr,
www.marina-recke.com
05453/9668322,

Hotel & Gasthof Gronheid, Recker Str. 23, 40509 Recke-Steinbeck,
www.hotel-gronheid.de
- Hotel Restaurant Landhaus Bad Steinbeck, Bad 14, 49509 Recke-Steinbeck,
www.restaurant-bad-steinbeck.de
05453/8280,
- Wohnmobilstellplatz Marina Recke, Auf der Haar 23, 49509 Recke-Steinbeck,
www.marina-recke.com, 0171/8952001

Ab Ibbenbüren fährt man mit der Regio-Buslinie R26 über Dickenberg Richtung Recke bis nach Steinbeck zur Haltestelle „Mitte". www.rvm-online.de

Taxi Herkenhoff GmbH, Ginsterweg 9, 49497 Mettingen-Schlickelde,
www.taxi-herkenhoff.de
05452/9359100

- Personenbeförderung Kating, Wiesengrund 21, 49509 Recke,
05453/8400, www.taxi-kating.de

Unweit der Marina Recke, aber auf der nördlichen Kanalseite bietet die Alte Ruthemühle interessante Einblicke ins ländliche Leben. In der ehemaligen Wassermühle sind nicht nur das Heimathaus und ein Café untergebracht, sondern auch das einzige Korbmuseum im Tecklenburger Land. Das Backhaus ist noch aktiv und das darin gebackene Brot einfach nur lecker. Besichtigungen sind zwischen April und November immer sonntags zwischen 14 und 18 Uhr möglich.

Alte Ruthemühle, Steinbecker Str. 40, 49509 Recke-Steinbeck, 05453/7184

Hunde können den Weg ohne Schwierigkeiten laufen. Unterwegs gibt es abseits des Mittellandkanals (aus dem man Wasser für den Vierbeiner schöpfen kann) kein Wasser.

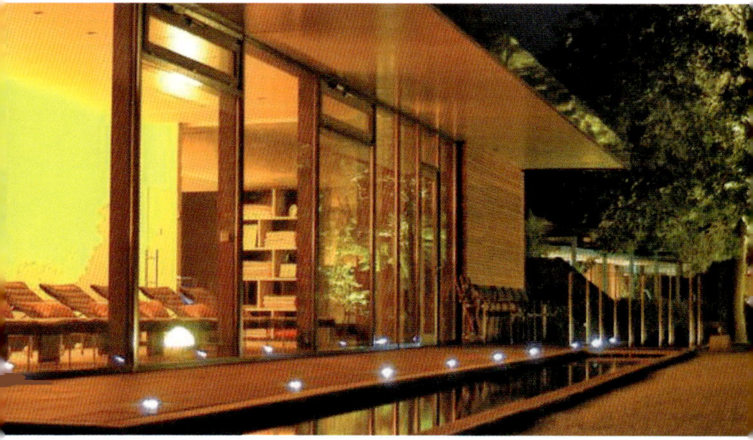

Wo die Erde brodelt

Unter Steinbeck brodelt es, im Untergrund der für ihren Kohlebergbau bekannten Gegend sorgen geologische Aktivitäten dafür, dass warmes, mineralreiches Thermalwasser sprudelt. 1823 wurde die Heilquelle entdeckt, und heute ist Steinbeck die einzige staatlich anerkannte Heilquelle im Münsterland.

Das 34 °C warme Thermalwasser ist schwefelreich und besonders bei Gelenk- und Hautproblemen zu empfehlen. Daher tummeln sich im Schwefelbad nicht nur Menschen auf der Suche nach Entspannung, sondern auch viele, die sich Linderung ihrer Arthrose, ihres Rheumas oder ihrer Bandscheibenprobleme erhoffen.

Die moderne, weitläufige Anlage des Schwefelbades bietet neben dem großen Schwefel-Thermalbecken mit Gegenstromanlage auch noch eine Saunalandschaft zum Entspannen. Eine breite Auswahl vom Dampfbad bis zur finnischen Sauna hält für jeden das Richtige bereit, um einen wohltuenden Wellnesstag zu verbringen.

Infos: Schwefelbad Steinbeck, Bad 40, 49509 Recke
✆ 05453/8155, @ www.schwefelbad-steinbeck.de

Geocaching

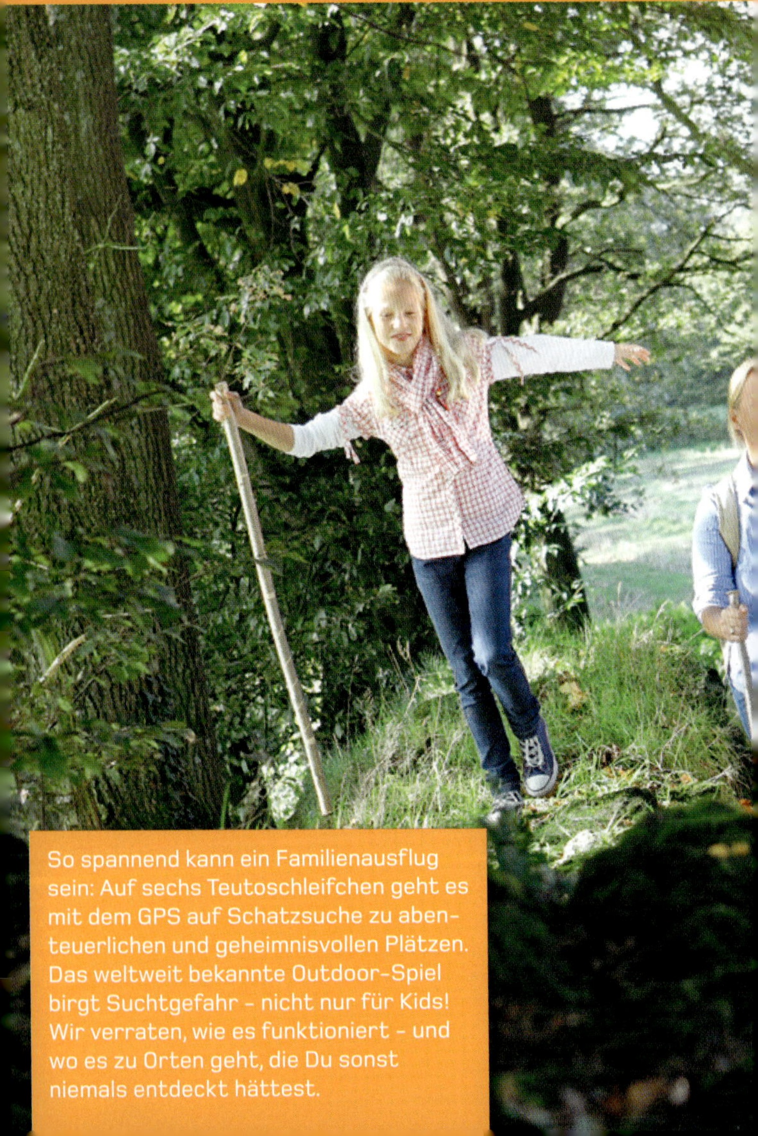

So spannend kann ein Familienausflug sein: Auf sechs Teutoschleifchen geht es mit dem GPS auf Schatzsuche zu abenteuerlichen und geheimnisvollen Plätzen. Das weltweit bekannte Outdoor-Spiel birgt Suchtgefahr - nicht nur für Kids! Wir verraten, wie es funktioniert - und wo es zu Orten geht, die Du sonst niemals entdeckt hättest.

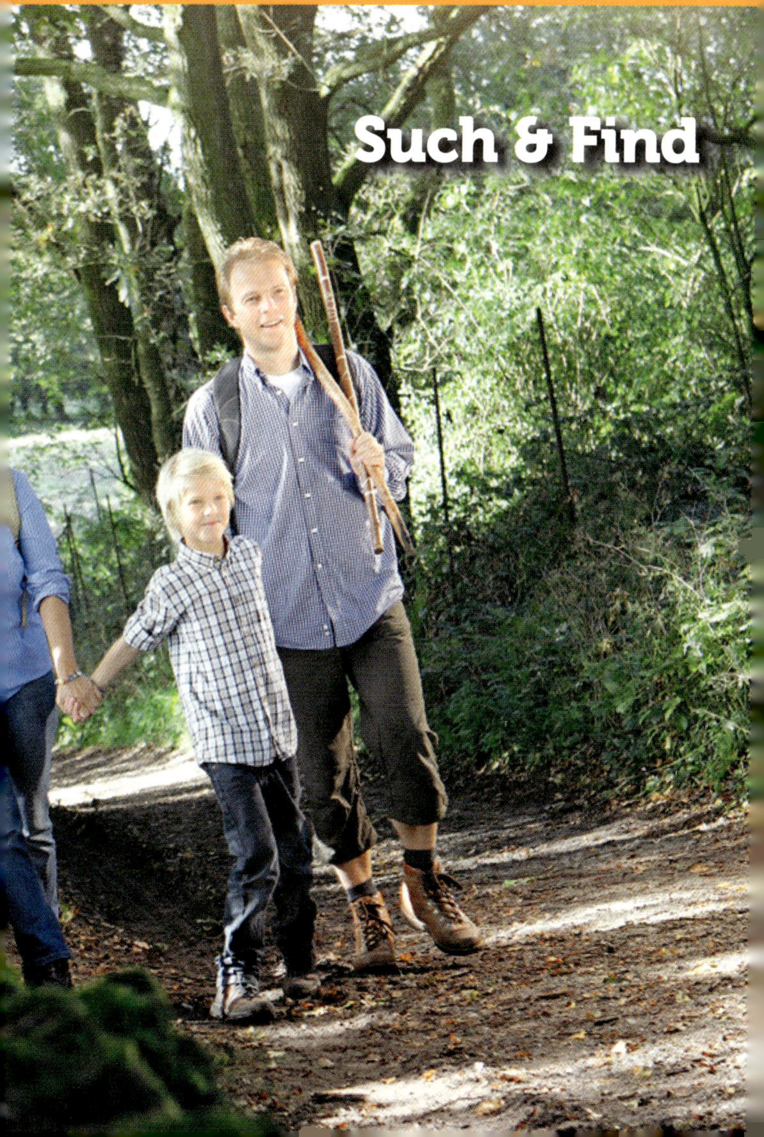
Such & Find

Was ist Geocaching?

Beim Geocaching gehst du auf eine Art Schnitzeljagd. Nur, dass keine Schatzkiste gesucht wird, sondern Caches (engl. für geheimes Versteck). Das sind kleine Dosen, die ein sogenanntes Logbuch enthalten. Hier können Geocacher ihren Namen und das Funddatum eintragen.

Das Spannende am Geocaching ist, dass die Caches gut versteckt sind. Sie können im Wald auf einem Baum, unter einer Wurzel oder unter einem Stein zu finden sein. Meistens sind die Caches mit dem bloßen Auge nicht zu erkennen. Nur wer die richtigen Koordinaten hat, kann den Cache auch finden.

Bitte beachte: Manchmal kann es nötig sein, Caches zu verlegen, sodass sich auch die Schatzkoordinaten ändern.

Aktuelle Informationen erhältst du bei www.geocaching.com.

Wie funktioniert es?

Geocacher versuchen mithilfe der Koordinaten den kleinen Schatz zu finden.

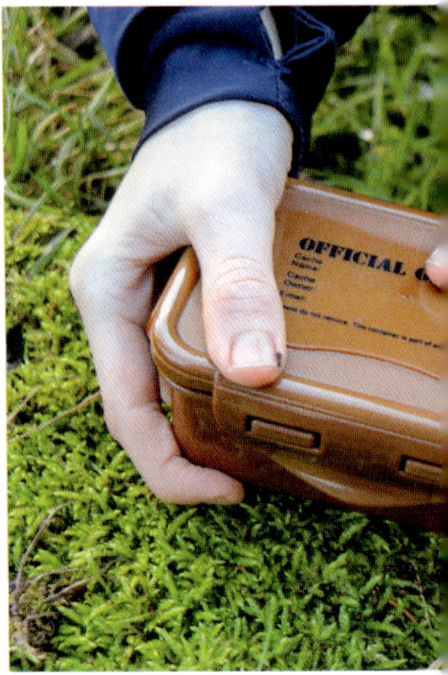

Wer Geocachen gehen will, braucht also einen Standort und die richtige Technik. Am besten ist ein GPS-Gerät geeignet. Mit einer speziellen Geocaching-App bist du aber auch mit dem Smartphone gut gerüstet.

Geocacher sind in geheimer Mission unterwegs. Außenstehende sollen nicht mitbekommen, wo etwas versteckt ist. Mach niemanden auf den Cache aufmerksam, wenn du

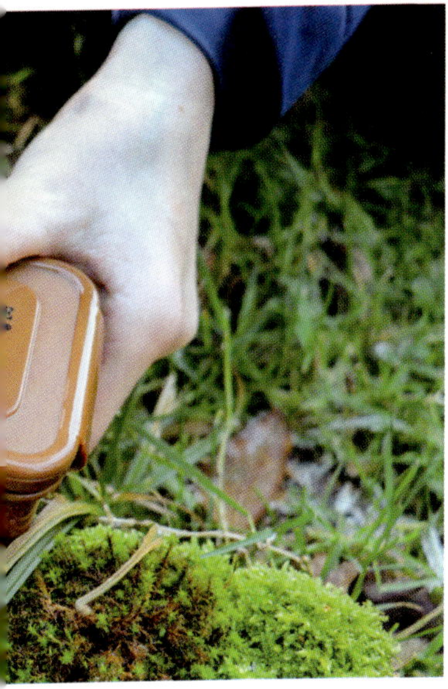

ihn gefunden hast. Das Allerwichtigste ist aber: Verstecke den Cache wieder gut an derselben Stelle. Denn auch andere Geocacher sollen die Möglichkeit haben, den Schatz zu finden. Daher ist die Position der Caches auf der Karte nur ungefähr dargestellt.

Du kannst den gefundenen Cache auf www.geocaching.com loggen.

Die Schatzkarten

Auf den Teutoschleifchen kannst Du auch ganz ohne technische Ausrüstung auf Schatzsuche gehen. Du brauchst dafür eine spezielle Schatzkarte und einen Stift.

Und so geht's: Alle Caches einer Route enthalten geheime Buchstaben oder eine Zahl. Notiere dir diese auf Deiner Schatzkarte oder auf den folgenden Seiten im Buch.

Bringe alle Buchstaben in die richtige Reihenfolge. Mit dem Lösungswort bzw. mit dem Zahlencode kannst du die Schatzkiste in den örtlichen Tourist Informationen öffnen und dir einen kleinen Schatz abholen.

! Alle sechs Schatzkarten bekommst Du beim Tecklenburger Land Tourismus e.V. und in allen Tourist Informationen im Tecklenburger Land. Oder zum Download unter www.tecklenburger-land-tourismus.de.

01 Ladbergener Pättken

Tour ▶ S.92

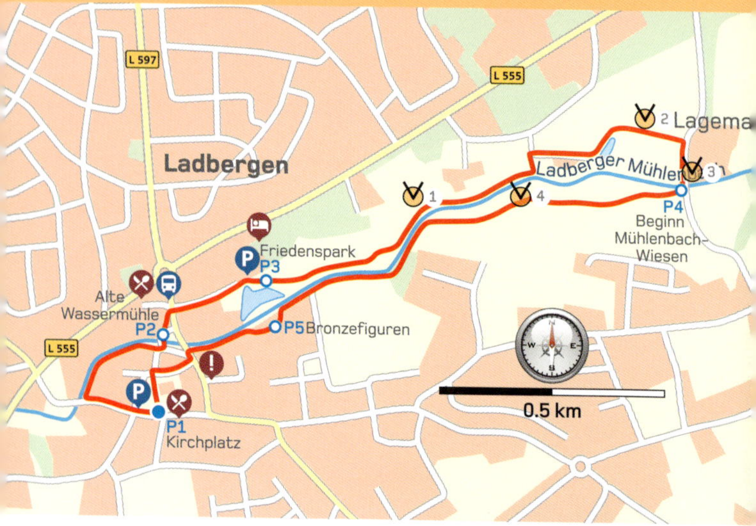

Tipps:

1: Eine Jakobsmuschel unweit vom Mühlenbach. Lauf nicht vorbei!

2: Welche Eiche dicht am Weg ist auch im Winter grün? Schau genau hin, hier haben nicht nur Käfer einen Stammplatz.

3: Hier kannst Du etwas hören. Wenn Du das Schild siehst, bist Du dicht dran.

4: Versteck im Eck.

Start/Ziel: Kirchplatz Ladbergen

Caches:

1: N 52° 08.248′ E 007° 44.703′

2: N 52° 08.362′ E 007° 45.121′

3: N 52° 08.305′ E 007° 45.232′

4: N 52° 08.274′ E 007° 44.891′

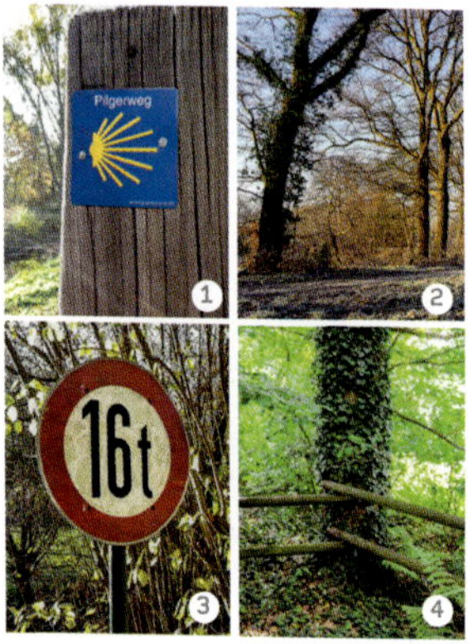

Schatztruhen-Code

02 Brochterbecker Landpartie

Tour ▸ S.112

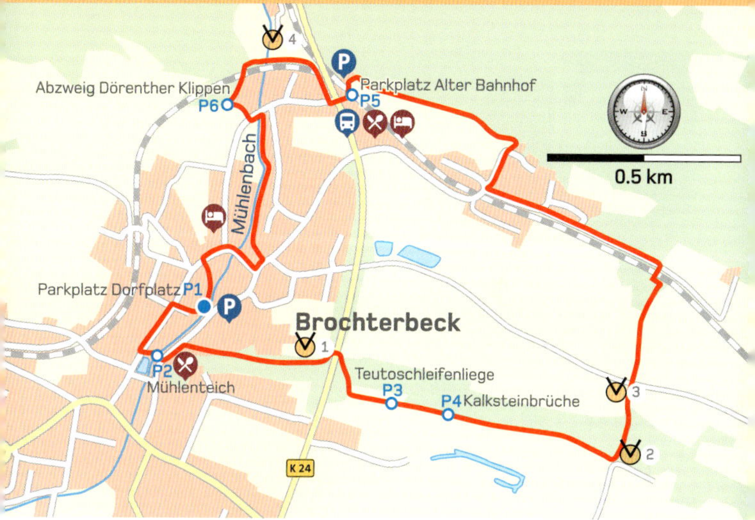

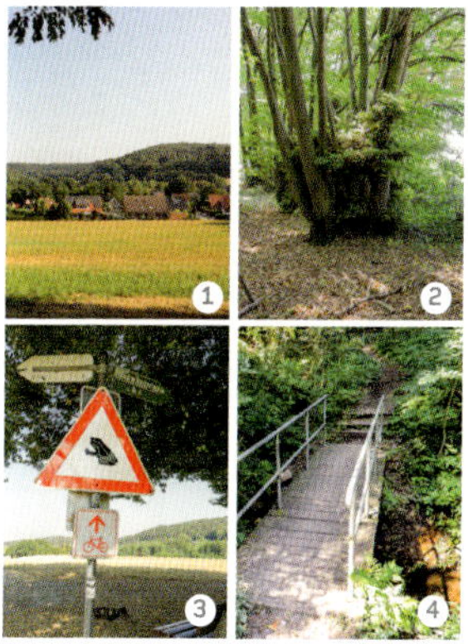

Schatztruhen-Code

Start/Ziel: Ortsmitte Brochterbeck (Parkplatz Dorfplatz)

Caches:

1:	N 52° 13.437′	E 007° 45.112′
2:	N 52° 13.303′	E 007° 45.816′
3:	N 52° 13.409′	E 007° 45.839′
4:	N 52° 13.840′	E 007° 45.015′

Tipps:

1: Ein Pausenplatz mit Blick auf Brochterbeck – wenn Du Dich setzt, bist Du ganz dicht dran.

2: Gleich nach der Weggabelung im kühlen Schatten des Waldes verborgen. Finde den Vielstämmigen nah am Weg.

3: Die Kröte weiß mehr.

4: Hier geht's drunter und drüber – oder umgekehrt? Dem Wasser ganz nah.

Tour ▶ S.120

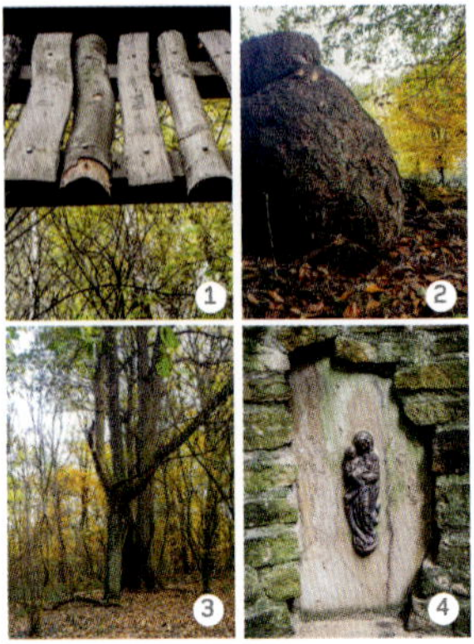

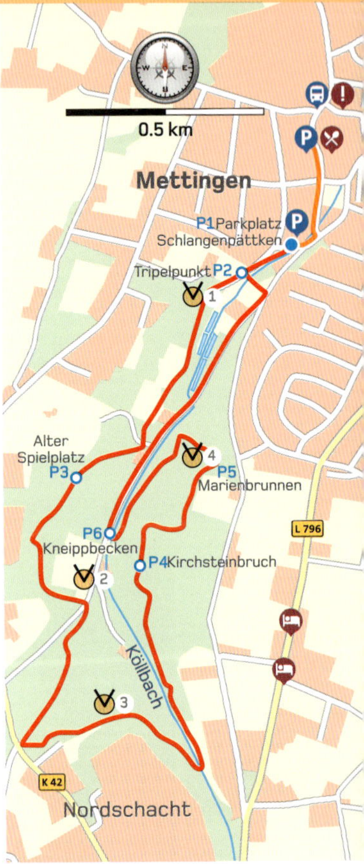

Tipps:

1: Findest Du das härteste Holz, ist der Schatz ganz nah.

2: Eine „Kugel" am Wegesrand. Vielleicht hörst Du die Pfauen rufen?

3: Eine alte Eiche, die sich teilt. Dicht neben ihr eine jüngere.

4: Gut behütet von der Maria ...

Start/Ziel: Ortsmitte Mettingen

Caches:

1: N 52° 18.675′ E 007° 46.477′

2: N 52° 18.278′ E 007° 46.191′

3: N 52° 18.127′ E 007° 46.257′

4: N 52° 18.460′ E 007° 46.500′

Schatztruhen-Code

04 Canyon Tour

Tour ▶ S.128

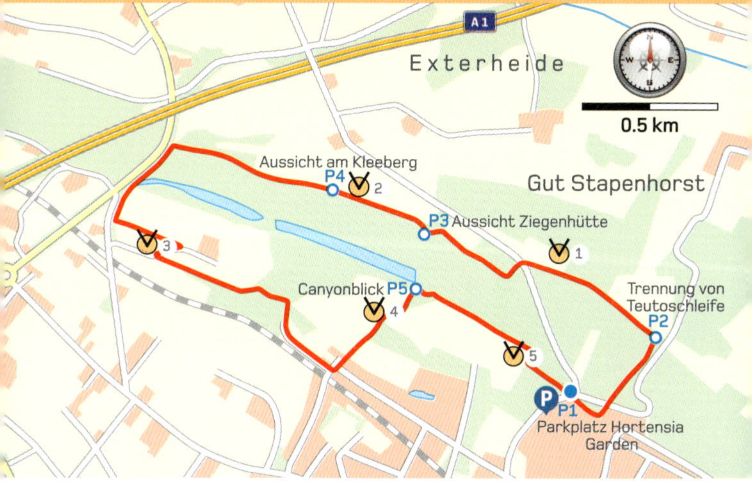

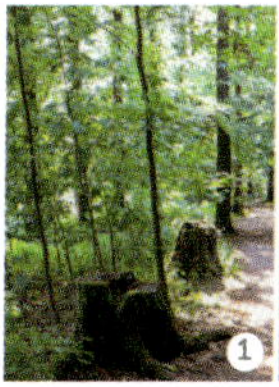
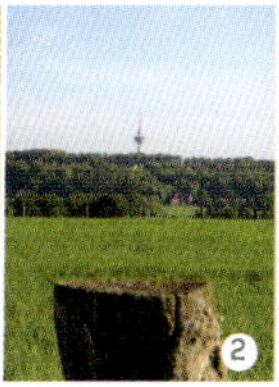
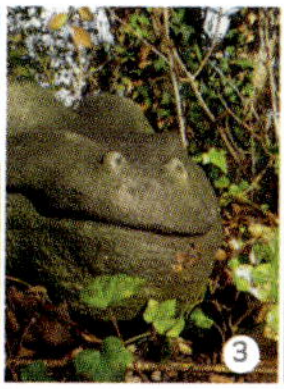
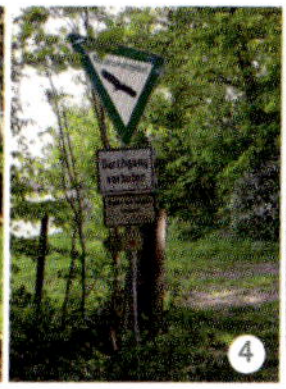
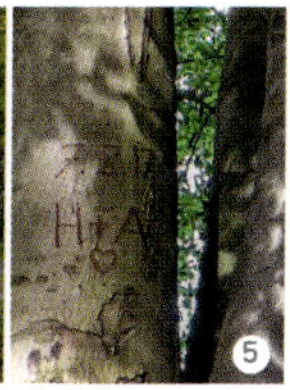

Start/Ziel: Hortensia Garden, Am Kleeberg, Lengerich

Caches:

1:	N 52° 12.153′	E 007° 50.949′
2:	N 52° 12.302′	E 007° 50.333′
3:	N 52° 12.200′	E 007° 49.775′
4:	N 52° 12.074′	E 007° 50.431′
5:	N 52° 11.999′	E 007° 50.905′

Schatztruhen-Code

Tipps:

1: Ein alter Geselle am Wegesrand, noch immer fest verwurzelt.

2: Suche den dicksten ..., er schaut den Funkturm an.

3: Drei „Urviecher" lauern gut getarnt auf Beute. Welches ist der Wächter?

4: Ein Adler kreist über dem Versteck. Du wirst mag(...)isch angezogen.

5: H + A 7. 8. 17 ... Folge den mächtigen Wurzeln der „Liebesbuche"

05 Schachselwiesen

Tour ▸ S.136

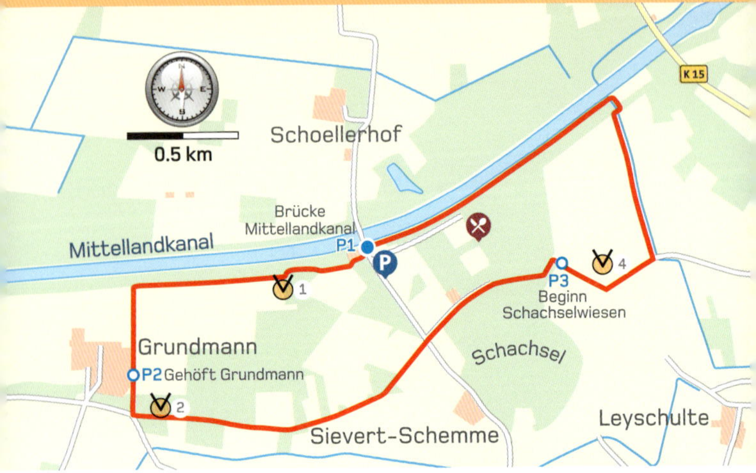

Tipps:

1: Hier teilt sich der Weg, und auch der Stamm.

2: Ein Baum-Paar am Wiesenrand mit weißem „Rauten-Tattoo".

3: Finde den Einen vor der Weggabelung, der keine Eiche ist.

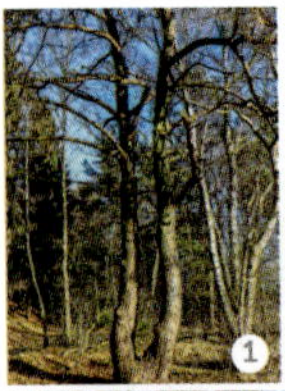
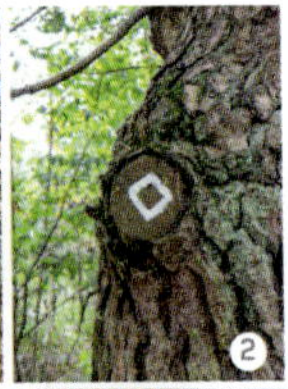
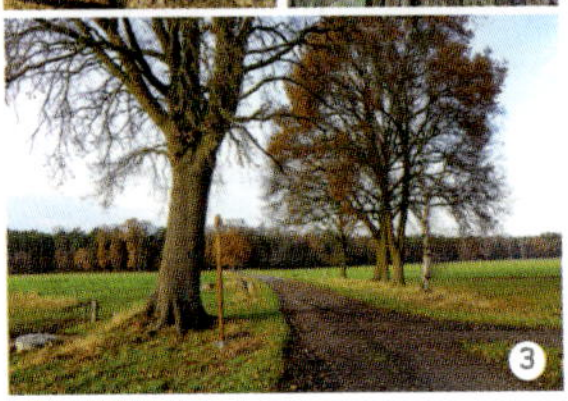

Start/Ziel: Schachselwiese in Höhe der Kanalbrücke

Caches:

1: N 52° 21.868′ E 007° 50.428′

2: N 52° 21.534′ E 007° 49.970′

3: N 52° 21.838′ E 007° 51.685′

Schatztruhen-Code

06 Steinbecker Runde

Tour ▶ S.144

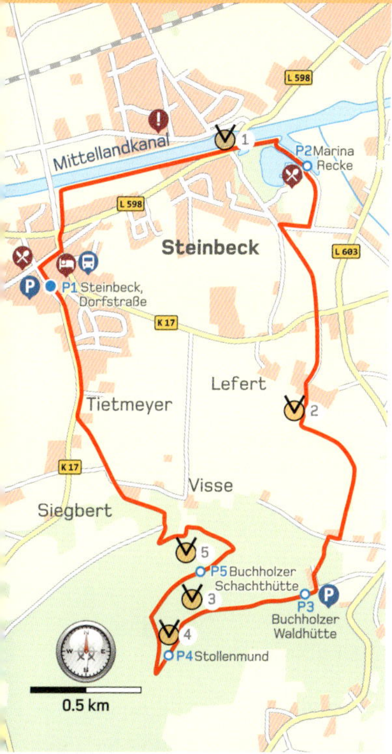

Start/Ziel: Dorfstraße Steinbeck

Caches:

1:	N 52° 21.258′	E 007° 42.395′
2:	N 52° 20.596′	E 007° 42.665′
3:	N 52° 20.170′	E 007° 42.394′
4:	N 52° 20.061′	E 007° 42.165′
5:	N 52° 20.250′	E 007° 42.257′

Tipps:

1: Du kannst die Schiffe fahren hören, den Himmel über Dir aber nicht sehen.

2: Du läufst genau darauf zu, gib Gas!

3: Ein Baum, der mal eingeschnürt war. Keine 200 Schritte von der Finnenbahn.

4: Links vom Hauptweg wird's unterirdisch kalt. Stehst Du vor dem Bronzeschild, nimm „Rück-sicht"!

5: Von hier aus siehst Du den Förderturm. Wenn Du die Grubenlampe entdeckst, wird Dir ein Licht aufgehen.

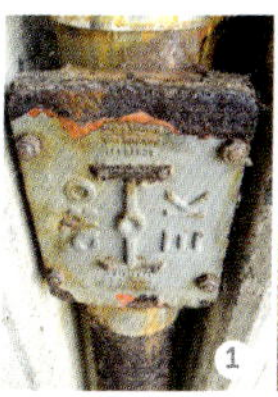

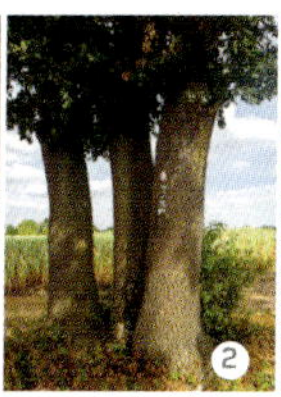

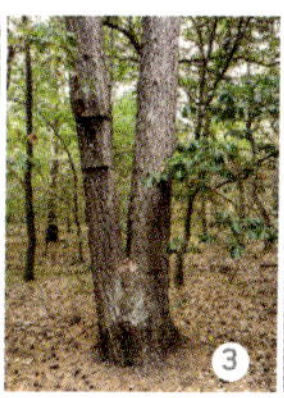

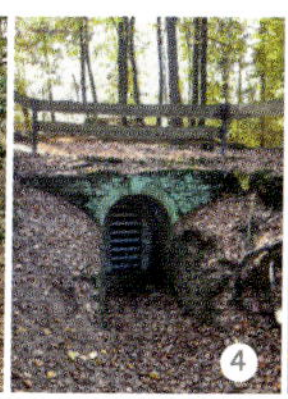

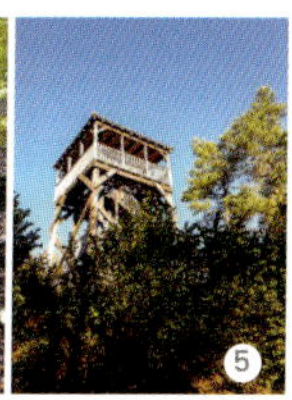

Schatztruhen-Code

Register

Register

Notizen

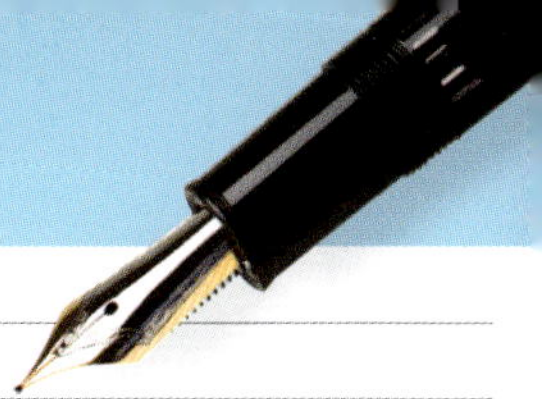

Notizen

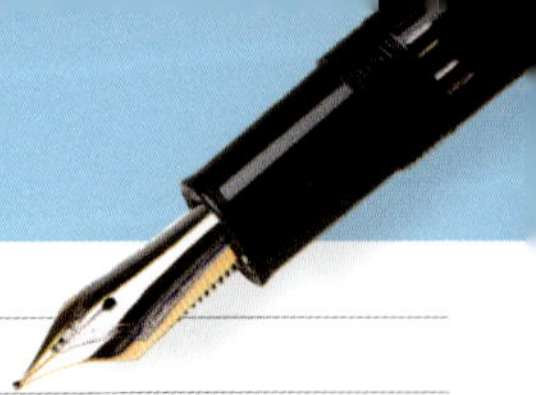

Register

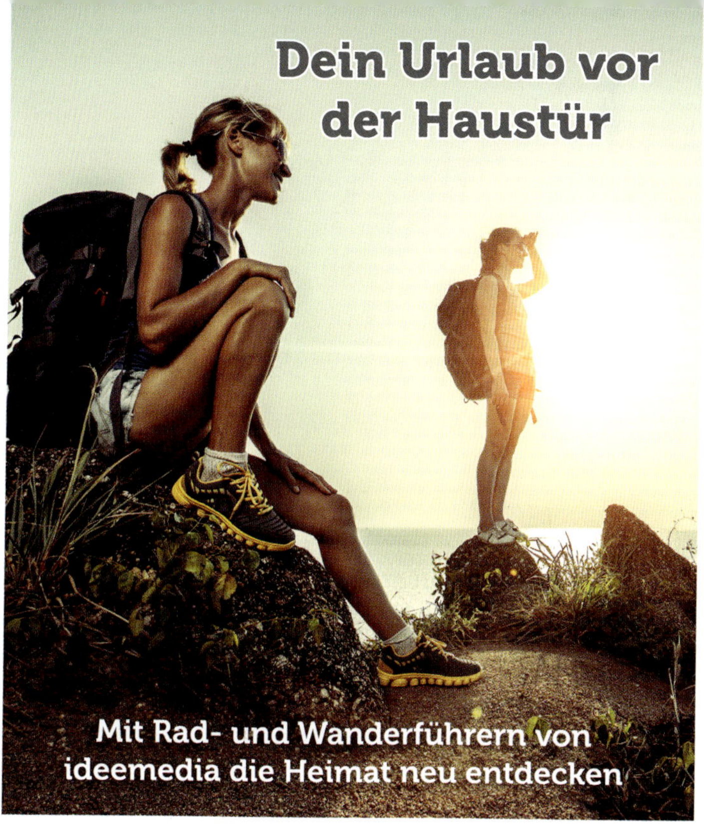

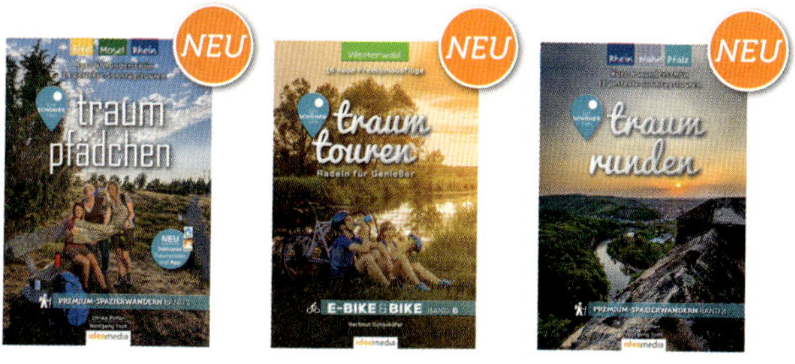

Überall im Buchhandel und online

ideemediashop.de

Autoren

Ulrike Poller studierte in ihrer Heimatstadt Würzburg Mineralogie und promovierte in der Schweiz über das Silvretta Massiv. 1995 kam sie als Wissenschaftlerin ans Max-Planck-Institut für Chemie in Mainz, wo sie zusammen mit Wolfgang Todt Altersbestimmungen durchführte.

Wolfgang Todt, aufgewachsen in Heidelberg, studierte Physik und Geologie. Von 1980 bis 2005 leitete er am Max-Planck-Institut für Chemie in Mainz die Arbeitsgruppe für Geochronologie.

Wolfgang Todt und Ulrike Poller sind verheiratet und haben 2005 ihre Agentur „Schöneres Wandern" gegründet, die sich bemüht die Qualität von Wanderwegen zu verbessern. Beide Autoren sind zudem Mitglied im Deutschen Wanderinstitut.

Infos unter: **www.schoeneres-wandern.de**

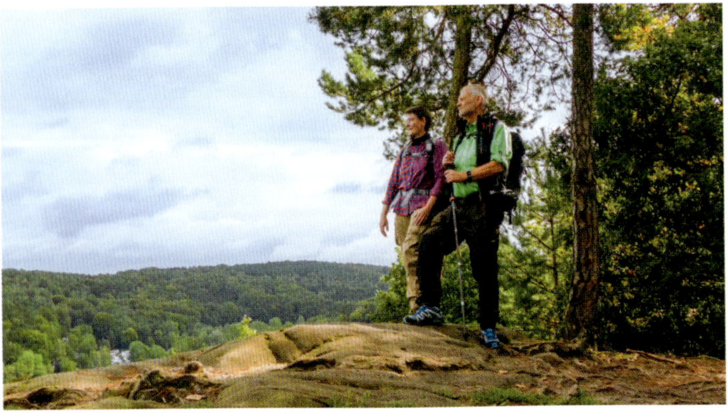

Wir danken dem Tecklenburger Land Tourismus e.V. für die Unterstützung und Zusammenarbeit.

GPS: So funktioniert's

EINFACH HIMMLISCH GEFÜHRT

Besitzer von GPS-Navigationsgeräten (Outdoor-Geräte oder Smartphones) kommen nie vom Weg ab und wissen immer, wo sie gerade sind: In allen Rad- und Wanderführern des ideemedia-Verlags finden Sie die Rad-, Wander- und Erlebnisrouten für Outdoor-Navigationsgeräte. Die Touren liegen im weit verbreiteten *gpx-Format vor.

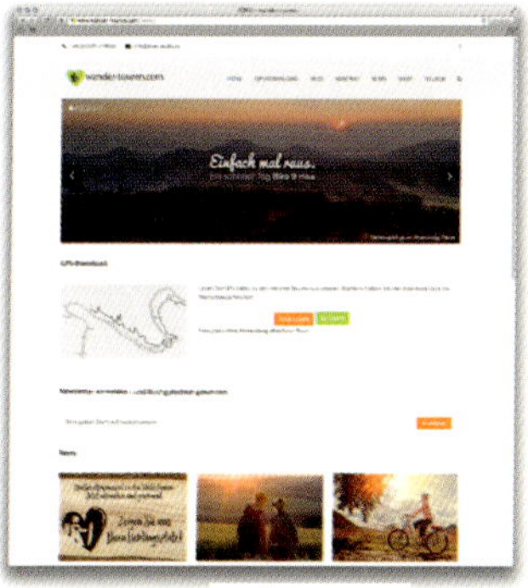

wander-touren.com

Mit dem kostenlosen Programm BaseCamp von Garmin ist es möglich, die Tracks anzusehen, zu bearbeiten und direkt auf Garmin-Geräte zu laden. Dieses Programm kann auch ohne die zusätzlich zu kaufende Karte eingesetzt werden, bietet dann aber nur eine globale Karte ohne Details. BaseCamp läuft zudem auch auf Apple Computern. Alle anderen Hersteller von Outdoor-GPS-Geräten bieten ebenfalls kostenlose Programme an. Allerdings müssen Sie meistens auch eine digitale Karte erwerben, um den Track am PC und auf Outdoor-Geräten auf der Karte zu sehen. Für PC-Nutzer ist auch die Software MagicMaps Tour Explorer empfehlenswert. In OpenStreetMaps oder Google Maps können die Daten mit Hilfe eines GPX Viewer angezeigt werden. Diese Kartenansicht können Sie für unterwegs zum persönlichen Gebrauch ausdrucken.

DIREKT ZUM PREMIUM-TRACK: SO FUNKTIONIERT ES

Zum Download der Routen benötigen Sie entsprechende Tour-Codes. Diese finden Sie unter anderem jeweils am Anfang der einzelnen Kapitel oder am Ende. Auf der Internetseite **www.wander-touren.com** geben Sie den Code ein. Eine gesonderte Anmeldung ist nicht mehr erforderlich. Sie bestätigen mit der Downloadanfrage, dass Sie im Besitz des entsprechenden Buches (Print oder elektronische Ausgabe) sind. Wenn Sie per Mail über Updates informiert werden möchten, melden Sie sich bitte unter www.wander-touren.com zum Newsletter an.

GPS: So funktioniert's

GPX-DATEN AUF OUTDOOR-NAVIS LADEN

Als Buchbesitzer können Sie die Daten als Datei im weit verbreiteten *gpx-Format als Einzeltour laden und danach auf Ihrem PC ablegen. In einzelnen Fällen können die Daten hinter den Codes auch gebündelt als *.zip-Datei verpackt vorliegen, die Sie vor der weiteren Verwendung entpacken müssen.

Als Nächstes müssen Sie die gewünschte Tour auf Ihr Navigationsgerät übertragen. Für die meisten GPS-Outdoor-Geräte ziehen Sie einfach den Track von Ihrem Desktop nach Verbinden des GPS-Geräts mit dem Computer in das GPS-Verzeichnis Ihres Outdoor-Geräts, das Sie als Laufwerk auf dem Desktop sehen. Sollte Ihr GPS-Gerät ein besonderes Format verlangen, so können Sie den Track mit der Software „RouteConverter" in fast jedes Format konvertieren. „RouteConverter" ist ein kostenloses GPS-Werkzeug, um Routen, Tracks und Wegpunkte anzuzeigen, zu bearbeiten und zu konvertieren.

Es läuft sowohl auf PC als auch auf Apple Computern. Zur Übertragung der Tour-Daten können Sie auch die Ihrem Kartenprogramm oder Ihrem Navigationsgerät beigelegte Software nutzen. Bei Problemen mit der Übertragung der Daten auf Ihr Navigationssystem wenden Sie sich bitte an Ihren Hersteller oder Lieferanten. Sollte der von Ihnen verwendete Internet-Browser den Daten-Download blockieren, kontrollieren Sie bitte Ihre Sicherheitseinstellungen und beachten die Angaben des Anbieters.

GPS FÜR SMARTPHONES/IPHONES

GPS-Daten auf ein Smartphone zu laden, ist inzwischen recht einfach und funktioniert mit mehreren Apps sowohl für iPhones als auch für Android-Geräte. Unser Tipp: Laden Sie sich verschiedene Apps auf Ihr Gerät und testen Sie, mit welcher Software Ihr Gerät fehlerfrei arbeitet. Laden Sie nun von www.wander-touren.com den *.gpx-Track herunter und öffnen ihn mit einem geeigneten Programm. Meist schlägt das Betriebssystem eine Auswahl geeigneter Programme vor. Probleme kann es evtl. mit den Karten geben, wenn diese unterwegs über das Netz geladen werden müssen. Von Netzproblemen abgesehen, kann das zu hohen Downloadkosten führen.

GRATIS-APP traumtouren: SCANNEN, LADEN, LOSLEGEN

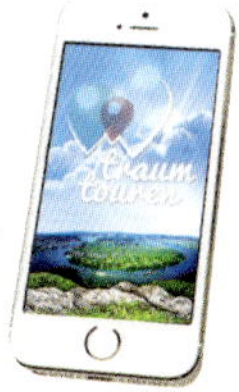

Einfacher geht es mit der App „traumtouren“, die auf älteren Versionen von Android und ios läuft. Die kostenlose Basis-Version ist über GooglePlay (Android) und iTunes App-Store (iOS) verfügbar. Via Tour-Code oder über das Scannen des QR-Codes aus der App heraus können Sie dann schnell, einfach und bequem die komplette Tour auf Ihr Smartphone oder Tablet übertragen. Neben der Wegstrecke erhalten Sie zusätzliche Kurzinfos, sehen (bei bestehender Mobilfunk- bzw. Satellitenverbindung) Ihren aktuellen Standort und können der vorgeschlagenen Route folgen. Die App ist auf einfache Bedienbarkeit ausgelegt und auf die wesentlichen Funktionen für unterwegs reduziert. Bedenken Sie bitte: Je nach Mobilfunkvertrag können für die Nutzung der Verbindung Kosten anfallen.

Die App ist nicht Bestandteil des Buchkaufs, die Verfügbarkeit ist nicht garantiert. Bitte beachten Sie die gesonderten Nutzungsbedingungen. Eine ausführliche Anleitung zur Bedienung der App finden Sie auf **www.wander-touren.com/www/app-hilfe.**

Bitte beachten: Wenn Sie den QR-Code nicht aus der App herausscannen, öffnet sich Google Maps, und es wird Ihnen der Startpunkt der Tour angezeigt.

ALLGEMEINE HINWEISE

Alle Daten wurden auf Fehlerfreiheit geprüft , wurden im Herbst 2022 komplett aktualisiert und werden bei Änderungen der Wegführung nach Möglichkeit aktualisiert. ideemedia übernimmt keine Haftung für mögliche Abweichungen, Vollständigkeit, Verfügbarkeit und Einsatz auf allen Navigations-Modellen. Sollte ein Gerät das Laden von GPS-Daten nicht ermöglichen, so wenden Sie sich in diesem Fall bitte an den Hersteller. Die Nutzung der Tour-Downloads ist nur Buchbesitzern zur privaten Verwendung gestattet, eine Weitergabe an Dritte sowie das Vervielfältigen auf Datenträgern jeder Art ist untersagt. Kommerzielle Nutzung ist nur nach schriftlicher Vereinbarung mit ideemedia gestattet. Idee, Konzeption und Daten sind urheberrechtlich geschützt. Die Daten enthalten einen Sicherheitscode. Eine Vervielfältigung zur Verteilung oder Verlinkung ist strikt untersagt und kann bei Missbrauch zu Schadenersatzforderungen führen.

GPS: So funktioniert's

PREMIUM-GPS: WAS IST DAS?

Im Gegensatz zu vielen anderen Anbietern im Print- und Online-Bereich greifen wir nicht auf die Standard-Daten von kostenlosen Internetportalen, privaten oder öffentlichen Anbietern zurück, sondern ermitteln die Daten vor Ort und aktualisieren diese im Regelfall, wenn uns gravierende Änderungen bekannt werden. Um es Kunden so komfortabel wie möglich zu machen, bieten wir Ihnen, neben den *.gpx-Daten, die Nutzung der App „traumtouren". Die Arbeit ist aufwendig und kostenintensiv – und daher bitten wir um Verständnis, dass wir diese aufbereiteten Daten in vollem Umfang nur unseren Kunden zur Verfügung stellen.

GPS-DATEN VERARBEITEN: NICHT OHNE ÜBUNG

Trotz enormer Fortschritte in der Gerätebedienung ist es für Laien immer noch nicht völlig unkompliziert, die Daten auch richtig nutzen zu können. Da es sich bei den *.gpx-Daten um ein kostenfreies Zusatzangebot zu unseren Printprodukten handelt, können wir keine Unterstützung für GPS-Geräte, GPS-Software oder Kartengrundlagen leisten. Bitte wenden Sie sich dazu an Ihren Hersteller oder Lieferanten und arbeiten Sie sich gründlich in die Möglichkeiten der GPS-Nutzung ein. Verlassen Sie sich auch bei Ihren Touren nicht ausschließlich auf Ihr GPS-Gerät, Empfangsprobleme in engen Schluchten oder hohen Wäldern, Batterie- oder Softwareprobleme sind nicht unbekannt. Wir empfehlen aus Erfahrung die zusätzliche Mitnahme von Buch und Karten.

PROBLEME MIT .GPX-DATEIEN BEI MANCHEN PROGRAMMEN UND APPS

Wenn Sie sich unsere Touren einfach und bequem auf dem Smartphone anzeigen lassen möchten, empfehlen wir Ihnen unsere App „traumtouren", da Ihnen hier alle wichtigen Infos und alle vorhandenen Tracks zur Tour einfach und schnell angezeigt werden.

Leider kommt es ab und an vor, dass andere Programme oder Apps Probleme mit den von uns bereitgestellten umfangreichen *.gpx-Daten haben. Da wir unsere *.gpx-Daten häufig mit zusätzlichen Informationen zu Zuwegen, Abwegen und Varianten ausstatten, enthalten unsere Daten häufig mehrere Tracks. Einige Apps und Programme wie bspw. Komoot können jedoch nur einen Track pro *.gpx-Daten darstellen. Befinden sich mehrere Tracks in einer Datei, wird bei diesen automatisch der erste für die Darstellung ausgewählt und angezeigt. Die anderen Tracks können nicht ausgewählt oder angezeigt werden, weshalb manche Touren zu kurz oder unvollständig erscheinen. Kunden, die eine solche App oder ein solches Programm zur Navigation nutzen, empfehlen wir die *.gpx-Datei mit dem Programm „RouteConverter“ zu öffnen. Dieses Programm gibt es (auch für Mac) zum kostenfreien Download im Internet. Hier werden Ihnen alle Tracks angezeigt, die in der heruntergeladenen *.gpx-Datei enthalten sind. Über dieses Programm können Sie die Tracks nun bearbeiten, separieren und sogar auch in anderen gewünschten Formaten abspeichern. So können Sie die gewünschte Route von den anderen isolieren und abspeichern und schließlich auch mit Programmen und Apps öffnen, die zuvor den gewünschten Track nicht anzeigen konnten.

KARTEN IM BUCH

Bei längeren Strecken ist eine Kartendarstellung mit detailliertem Maßstab im besonders beliebten Pocketformat leider nicht möglich. Die übersichtlichen und aufgeräumten Karten dienen vor allem der kompletten Streckendarstellung mit den wichtigsten Stationen. Sie erleichtern eine erste Orientierung, die sowohl durch die detaillierte Beschreibung ergänzt wird als auch durch die Anbindung an die kostenfreie App „traumtouren“, die auf nahezu allen Smartphones läuft. Für Navigationsgeräte, zur Karten-Darstellung und zum Ausdrucken via PC steht der Download der *.gpx-Daten zur Verfügung. Mit wenig Aufwand und vielen online angebotenen Programmen (sogen. GPX-Viewer) können damit (u.a. auch über Google Maps oder Open Street Map) Kartendarstellungen ausgedruckt werden. Autoren und Verlag haben sich daher konsequent dazu entschieden, diese bequeme, einfache und moderne Form der Darstellung und Navigation zu wählen. Die in der gedruckten Übersichts-Karte und im Text herausgestellten P-Punkte (Point of Interest) sind nicht als Beschilderung zu verstehen, sondern bezeichnen besondere Streckenpunkte topografischer Art, erleichtern die Orientierung bei Abzweigungen oder bezeichnen Sehenswürdigkeiten, bei denen sich ein Halt lohnt.

Impressum

Herausgeber: Uwe Schöllkopf (ideemedia GmbH)
Autoren: Ulrike Poller & Wolfgang Todt
Konzept & Redaktion: Uwe Schöllkopf
Redaktionelle Mitarbeit: Anna Ley, Matthias Frickel
Grafik/DTP/Produktion: Dominik Molz
Karten & Höhenprofile: KGS Kartografie Schlaich | ideemedia GmbH

Verlag: ideemedia GmbH, Im Aubisch 1b, D-56567 Neuwied
Telefon: 02631/9996-0 • Telefax: 02631/9996-55 • E-Mail: info@idee-media.de

Internet: www.ideemediashop.de • www.wander-touren.com

Alle Angaben wurden nach bestem Wissen recherchiert und sorgfältig überprüft. Sollten sich dennoch Fehler eingeschlichen haben, bitten wir um Entschuldigung und Benachrichtigung. Für Fehler übernimmt der Verlag keine Haftung. Aktuelle Änderungen, Downloads und Updates zum Buch finden Sie unter www.wander-touren.com Mit der App traumtouren lassen sich die Touren über die QR-Codes aus dem Buch direkt auf Smartphones laden. Die kostenlose Basisversion der App ist nicht Bestandteil des Buches, eine Verfügbarkeit ist nicht garantiert.

Die Deutsche Bibliothek – CIP – Einheitsaufnahme: ISBN 928-3-942779-68-5

Titelbild: Tecklenburger Land Tourismus e.V./Schubert

Fotos: Ulrike Poller - Wolfgang Todt - Uwe Schöllkopf - Tecklenburger Land Tourismus e.V./Rudi Schubert, Markus Balkow, Malecha Lutz, Gabi Nocke, Berit Graw - Teutoburger Wald Tourismus/Michael Muench - LWL-Museum/Oblonczyk - Tourist Info Lienen - Heiner Schäffer - Tourist Info Ladbergen/Stefanie Fornfeist - Tecklenburg Touristik - Siepert - Niko Hakmann - Birgit Teepe - Biologische Station Kreis Steinfurt - Tourist Info Westerkappeln - Jan-Otto Moorkamp - Frank Reeker - A. Löchte - Olaf Jakubeit - Fotolia